权力与尊严
领导力透视

POWER AND DIGNITY
Perspectives on Leadership

[挪威]施泰纳·比亚特维特（Steinar Bjartveit）著
[挪威]谢蒂尔·艾肯塞特（Kjetil Eikeset）

高波 译

山东城市出版传媒集团·济南出版社

图书在版编目（CIP）数据

权力与尊严：领导力透视／(挪威)施泰纳·比亚特维特，(挪威)谢蒂尔·艾肯塞特著；高波译. -- 济南：济南出版社，2022.11

书名原文：Power and Dignity --- Perspectives on Leadership

ISBN 978-7-5488-5442-5

Ⅰ.①权… Ⅱ.①施… ②谢… ③高… Ⅲ.①领导学 Ⅳ.①C933

中国版本图书馆CIP数据核字(2022)第223534号

出 版 人	田俊林
策 划 人	董新兴
责任编辑	朱 琦　代莹莹
责任校对	于 畅
装帧设计	胡大伟
出版发行	济南出版社
地　　址	济南市市中区二环南路1号（250002）
发行电话	（0531）86131729　86131746　82924885　86131701
印　　刷	山东联志智能印刷有限公司
版　　次	2022年11月第1版
印　　次	2023年1月第1次印刷
成品尺寸	170mm×240mm　16开
印　　张	21.75
字　　数	270千
定　　价	89.00元

（济南版图书，如有印装质量问题，请与印刷厂联系调换）

目 录

致中国读者 / 1
译者序 / 5
前言 时光倒流 / 9

第一部 叙述 / 1
    第一章 文艺复兴 一个坐标 / 1
    第二章 教堂里的谋杀 / 21
    第三章 最年轻的圣者 / 49
    第四章 佛罗伦萨柏拉图学会 / 81

第二部 声音 / 125
    第五章 菲奇诺：赢在其魂 / 125
    第六章 米开朗基罗：赢在其名 / 147
    第七章 马基雅维利：赢在现实 / 171

第三部 透视 / 193
    第八章 囚徒 / 193
    第九章 美德与命运 / 229
    第十章 走过地狱赢得尊严 / 253

纪念堂 / 301
人物简介 / 309

致中国读者

这是一本以史为鉴的书——更准确地说,是一本以发端于佛罗伦萨的欧洲文艺复兴为鉴的书。但其主题并不是艺术、建筑与哲学,而是文艺复兴所蕴含的领导力、创造力及其伟大成就。

在如此短的时间内,在某一个地方,不朽的作品、伟大的思想喷涌而出,创新浪潮一浪高过一浪:米开朗基罗的,达·芬奇的,马基雅维利的,但丁的……他们的光芒交相辉映,他们的名字成为永恒。那一切从何而来?他们如何能超越时代?我们不希望误导你,也不相信欧洲文艺复兴可以为领导力提供最佳答案,但确信你将会发现不同的观点,产生不同的想法。大师们早已远去,他们的传世佳作或具古风,或别具情趣,有些甚至超越了现代的我们。文艺复兴本身就是回顾过去以获取知识与思想,是将对古罗马、古希腊的学习研究作为创新的跳板。这就是文艺复兴一词的含义:古典时代的重生。

毋庸置疑,文艺复兴是欧洲历史上最华丽的乐章之一,是欧洲从未发生过的现象,是中世纪欧洲到现代欧洲的过渡期。文艺复兴具有重要的历史意义,要了解文艺复兴,你就必须了解发生于佛罗伦萨的故事;要了解欧洲艺术，你就必须了解米开朗基罗和达·芬奇；要了解现代欧洲，你就必须了解文艺复兴带给我们的一切。

这就是本书的出发点，聚焦佛罗伦萨所发生过的故事，萃取其思想精华，进而以独特的视角反观现代管理理论中的核心因素，即领导力。

本书所要表达的主题是：领导意味着重要的责任与义务，而不应当被仅仅看作一个职务。但在很多时候，领导岗位本身成了个人职业生涯的追求，个人利益被置于企业利益之上。这是一种病态。领导力的本质应当是领导者通过服务于集体以取得伟大的成就。因此，起点是领导者自身。本书提出两个问题：一是你为什么想成为领导者，二是为什么他人要服从于你。就这两个问题，我们并未给出答案。你自己选择要做领导者，为什么？是想努力造就一张靓丽的履历表？不，应当有更多的东西，应当有可期待的未来，应当有超越你自身利益的情怀。这关乎他人是否会真正服从于你，无论你是否拥有正式的头衔。我们或许都有这样的经历，都愿意去追随一位值得追随的领导者。换句话说，领导能力并不是可以被任命的。这就是问题的答案：你值得被追随吗？

什么是权力？领导力又是什么？这些问题始终与文艺复兴运动相伴。佛罗伦萨伟大的思想家和艺术家想要成就一番伟业，想要创造出流芳百世的不朽作品。但他们也明白，现实世界的认可必不可少，无奈的是，这样的认可并不仅仅基于作品本身。因此，在现实社会中，你既需要狮子的勇猛，也需要狐狸的狡猾。因为显而易见，如果不能付诸实施，再伟大的创意也不具备什么价值。与此同时，文艺复兴也很容易使人迷失于纷乱的进程，领导者则更是如此，特别是当你忘却了本性的善，那将使你丧失气节，目光短浅。若果真如此，文艺复兴也不会在历史的长河中留下浓墨重彩的一笔。

如果说某些国家有条件从自己的历史中获取智慧，中国一定是其中之一。中国有着伟大而激荡人心的历史。人们对"国学"——中国古典历史与思想的研究——的热情显示出其以史为鉴的高贵情怀。在本书中，你可以发现佛罗伦萨的许多哲学思想与中华文明有许多相似之处。马基雅维利的观点与孙子的思想非常接近，文艺复兴时期的美学欣赏与中国书画艺术也有一定程度的相似，"国学"中也有大量的典故教导人如何做一位好领导。你应当从历史中汲取养分。古罗马伟大的演说家西塞罗曾经说过："如果对自己出生前所发生的事情一无所知，你就永远只是个孩子。"

非常感谢高波先生使本书的中文出版成为可能。本书的翻译工作巨大而艰辛。高先生多年的企业管理经验和对历史的热爱与本书的初衷高度契合，也为本书的高质量中文翻译提供了保障。对于担任要职的企业高管，完成一部二十多万字的译作并不是一项容易的任务。作为本书作者，我非常感谢高先生选择翻译这本著作，也十分欣赏高先生认真执着的态度。正是由于他的努力，我非常高兴地看到《权力与尊严》中文版得以出版。希望你会喜欢这本书。

施泰纳·比亚特维特（Steinar Bjartveit）
2021年6月，奥斯陆

译者序

在现代管理理论中，领导力是非常重要的研究领域之一，而权力与尊严则是领导力研究领域中两个重要的要素。毋庸置疑，一项事业或是一个组织的成功，领导者的作用至关重要。但问题是：领导者是如何练就的？领导力来自何方？权力及其尊严又为何物？

14世纪伊始，在意大利的中部，在佛罗伦萨，出现了一些卓尔不群的人，他们不满于宗教对人性的禁锢，努力探求真理，发掘人性，在各自的领域寻求突破。最终，星星之火终以燎原之势，照亮了黑暗的中世纪，掀起了一场空前的思想解放运动。他们称之为"rinascere（重生）"，即我们所称的文艺复兴。一时间，欧洲大地群星闪耀，哲学、艺术、建筑等各领域在极短的时间内均获得了极大的进步，人类历史上一群名垂青史的领袖、大师就此诞生。

是什么力量驱动着他们的前行？又是什么力量赋予了他们在黑暗中探索光明的勇气？就此，佛罗伦萨人文主义者的新柏拉图学会进行了深入的探究。在欧洲的黎明，他们跨越时空去追寻古希腊的先贤，研讨上古寓言，终于大声宣告：人，生而不凡！以此，人的尊严得以确立，为欧洲走出宗教的禁锢奠定了基础，同时也为他们自己的前行提供了不竭的动力。

权力与尊严是文艺复兴的两个核心概念。正因为人从上帝的阴影中走了出来，从而确立了属于人自己的权力与尊严。以此为基础，佛罗伦萨的先辈们一路前行，马基雅维利的《君王论》直面人性与权力，开创了现实主义政治理论。但丁的《神曲》更称得上后无来者，从地狱到天堂的旅程将人性刻画到极致，同时也回答了尊严为何物。

本书作者施泰纳·比亚特维特先生和谢蒂尔·艾肯塞特（Kjetil Eikeset）先生将文艺复兴时期的思想应用于现代企业管理，视角独特。在某种意义上，这不是一本普通的领导力培训教程，与我们通常注重的管理人才培养无关——它针对的是困扰企业管理的核心问题。

文艺复兴时期大师们的故事告诉我们：领袖之所以是领袖，是因为他具有强烈的情怀；大师之所以是大师，是因为他拒绝平庸。作为企业的领导者，你必须明白，真正的权力与尊严并非来自你的头衔，而是源于你要成就一番伟业的情怀，源于你拒绝平庸的勇气，以及你守护正义的道德底线。这对于飞速发展的互联网时代，对于快速崛起的年轻一代企业家，具有特别的借鉴意义。

译者与作者之一比亚特维特先生及此书结缘于佛罗伦萨。

2018年秋，比亚特维特先生引导着包括译者在内的二十多名来自不同国家、具有不同文化背景的企业高管们一起"游学"佛罗伦萨。在文艺复兴标志性事件的发生场所，我们回顾过去：从美第奇家族的兴盛到衰落，从吉伯蒂的天堂之门到米开朗基罗的大卫，从柏拉图学会的斐奇诺到《君王论》的作者马基雅维利，最后讲到中世纪欧洲文学巨匠但丁及其《神曲》。作为课程的结尾，我们被要求设想一部自己的"神曲"，设想自己像但丁一样从地狱走向天堂，你会遇见谁，在哪里，对他们你会说些什么。

短暂的游学匆匆而过。以时光倒流的方式，我们被引导着进行了一次历史、文化与艺术之旅。在此过程中，我们不断地被明示或暗示：你是谁？你应当去哪里？为什么？

学习结束，获赠此书，研读原文，受益匪浅。故利用两年工作之余，将其译成中文，期望此书能有助于读者的自我提升、自我突破。

高 波

2021年6月，北京

佛罗伦萨远景　　By Fitzws - Own work, CC BY-SA 4.0

前言

时光倒流

多年前的一天，我首次造访佛罗伦萨美术学院，膜拜大卫。在那之前，对于这尊伟大的雕像，对于它的每一处细节，我都已了如指掌。他是一个

坚定的人，凝视的目光中流露出恐惧、怀疑与真实的存在感。他选择做他自己，享有自己的自由，同时也承担对他人的责任。一个独立的、对自己负责的人，在其生命的历程中必定要经历重大而严肃的选择，而这样的选择一定是被不安全感、冒险精神以及责任感所驱动。手持导游手册匆匆打卡的游客总是令人扫兴。记得那天，一对美国口音很重的小情侣站在我身后，拿着相机准备照相。一个问道："为什么大卫很不一般？""不知道，但一定很牛。"另一个回答。第一个又随口说："嗯，但我还是喜欢刚刚买的那座小雕像。"瞬间，我被他们拉回到了我们的时代。拍完两张快照之后，他俩离开了。几秒钟的时间，消费了人类几百年的积淀，即便对我们这个快节奏的时代而言，这也有点太快了。又一群挎着相机的游客过来了，我赶紧避让到一边。我在想，那似乎仅仅是一座雕像，而非米开朗基罗的大卫。大卫的伟大不在于他的大小与表象，而在于某些特别的东西。

我坐在佛罗伦萨一间酒店屋顶的露台上——约翰·弥尔顿（John Milton）当年就是在这里写下的《失乐园》（*Paradise Lost*），描述了天使路西法（Lucifer）的抗争与堕落。这令我感慨不已：这座城市充满了值得永久赞叹的悠久历史！太阳渐渐西沉，静静地在一片柔和、温暖、红色的晚霞环抱中落入屋顶和远方的山丘，大教堂的穹顶在晚霞的照耀中成为引人注目的地标，远至数英里之外可见。这座城市的绝大部分都保持着文艺复兴时期的原貌，进入佛罗伦萨就像被邀请进入了另一个时代。走在厚重的鹅卵石上，就像是走在过去，但又如此显然地预知了未来。这个城市既旧又新，意大利的精品和时尚，也许一直都代表着现代。他们是否明白自己一直在改变着世界？文艺复兴既是一个运动也是一个时代，还是一个智慧与道德重生的特定时期。在一切结束之前，是一个非常繁荣的时期。而一旦创造力和奉献精神离开这座城市，当权力再度变得绝对和集中时，意大利的文艺复兴时代也就结束了。

亲爱的希尔德（Hilde，原书出版商），你要求我要非常清楚地描述这本书是为谁而著，以及通过阅读这本书可以从中得到什么，我将尽力而为。19 世纪初，雅各布·伯克哈特写道，意大利的文艺复兴是现代主义的开始。回顾过去，几百年来人类社会发生了巨大的变化，我们所处的时代与文艺复兴时期或者 19 世纪初几乎没有多少相似之处。与所有时代一样，在我们还不能完全了解我们所处时代的历史意义之前，时光就已逝去。有时候，通过比较或回溯历史，会有助于了解我们所处的时代。文艺复兴早已结束，但 15 世纪初发端于佛罗伦萨的人文科学至今仍在与今天的我们产生着强烈的共鸣：个人主义、人的独立观点与自由意志、现实政治分析、权力的理论与迷宫。佛罗伦萨在历史上留下了自己的印记。可以说，那时的佛罗伦萨人比今天的我们更加理解人性。对此，我们心知肚明。有些事情我们认为理所当然，但其实我们应该认真反思历史的遗存，它可以促使我们更加努力。

编写本书的目的是使我们可以学习了解文艺复兴并从中汲取灵感，使得我们可以更加接近这一时期的思想，丰富我们的认知。我们拥有丰厚的文化与历史，不要把历史简单地抛在身后，而是要利用它，为我们的历史感到自豪，并利用历史、通过历史来了解我们自己。就像他们在文艺复兴时期那样，使得古代遗存得以重生。这对于我们略显沉重但非常有必要，也使得我们多了一分谦卑。因为我们主宰着当下的世界，而这个世界，前人曾经走过，后人也将会回顾我们现在的时代，并将试图理解我们在做什么。他们在文艺复兴时期也一定是以这种方式思考，他们漫步在古罗马的废墟中，站在巨人的肩膀上，找出他们认为对人类前行最有利的方向。他们在与过去的相遇中找到了他们自己。我们希望这本书能够以我们了解自己的方式激发自我意识、拓宽新视野。

因而这本书是为领导者和组织机构准备的。现实总像是令人乏味的舞台，到底是谁在舞台中央？说白了，是我们大多数人，是普通大众，是聪明的家伙们，是那些关心他们自己及其财产、关心他们的组织以及他们所肩负的责任的人。的确，现实社会并不总是令人愉悦。如果这本书可以引发有益的讨论、引发新的思考，我们相信这对领导者和组织机构就是有益的。发展的欲望遍及当代所有组织，有可以不择手段，但求速度的倾向。如今，创新、增长、个人发展这类主题已变得时髦，似乎变成了每个生命体的有机组成部分，或是每杯咖啡时光所探讨的话题。各行各业都产生了适合每个人的理想，但是人首要且最重要的是接受他自己。自我接受和自我意识是整个人类发展的框架。这里我们或多或少地触及了本书的核心。文艺复兴是关于成长、发展、多样性、创造力、权力和不限于关于权力及权力阴暗面的讨论。人可以通过发挥自己的最大潜力来实现自我。在文艺复兴时期，自我实现成为实际的目标，但它本身并不是目的。我发展我自己不仅仅是为我自己的目的。

如今，生活的各个方面日趋专业，工作更是趋于官僚化与职业化。对软件的过度依赖和各领域各专业的细分，使得我们很容易迷失方向，或者说是只见树木不见森林。无论如何，做一名被动围观者很容易，也很惬意。我们身处的世界充斥着各种信息，巨量的信息随着指尖的跳动肆意流动。过去的佛罗伦萨不是这样的，佛罗伦萨关注的是获得更高自由度的人及其与社会的关系。在关于理想、发展和个人发现领域，他们探索人的观点。艺术家不是孤立的、附属的群体，而是社会发展的重要组成部分。那个时代被称为人文主义的摇篮。还有谁不想被称为人文主义者呢？但是人文主义在那个时代被赋予了强烈的印记，绝不同于世俗的、一般意义上的对人文主义的理解。相反，人文学科、以人为本的理念，诸如语言学、历史学、修辞学、诗歌、道德以及哲学等，形成了社会教育体系的重要组成部分。这才是他们所说的人文主义。当然，这里包括了个人修养与文化知识。对修养的误解呈现出的是虚荣或是精英式的傲慢。提高个人修养是进步，是自我陶冶，是持续的提升，是在更宽泛的环境中对自我的感知与认识。通过与历史和文学的结缘，我们可以使自己得以升华，并更加自如地掌控与他人的关系，这是我们所关注的人的本质特征，而不仅仅是局限于对我们自己。认识这一点非常重要。这里不存在标准答案，也不存在一个简单的解决方案或标准教程，而是感知一个人在工作过程中、在创造过程中、在自我提升过程中的被改变、重塑、转型与反思。我们希望这本书在这方面能够提示、促进、再现文艺复兴时代有关人的概念，即人具有行动与沉思的双重特征。

佛罗伦萨是西方文化遗产中非凡的一部分。在那个时代，荣誉、自豪感、个人发展以及文化和经济增长被置于首要位置。但是我们现在所处的时代不同于意大利文艺复兴时期。佛罗伦萨之后，出现了许多潮流，如顺应社会、不要太过自信、不该让自己与众不同、不该认为自己比别人更加优秀。而在佛罗伦萨，人们渴望伟大、荣耀，渴望通过努力来获得荣誉。正是以这种方式，文艺复兴时期关于人的观点影响着我们的时代：是否应当相信自己？是否应当推崇中庸之道？或是就应当相信自己的独特性，为自己的目标而努力？如果这是我们的选择，那么平庸的事物将会被抛弃，就像是完全偏离高斯曲线的离散观察结果那样，要承担木秀于林的压力。我们所处的时代充斥着平庸，甚至连误差也要控制在标准的范围内。这本书将试图抵抗由大众的同一性或趋同性心理带来的压力，反对消除差异、消除特性的论调，因为人首先必须与他自己和平相处。文艺复兴为我们提供了有力的回答，即人本身就是核心。佛罗伦萨所倡导的是人类的尊严和伟大，人应当抗拒压抑并抵制可恶的詹代法则（Jante Law）①。

知易行难。让我们想象一下挪威剧作家、诗人亨里克·易卜生！为了重新发现人性，他不得不去意大利，去罗马，最后去佛罗伦萨学习。他在1868年给挪威教会事务和教育部修书一封，以阐明他旅行的缘由。我猜想，佛罗伦萨的宜人气候和意大利基安蒂葡萄酒也一定起了不小的作用。他在给家乡的朋友比约恩斯彻纳·比昂松（Bjornstjerne Bjornson）②的信中写道，与米开朗基罗相遇后，他就像是发现了一个不同于传统的、全新的、富于创造力的新物种。他进而警告说，他正在写一部戏剧，将使挪威人乃至多数斯堪的纳维亚人从昏睡、舒适的状态中警醒过来。随着文艺复兴运动的兴起，羊群心态已不合时宜，追寻伟大成为发自人们内心的声音，而非外在压力，追寻个人内在的声音成了人的本能。

由此可见，佛罗伦萨和文艺复兴时期已经改变了许多人，包括哲学家、作家、艺术家。在新思想、新理论、新知识等领域，佛罗伦萨几乎是无可

---

① 詹代法则：概念源自挪威/丹麦作家阿克塞尔·桑德米塞（Aksel Sandemose）1933年的小说《逃亡者穿越的足迹》（*Eu Flyktning Krysser Sitt Spor*）。小说描绘了一个叫詹代的小镇，以本地人尼科宾·莫尔斯（Nykobing Mors）为原型。小镇有十条不同的规则，组成了不成文的"法律"。其基本概念是：不要以为你与众不同，或者你比我们更好。在这本书中，"法律"的违反者被视为带有怀疑和敌意，因为他们违背了城镇的共同愿望，即维护社会稳定和统一的愿望。

② 比约恩斯彻纳·马丁努斯·比昂松（Bjornstjerne Martinus Bjornson）（1832—1910）：挪威作家，1903年诺贝尔文学奖获得者。他与亨里克·易卜生（Henrik Ibscn）、乔纳斯·莱（Jonas Lie）和亚历山大·基兰（Alexander Kielland）一起被认为是挪威"四大作家"之一。比昂松还是挪威国歌的歌词作者。

匹敌。步行穿过乌菲兹美术馆（Uffizi Gallery）前的广场，从阿诺河（Arno river）到西格尼亚广场（Piazza Signoria），你会发现，地下石头上雕刻着许多人的名字，正是这些人让这座城市变得不朽。

政治理论家弗朗切斯科·吉恰尔迪尼（Franscesco Guicciardini）和尼古拉·马基雅维利（Niccolo Machiavelli），诗人但丁（Dante）、乔万尼·薄伽丘（Giovanni Boccaccio）和弗朗切斯科·彼特拉克（Francesco Petrarca），探险家和制图师阿梅里戈·韦斯普奇（Amerigo Vespucci），科学家伽利略（Galileo Galilei），还有多才多艺的达·芬奇（Leonardo da Vinci）和众多的艺术家，如乔托（Giotto）、皮萨诺（Pisano）、多纳泰罗（Donatello）、米开朗基罗（Michelangelo Buonarotti）、乔治·瓦萨里（Giorgio Vasari）、莱昂·巴蒂斯塔·阿尔贝蒂（Leno Bettista Alberti），这群伟人的雕像伫立在柱廊前，有些是真人大小，有些大于真人。而在柱廊内侧，即旧宫（Palazzo Vecchio）左侧和市政厅广场，屹立着文艺复兴时期佛罗伦萨真正的大人物——美第奇王朝的代表人物科西莫·德·美第奇（Cosimo de Medici）和洛伦佐·德·美第奇（Lorenzo de Medici）。这父子二人，是两位令人敬畏的标志性人物，他们的雕像被放置在其他雕像后面专属于他们的壁龛中，雕像所处的位置表明他们是深居简出的幕后大佬。他们究竟是暴君还是人文主义者？首先，他们是银行家和商人，但他们对人文主义、艺术、历史、哲学和语言有着极大的兴趣。他们激发出积极的力量，他们开办学院、在大学发起研究、赞助艺术并讨论政治。他们尤其关注各种不同的观点与思潮，并创造出了打破规则的东西，而这些曾经被打破的规则广泛存在于我们今天的商业活动、学术、文化、城市发展以及社区的现实政治中。伟大的改变往往就发生在各个领域的交汇点，这个交汇点其实就像是个大家碰面的地方，但今天各领域被我们越来越专业化了。希望本书能够从不同的角度带来启迪与思考。

今天的领导者和组织机构中的雇员可以在现代管理理论和组织理论中找到很多论据。要理解佛罗伦萨，就有必要考察对领导力、变革和创新背后的要求，也非常有必要探寻权力的表象与本质，而不仅仅是为了个人的尊严。这与现代领导力的观点不谋而合，特别是在现在这样的时代，自我认知被曲解为纯粹的自恋，进而将自恋描述为伟大的代价。空间巨大的总裁办公室催生了领导者们的自负与自我膨胀，这可不是个好现象。谦卑是现代管理理论中对领导能力的要求，但谦卑之路不可能一帆风顺。我们认为，但丁可以比现代管理理论更好地使我们理解谦卑之路。还没有人像佛罗伦萨公民马基雅维利那样露骨、公开地谈论权力，他对领导者的建议相当具体。但丁严肃地告诫身处资本主义社会的后世晚辈：一个人应该承担自己的行为所带来的后果。在对大众热衷的基本心理现象的把握上，但丁最为著名。人们阅读文艺复兴时期但丁的作品、上古神话和传说以及影响了人类两千多年自我认知的历史叙述，而这些都是我们想要深入研究的题材。

权力和尊严是文艺复兴时期的两个核心概念。就说"尊严"一词，真的是落伍了吗？在我们这个时代，似乎许多人都会为出名而不顾一切。尊严是个有分量的词，但对于尊严，并不存在一个公认的标准，它跟人与人之间可以容忍的程度相关。重要的是，尊严并不是一件微不足道的事，尽管它听上去有点迂腐。也许恰恰相反，也许是时候该重新考虑这个词了。

佛罗伦萨被认为是新思想和现代欧洲文明最重要的孵化器。但是，对佛罗伦萨和意大利文艺复兴也有许多其他的解释。首先，那不是一个文艺复兴，而是许多个。为描述自己生活的时期，乔托·瓦萨里（Giotto Vasari）将13世纪称为新生（rinascita）。自从雅各布·伯克哈特时代以来，对文艺复兴的研究极为全面、详尽。许多权威人士，诸如保罗·奥斯卡·克里斯特勒（Paul Oskar Kristeller）、欧亨尼奥·加林（Eugenio Garin）、恩斯特·卡西尔（Ernst Cassirer）、汉斯·巴伦（Hans Baron）、恩斯特·贡布里希（Ernst Gombrich）、迈克尔·艾伦（Michael Allen）、吉恩·布鲁克（Gene Brucker）、尼古拉·鲁宾斯坦（Nicolai Rubinstein）和劳洛·马提尼斯（Lauro Martines）等，对文艺复兴的研究都做出过很大的贡献，并造就了今天我们对这一时期的认知。要了解这一切，我们需要一个探求的起点。将对领导力、组织和人际交往的解读作为出发点，本书力图融汇历史、文化、经济、心理和哲学领域。所有对这些领域的透视都使得佛罗伦萨变得令人兴奋。19世纪的伯克哈特（Burckhardt）对此充满了赞美：后现代时期的我们有些天然地不善表达，他们使自己投身于文化和人文研究，而当今很少有领导者和知识分子可以像他们那样，这是使他们闻名的承诺！当然，我们可以选择这样的角度来挑衅：在照亮某个地方的同时，也意味着将另一些事物置于黑暗之中。对于洛伦佐（Lorenzo），我们知道有其他观点存在，也知道对"巨人帕拉斯和半人马座"有不同的解释，但我们始终秉持自己的观点。通过客观上讲述其过去，实际上我们已解读了佛罗伦萨，正如它今天向我们展示的那样！认知一定存在着时代的局限性。但我们宁可做冒险渡河的角马，也不愿享受泥潭中的清凉；宁可说错什么，也不愿沉默不语；宁可出丑，也不愿隐身于阴影。对文艺复兴我们是如此的至真至诚——日月可鉴！

这既不是关于历史，也不是关于哲学或艺术的著作。它并不旨在成为学术辩论的论据或个人观点，它更不是关于文艺复兴本质的学术论文或是刻板的、程式化的评论。那将会把婴儿和洗澡水一起倒掉。相比独立的、纯学术的分析，文艺复兴更像是一个启蒙运动，就是对先前历史观念的复兴。这本书的写作也不是基于现存的对历史争议的主流论断。我们希望它能引起人们的兴趣、使人融入其中并激起自己对人们不断反复探讨之主题的反思。因此，我们忠实于文艺复兴的思想。进而，本书更是试图赋予佛罗伦萨文艺复兴之文化遗产以鲜活的生命。本书绝不是一个以等号连接左右的简单方程式，相反，这里根本就不存在单一的、正确的答案。目光所及之远方，文艺复兴绚烂的花朵争奇斗艳，映照着我们脚下的人性之路。

本书由三部分组成。第一部分包括佛罗伦萨关于人的叙述。人透过故事而活着，最好的教育在于我们每一个个体与鲜活的历史人物的相遇。佛罗伦萨先贤们的生活大多伴随着最伟大的艺术作品，面对我们，这些艺术作品一直在默默地倾诉着。第二部分由这些中心人物的个人信件或反思组成。此外，我们也试图通过整合信件、诗歌、书籍中某些他们特有的词汇来传递富于他们特征的声音，这些不可作为直接的参考依据。整体的风格与内容是基于我们对那些人物的理解。是好是坏，这都是我们自己的作品。在第三部分中，将佛罗伦萨的思想与当今的思想以及组织和管理理论进行了比较。这里可能某些内容会出现重复，但是我们认为可以接受。这里，我们还提供了相关的理论文献，但不是以传统方式将其堆积在正文中，以避免干扰阅读进程，与所讨论主题关联的推荐书目被置于每章之后。本书的最后列出了我们所讨论的文艺复兴时期主要人物的简要传记。

本书是我们在佛罗伦萨工作多年之后写就的，其中融汇了领导力、组织理论、哲学和心理学。当然，这里包括对人性的看法、价值观和关于人类发展的讨论。其灵感源自文艺复兴时期的人物和思想，以及那些曾经和我们一起游历佛罗伦萨的人！那些商界领袖以及我们的同事，他们来自斯堪的纳维亚以及跨国公司和组织机构，既有公共部门也有私营领域。与经济学家、工程师、教师、医生、律师、官员和咨询顾问一起讨论这些主题令人非常兴奋，因为无论从个人角度或是在专业层面，他们都与这些主题高度相关。携着上苍赋予的力量，隐藏于职位描述背后大写的"人"显现了。多么奇妙的体验！本书也是致谢。感谢那些与我们在一起的人以及所有梦想去佛罗伦萨的人——那是一个既轻松又不堪重负的城市！我们还要特别感谢我们的编辑兼朋友希尔德·贝里特·克里斯托弗森（Hilde Berit Kristoffersen）的热情和耐心！也要感谢我们的同事特隆德·凯尔斯塔德（Trond Kjaerstad）、玛格丽塔·斯特里兹伯格·乌斯特鲁德（Margareta Stridsberg Usterud）和海蒂·敏德（Heidi Minde）！非常感谢佛罗伦萨的帕特里齐亚·切卡雷利（Patrizia Ceccarelli）——他在该市的图书馆中为我们搜索了历史文献！尤其要感谢劳拉（Laura）和塞西莉（Cecilie）！

祝愿我们的读者享受一段愉快的、激动人心的穿越时光之旅。

施泰纳·比亚特维特，谢蒂尔·艾肯塞特
2013年1月，佛罗伦萨

圣母百花大教堂
By Felix Konig - Own work, CC BY 3.0

第一部 叙述
第一章 文艺复兴 一个坐标

开宗明义，本章的标题就是此书全部内容的锚点。当今社会流行的美式管理理念污染了欧洲的传统与文化。现代住宅中充斥着廉价印刷品的味道，粗俗的"速成成功管理学"居然大行其道，《早安美国》之后紧随着聒噪乏味的佛罗伦萨旅行广告，赫拉克勒斯的大棒与大卫的弹弓在混战！

尽管如此，文艺复兴和佛罗伦萨依旧强烈地吸引着艺术爱好者以及遥远东方的游客，更在相当深度与广度上吸引着历史学家、哲学家以及政治家的目光。没有一座城市、一个时代有如此的魔力，他们短短两三代人的所作所为，深刻而永久地改变了整个欧洲，其影响一直延伸到当代。文艺复兴也不是仅仅发生在艺术界，它引起了广泛的蜕变，哲学、政治学、建筑学、管理学和经济学等各个领域都发生了革命性的变化。尼古拉·马基雅维利的《君王论》不仅暗淡了那个时代政治领袖们所发出的光芒，也为现实政治奠定了基础；马西里奥·菲奇诺（Marsilio Ficino）终其一生研究人性的伟大，使得佛罗伦萨变成了人文主义的摇篮；菲利普·布鲁内莱斯基（Filippo Brunelleschi）建造了佛罗伦萨大教堂的穹顶，从而革命性地改变了建筑艺术。没有任何征兆且异常迅速，这一切就发生了。

罗马帝国巅峰之后，欧洲匆忙的脚步慢了下来。诗人彼特拉克将接下来的几个世纪称为黑暗的中世纪，欧洲的发展几乎停滞了。在罗马，人们可以看到万神殿和斗兽场等宏伟建筑的遗迹。后来，这样伟大的建筑再也没有出现过。没有人能成功复制万神殿巨大的穹顶，虽然其结构看上去极其简单，但人们就是不知道其中的奥秘。过去建筑的废墟被当成了仓库，巨大的石材和珍贵的大理石被随意取用，技能和知识也随之消失了。将梵蒂冈博物馆中收藏的古代雕像与几个世纪后创作的雕像进行比较，非常难以想象，先辈们曾经拥有那样高超的技艺。设想一下这样的场景：14世纪的某个牧人，在金色时代的废墟中徘徊，他的牲畜游荡在当时的罗马广场牧场，即现今的古罗马广场——啃着地上的野草，随处可见古老的巨大寺庙和石柱。感想如何？不言而喻，这里曾经一定存在过某些强大、神奇的东西！此时，那颓败的场景不禁使人感叹：这里曾发生过怎样的灾难？是地球停止了转动？

随后，一些事情陆续开始发生，在意大利，首先是佛罗伦萨，一个无与伦比的春季到来了，欧洲开始走出黑暗的中世纪，走出黑死病的阴霾。15世纪的花朵绽放出绚烂的光芒，多彩辉煌的意大利文艺复兴开始了，历史将见证最美丽、最狂野的冒险和创新。当代的我们自信地宣称我们生活在一个充满变化的时代，可是，在历史的尺度上，这两者无法相提并论。

我们知道他们的名字：莱昂纳多（Leonardo）、米开朗基罗、波利齐亚诺（Poliziano）、切利尼（Cellini）、波提切利（Botticelli）。如果你认为他们在短时间内集中出现在那个时期的佛罗伦萨仅仅是出于偶然，那么这本书基本上就没有读下去的必要了，这座城市也就没什么可以使你感悟的了。但如果这不是巧合呢？是否我们可以学到些什么？在我们这个时代，我们沉迷于最新的一手新闻，追求当天捕获的海鲜，偏爱墨迹未干

如何提高创造力？

近代混沌和复杂性理论与传统上对创造力的理解不一致，拉尔夫·史黛西（Ralph D. Stacey）是许多对系统及控制理念感到绝望的作家之一。创造力涉及各个领域，它不能仅仅被禁锢在创新部门。但是，完全相反也不行，就像身居顶层的当权者所相信的那样，完全放任不管将会使组织处于无政府状态。从稳定到不稳定的状态转换中产生创造力。在混乱与秩序之间的过渡带，我们发现无序、矛盾、竞争，参与其中的个体追寻自己的利益——并不会顺从预先制定的总体规划，恰恰相反，参与者之间的争斗与合作将会助长这一混乱过程。

因此，催生创造力需要变化和差异。对于预知未来及预测结果的梦想，或是我们努力融合各方的愿望，都将埋葬创造力。如果以创新和变革为首要目标，则不一定要解决悖论，重要的是保持平衡，通过相互作用，个体、群体，乃至城市得以重塑，创造力随之产生。创新是从组织的复杂性中产生的，而不是整体控制或外部刺激的结果。部分创新成果将会存活，但毋庸置疑，大部分创新将会消亡。

因此，佛罗伦萨创造力的动能很大程度源自这座城市错综复杂的关系网以及天才个体间的相互竞争。通过复杂的相互作用，天才催生天才。

的文章。文明与启蒙使我们在理性与愉悦的旅途上大步前行，但问题是五百年前所积淀的智慧有现实意义吗？好吧，也许智慧之路并不那么简单。经历了时间的考验，有些书被传承下来，不管是一百年、五百年还是两千年，它们所蕴含的智慧跨越了时空，而不像是当今大学教授所传授的知识。它们传授给我们某些泛人性化的核心理念、某些在诗歌与故事中传颂的、无论老幼都会被感动的东西。否则，为什么要阅读它们呢？显然，这样的智慧具有长久的生命力。一百年后，领袖们将依旧研读马基雅维利

大穹顶 圣母百花大教堂 洗礼堂　高波 摄影

（Machiavelli）以理解权力的本质,但没什么人会提起今天的管理学大师。那么，欧洲历史上最伟大的开创性的时代究竟能带给你什么呢？

　　文艺复兴（the Renaissance）的原意是从过去的知识中汲取养分。"Renaissance"一词原意表示重生，即古代的重生，对过去和古老的知识重新产生兴趣。我们的祖先是否知道一些对现在的我们有用的东西？借助于从过去的建筑、存世的文字、艺术品和传说中搜寻的智慧，多纳泰罗铸造了大卫青铜雕像，这是千年来第一座独立单体形式的裸体男性形象；波提切利用古代的雕像作为他画笔下维纳斯的原型；米开朗基罗通过解剖来了解人体结构以使其作品更具感染力。逝去的时代得以重现生机，千年前的成就催生出新的杰作。那时的他们不仅仅是从古代汲取知识，更重要的是将其作为前进的基石，以探求新的领域、创造出前所未有的东西。他们

混沌边缘的竞争

大量的文章描述如何领导变革和创新，混沌和复杂性理论描述了一个现实，让人联想到创意驱动和进取精神带给佛罗伦萨的困惑，但是这些观点导致与领导力及战略理论的共识背道而驰。肖娜·布朗（Shona L. Brown）和凯瑟琳·艾森哈特（Kathleen Eisenhardt）坚持认为，严格而直接的战略流程是不适用的，战略必须足够清晰以指示方向，但也必须同时具有足够的开放性和多样性，以刺激创新浪潮不断涌现。

以下三种情况使你处于不可预测的边缘：

- 在混乱的边缘。结构必须足够紧密以组织和接受创新，但又不能过于紧密以至于窒息创新，真正的战略选择是构筑什么结构或不构筑什么结构。
- 在时间的边缘。过去的成功或灾难都可能导致组织停滞不前，但金色前景也有可能使组织迷失方向，重要的是应该立足当下，并同时洞察过去和未来。
- 节奏。通常变化更多是由时间而不是由事件催生，新产品发布的节奏可能比满足市场需求更为重要，你能否创造一个节奏来策动创新与转型？

既相互学习又相互竞争，但首要的是竞争。

佛罗伦萨游客最密集的地方是处于圣母百花大教堂、大穹顶和佛罗伦萨洗礼堂（Battistero）八角池交会处约20米的范围内。抵达这里，你就走到了文艺复兴的中心。这个地点是文艺复兴时期的两位巨匠洛伦佐·吉伯蒂（Lorenzo Ghiberti）和菲利普·布鲁内莱斯基竞争的现场。那场竞争几乎讲述了文艺复兴的全部故事，那是一场激发出丰富创造力的竞争。今天八角形的洗礼堂拥有三扇大型青铜门，吉伯蒂制作了其中两扇，最著名的那扇青铜门面向圣母百花大教堂，门上的浮雕描绘了旧约中的景象。

| POWER AND DIGNITY | 权力与尊严 |

天堂之门 吉伯蒂
CC BY-SA 3.0

成群的游客簇拥在吉伯蒂的杰作前。米开朗基罗将这扇门称为天堂之门。今天这扇门是复制品，原作被保存在大教堂后面的博物馆中。但在八角池的北侧，你会发现吉伯蒂制作的另一扇门，门上的浮雕描绘了新约中的景象。在那里，你看到的是吉伯蒂的原作。无论怎么看，它一定比前面那扇被游客所簇拥的复制品更有价值，但很少有游客到这一侧向它施以注目礼。既然是天堂之门，当然要让上帝满意，就不能选用廉价的防盗门。于是，这两扇门的建造引发了那场著名的竞争，即吉伯蒂和布鲁内莱斯基之间的竞争。

竞争开始时，佛罗伦萨洗礼堂的门是由皮萨诺于 14 世纪制作的青铜门。经历了瘟疫和战争的佛罗伦萨，现在需要制作一个纪念品——一扇新的门。佛罗伦萨最富有的公会——商人公会在 1401 年冬天决定为该项目筹集资金，商人们希望通过敬重和贿赂上帝来保佑佛罗伦萨。商人们的介入很快解决了资金问题，但问题是由谁来制作这扇门呢？有七个人提交了他们的方案，经过仔细认真的评估，剩下两个候选人：吉伯蒂和布鲁内莱斯基。他们是所有竞标者中年龄最小的两位，都是二十出头，他们来自

公会

像所有城市过往的历史一样,佛罗伦萨当时存在多个社会阶层。富裕家庭处于社会顶层,他们称自己为贵族(ottimati),并且对其固有价值有相当清晰的理解。处于社会底层的啄食者是匠人和工人。处于这两个阶层之间的是不同的职业群体和商人,他们自己组成行业公会,公会有大有小,根据文件记载佛罗伦萨行业公会多达73个。其中最重要的行业公会有七个,他们是:

- 商人公会
- 羊毛制造商公会
- 银行家公会
- 丝绸制造商公会
- 医生和药剂师公会
- 皮草公会
- 法官和公证人公会

行业公会对佛罗伦萨的经济和政治生活具有重大意义——从经济上来讲,其规范了行业运作;从政治上讲,是平衡精英阶层的一种力量。不仅如此,它们也有重大的文化层面上的价值。他们互相竞争,以最优的方式促进城市发展。一个明显的例子是:他们发现,在名为圣弥额尔(Orsanmichele)的谷物市场中有一幅具有治病能力的圣母玛利亚画像,于是,他们便将这个市场改建成了教堂——佛罗伦萨圣弥额尔教堂。

圣弥额尔教堂被14个壁龛环绕,每个最有名望的公会都在属于各自的壁龛中摆放他们的守护神。重要的是公会与公会竞争、艺术家与艺术家竞争,艺术家知道他们的作品将比肩矗立、相互比较,他们作品的高度将被其他人的作品来评定。不仅如此,这些艺术家也在与自我竞争,因为有时几个行会雇佣同一位艺术家,于是他就必须创作出超越自己以往的作品。吉伯蒂答应为银行家公会打造圣马修雕像,至少要与他为商人公会打造的圣约翰雕像一样好。制作一个美与骄傲的象征来展示自己群体的力量,每个公会都试图鹤立鸡群。几乎没有城市可以宣称自己有如此的"谷物市场"。

不同的社会阶层。吉伯蒂是一个努力向上的新人，他甚至还没有雕塑家或金匠的认证证书，更糟糕的是，他的父亲出身非常可疑，能在比赛中前进到此，对于吉伯蒂，本身就已经创造了奇迹。而布鲁内莱斯基则完全相反，他的父亲是一位受人尊敬的公证人，在佛罗伦萨共和国担任高级职务，布鲁内莱斯基本人已获得金匠工艺大师认证，他的资历包括在皮斯托亚（Pistoia）已经完成的作品，而且，在两个市政委员会中，布鲁内莱斯基还担任着相应的职务。这项竞赛就在这两个才华横溢的来自不同社会阶层的年轻人之间展开。

　　双方都将向终审委员会提交样品以展示他们的高超技艺，主题是亚伯拉罕将根据上帝的旨意祭杀他的儿子以撒。今天，你可以在巴杰罗（Bargello）博物馆中看到他们提交的参赛作品。布鲁内莱斯基的工作进行得迅速且专注，他对自己的作品有清晰的想法，无须征求他人的意见。吉伯蒂则不同，他花时间寻求知名艺术家和金匠的建议，带着崇拜与尊重口吻，向终审委员会的委员们请教。关于布鲁内莱斯基设计样式的谣言满天飞。吉伯蒂则一次又一次地设计了他的作品，终于完成了。终审委员会早已表明意愿，评审将不拘一格，不设定式。吉伯蒂能前进于此就是明证，否则他极有可能不被允许参加比赛。现在，两件杰作摆在委员们面前，他们犹豫了。因为两件作品不分伯仲，难以取舍。最终他们提议将佣金让两位后起之秀分享，但是天赋绝伦的年轻人的自尊无法接受，布鲁内莱斯基拒绝考虑这个想法。终审委员会不得不再次评审。两个设计涵盖相同的主题，都顺从商人公会的要求：亚伯拉罕要献祭以撒，从天而降的天使的介入，一头毛驴和两个仆人。但是吉伯蒂采纳了他征求到的建议，使其作品在结构上和优雅程度上更加突出，以细节征服了终审委员们：亚伯拉罕和以撒优雅地鞠躬、亚伯拉罕衣服的褶皱等。除此之外，吉伯蒂的设计中有一种美丽而宁静的东西，而在布鲁内莱斯基的设计中却找不到。最后，委员们倾向于吉伯蒂。年龄最小最不可能的获奖者胜利了，吉伯蒂克服一切困难以微弱优势最终胜出。随着胜利带来的声誉，吉伯蒂后来的人生一帆风顺。他在自己的传记中，清楚地揭示了他获得胜利唯一的，或者说是所有的理由："对于我，所有行家和竞争对手都以胜利呈上；对于我，这一荣誉加持于普天之下的唯一。"

吉伯蒂多年后的自传虽充满夸张的自吹自擂，却是实至名归。有关耶稣的一生，吉伯蒂先后制作过28块青铜牌匾，一块胜似一块，精致的青铜覆盖以熠熠生辉的黄金。28块牌匾总共描绘了175个人物，每个人物都被展现在独立的空间，这给每块牌匾都赋予了不同的视觉效果与独特的唯一性。同时吉伯蒂也没有忘记当仁不让地宣示自己的地位，在门的中间，他为自己也铸造一个小头像——深奥且自大，从一个时髦的小圆环中突显出来，谦卑地被玛丽亚、耶稣、撒旦等其他名人环绕其中，俯视着你，宣告着他对这件杰作的所有权。

但是工作需要时间，吉伯蒂花了20年的时间来制作那扇门。商人公会很喜爱他的作品，这个城市也钦佩他的能力。于是，他们提出了另一个请求：洗礼堂的另一面也缺一扇门，你一起做了吧！当然可以。于是吉伯蒂又制作了天堂之门，即现在面对着大教堂的那扇门。

表现旧约故事的十块青铜牌匾熠熠生辉，吉伯蒂也春风得意，每块牌匾都不相同，都在讲述一个旧约故事，就像系列连环画。该隐和亚伯的匾额描绘了兄弟俩的行动：他们为上帝所做的牺牲，该隐的嫉妒、谋杀兄弟以及逃离上帝的情景。以前从没有类似的表现手法。吉伯蒂再次将自己的头像放在门的中央——这次就在摩西旁边，而且还在自己头像旁边制作了他儿子的头像，似乎这还不够，他甚至在门上刻下了"洛伦佐·西奥

POWER AND DIGNITY 权力与尊严

天堂之门 局部 该隐与亚伯
By Sailko - Own work, CC BY 3.0

天堂之门 局部 吉伯蒂头像
Cut from Kandi - Own work, CC BY-SA 3.0

内·吉伯蒂（Lorenzo Cione de Ghiberti）以奇妙艺术制作"。完成这两扇门总共花了27年！

一个人，以其生命的前50年制作两扇门，该怎么说呢？很慢！苹果公司或是谷歌搜索所追求的一定是更大的市场占有率。但是，如果500年后的人们依然蜂拥而至，争相欣赏你的作品，并将其与宗教意义上的天堂相提并论，那又如何呢？对于现代人，也许这并不重要。但，这就是文艺复兴：其癫狂、华丽恢宏与理性管理思维格格不入。也正因如此，他们对世界产生了深远的影响，留下了自己持久的印记，创造出了美丽的东西。对于自己的能力和时代，他们有着美好的信念。

文艺复兴时期，人与人的潜能成为被关注的对象，上帝不再是被关注的中心，并被突破了自我、超越了极限的人所取代。莱昂·巴蒂斯塔·阿尔贝蒂是那个时代的杰出人物，他说："只要愿意，人可以成就任何事情。"人的潜能无限，而且作为人，你应当以"青史留名"的态度对待人生。我

角逐

我们梦想着团队中每个人无私而和谐地团结在一起,以取得骄人的团队业绩,也认可协作和团队精神是创新和成就的基石。对于我们这样的梦想,文艺复兴的经验无情地予以否定。与此相反,文艺复兴相信竞争,事实上也是竞争使之走向不朽。事实告诉我们,那时伟大的艺术家——米开朗基罗、达·芬奇、拉斐尔、蒂齐亚诺——都是从友好比赛开始,最终发展为敌意的对抗。罗纳·戈芬(Rona Goffen)展示了赢得比赛的强烈欲望是如何驱动着文艺复兴。这里所指的竞争不仅仅是他们当代人之间的竞争,同样也包含了与古代大师的竞争,模仿古代大师的作品本身就是挑战,他们要赢得挑战且超越之。古典的竞争思想——通过比赛超越对手——被唤醒,我们发现这样一种潮流,即挑战者将被挑战者设为努力赶超的对象。

这一时期的传记作家,例如乔治·瓦萨里、保罗·乔维奥(Paolo Giovio)、阿斯卡尼奥·孔迪维(Ascanio Condivi)的著作引起了人们对艺术家之间竞争的关注。我们听说过米开朗基罗与莱昂纳多·达·芬奇不名誉的角逐,即米开朗基罗指责莱昂纳多·达·芬奇不具备在圣三一广场铸造马术骑手的能力。我们知道拉斐尔和布拉曼特对米开朗基罗的诋毁,他们两人哄骗教皇朱利叶斯二世下令米开朗基罗为西斯廷教堂的天花板作画,因为他们相信米开朗基罗将会失败,从而作为一名失败的画家入狱,使米开朗基罗蒙羞。令所有梦想成为艺术家的人感到有趣的是,传记作家讲述了金匠本维努托·切利尼(Benvenuto Cellini)被巴乔·班迪内利(Baccio Bandinelli)制作的西格尼亚广场上的大力神雕像所激怒,因而切利尼决定以自己的方式击败对手,于是,佛罗伦萨收获了又一座精妙绝伦的传世佳作,即同样位于西格尼亚广场的珀尔修斯雕像:珀尔修斯抓起被砍下的美杜莎的头颅——巫婆的血在班迪内利迷惑不解的大力神雕像眼前滴下,后者紧紧抓着被打到绝望的卡库斯的头发。文艺复兴时期的故事昭示,竞争是发展和创新的动力,代价是失去了对知识的共享与相互帮助,艺术家之间在一种辩证关系中彼此争斗、对话,每个人都试图比他人更耀眼、更明亮。如何激发勃勃生机与壮丽恢宏?这就是那个时代的观点。

们当下的一切，如遥控器、折扣旅行、刮刮彩票等，对于他们是无法容忍的。生命不应当墨守成规，生命必须面对未知。菲奇诺用一种平静笃定的声音说："上帝造人旨在不凡，而非平凡。"如果你的城市里弥漫着这样的文化氛围，感觉如何？

可怜的布鲁内莱斯基输了比赛，他的对手将自己的名字永久地镌刻在佛罗伦萨洗礼堂的大门上。但是，竞争结束了吗？当然没有！为赢得第一，布鲁内莱斯基又能做些什么呢？亚军绝对是一个失败，他无法忍受继续待在这个城市。他与朋友多纳泰罗一起去了罗马。他徘徊在帝国的废墟中，研究古代的成就。万神殿是其考察的重点之一，这是哈德良皇帝献给所有神灵的圣殿。神殿巨大的穹顶历经沧桑，仍然完好无损。从外部看，大殿像一个圆柱体，但是从内部看，穹顶是一个半球型，其直径与高度达到43米——一个欧洲从未见过的奇迹。

罗马万神殿
By Roberta Dragan - Own work, CC BY-SA 2.5

第一部 叙述
第一章 文艺复兴 一个坐标

罗马万神殿 内部拱顶 高波 摄影

在这里，布鲁内莱斯基看到了他复仇的机会。在洗礼堂，他输了，吉伯蒂赢了。但是，就在距离吉伯蒂的胜利只有 20 米之遥的地方，矗立着一个更大的挑战。那是佛罗伦萨的辉煌，是欧洲最大的大教堂——圣母百花圣殿——仍然没有屋顶。当大教堂开始建造时，佛罗伦萨人的目光高远，他们要使这个城市拥有世界上最大的教堂。然而，在建造过程中，一个严重的问题出现了：圣殿被设计成八角形，直径达 44 米，但屋顶怎么办？哥特式建造风格几乎是不可能的，因为面积太大了，只有一种选择，即穹顶。但如此之大的穹顶已经数个世纪不见踪影了，没有人知道该如何建造。佛罗伦萨做出的行动显示了这座城市的决心：让我们继续！或早或晚佛罗伦萨人能解决这个问题，只是征服这个挑战的人现在还没有出生！他们真是完全失去了理智。想象一下，基于目标管理或平衡记分卡管理理论，毕业于哈佛大学的 MBA 或麻省理工学院的项目经理们能解决这个问题吗？谢天谢地，当时还没有他们。

POWER AND DIGNITY 权力与尊严

问题出现的 40 年后，布鲁内莱斯基站在万神殿前，此时佛罗伦萨圣母百花圣殿的建造已经进行 100 多年，并已接近完成。但是大穹顶的难题仍然悬而未决。布鲁内莱斯基待在罗马几年，做了深入的研究并制订了自己的计划，用只有自己看得懂的密码记下他发现的秘密——后来的莱昂纳多·达·芬奇也有了同样的办法——以防止别人窃取他的想法。此时的布鲁内莱斯基已专注于建筑。这一次，胜利非他莫属，是时候回佛罗伦萨了！

在佛罗伦萨，一个新的挑战已发出邀约：建造大穹顶，我们需要一个

被取消的比赛

在曾经所有的比赛中，有一场最伟大的比赛，可惜今天我们无法欣赏其结果。当时佛罗伦萨扩建西格尼亚宫（Palazzo Signoria），需要增加一个新的大厅（今天称为"五百人大厅"），莱昂纳多·达·芬奇在 1503 年被邀请绘制一幅巨幅壁画来装饰墙面，主题是"安吉里战役"（Battle of Anghiari），那是佛罗伦萨历史上光荣的时刻之一。莱昂纳多开始描绘草图，激烈的战斗场面充满张力，激烈搏杀的战士环绕着军旗，他们的战马——莱昂纳多喜欢画马——与骑手密切配合，撕咬、踩踏敌人……艺术家和市民们对莱昂纳多的画赞不绝口。只有一个人——尖酸刻薄且脾气暴躁的米开朗基罗不高兴，为什么佛罗伦萨邀请莱昂纳多而不是他来绘制这幅作品？必须施展一些小手段。于是乎，米开朗基罗也得到邀请在墙的另一半同样绘制一幅壁画。米开朗基罗的主题是"卡希纳战役"（Battle of Cascina），那是佛罗伦萨历史上另一个高光时刻。米开朗基罗的画稿与莱昂纳多不同，他强调人的天性和美丽，而不是愤怒，风景中一匹马也没有。多么令人期待的时刻，两位同时代、同样是历史上最伟大的艺术家将一决高下，两大战役的恢宏场景将交相辉映。

终于，绘制开始了。莱昂纳多首先开始，草图首先要被画在墙上，但是莱昂纳多偏爱新方法。此时，他想到使用油画颜料来作画，但由于涂料

可以建造巨型圆顶构造的方案。来自欧洲各地的建筑师都力图解决这个难题。在所有的提案中,有一项提案脱颖而出:那就是布鲁内莱斯基的提案。与其他提案不同,他不需要大型外部框架来支撑大穹顶,在建造过程中,也不需要从内部地面搭建木质结构来支撑。委员会和其他建筑师嘲笑他是疯子、空想家,他被赶出了会议。但布鲁内莱斯基没有放弃,他的坚持逐渐引起了委员会的关注。与此同时,布鲁内莱斯基保守秘密,拒不透露其设计原理。会议参与者给他施加压力,要求了解具体方案。对此,他坚决

混合不正确,随着绘画的进行,早先画上去的部分开始脱落。最后,莱昂纳多放弃了,他似乎没有表现出要完成这幅作品的强烈欲望。米开朗基罗又在做什么呢?他对比赛也失去了兴趣,况且他本来就不是真的喜欢绘画,而且还有很多雕塑工作在等着他。

随后一段时间,被莱昂纳多遗弃的半成品和米开朗基罗的草图悬挂在西格尼亚宫,艺术家们从意大利各地蜂拥而至一睹风华。以至于本维努托·切利尼将残存的壁画称为世界学校。后来,两位大师的半成品不知所终。从有史以来最伟大的艺术竞赛开始,到令人遗憾地被淹没于历史长河,触景生情。今天大厅的墙壁上覆盖着乔治·瓦萨里和他的学生们所描绘的战斗场景,提示着这里曾经所发生的故事,令人扼腕叹息。经典永存,瓦萨里在他著名的艺术家传记《艺术家的生活》中为我们记录了艺术竞赛的故事,使得历史得以铭记。余音绕梁,瓦萨里的故事肯定比他的艺术作品更能被人们铭记,不仅仅是铭记,精彩的故事将启迪后人。毕竟,真实的比赛曾经在这里发生,或许可以找到一些比赛留下的痕迹,在瓦萨里绘制的勇士们中间,仔细观察,在一个绿色草坪山丘上,我们隐约可见"寻找,发现"(Look, Find)字样。有许多人相信,这个神秘信息是遗失的莱昂纳多的画作向我们发出的召唤,告诉我们它可能就在附近,或者就在瓦萨里的画中或是背后。

拒绝。参会者愈加坚持要了解其具体设计方案。在争执中，布鲁内莱斯基拿起一个鸡蛋，要求富于经验的建筑师们将鸡蛋竖立在大理石表面上，宣称谁可以做到，谁就有资格建造大穹顶。当然，没有一个建筑师能成功。最后，他们要求布鲁内莱斯基做给他们看，布鲁内莱斯基拿起鸡蛋，敲向大理石桌面，鸡蛋立住了。"这谁不会呢？"其他人哄然大笑。"对啊，如果看过了我的方案，那你们不也就会啦！"布鲁内莱斯基回答。最后，坚持到底的他赢得了佣金。

他的秘密到底是什么呢？其实，他建造的不是一个穹顶，而是两个。佛罗伦萨的地标大穹顶包括了一个内壳和一个外壳，其构成就如同两个鸟笼，一个在另一个之上，中间有关节连接。基于这种架构，以凸起的鱼骨形对角线加平面结构作为外壳，布鲁内莱斯基用砖块完成了大穹顶的建造。砖块相互支撑，并被大穹顶的压力锁定，这是布鲁内莱斯基本人的创新，他彻底改变了建筑学以及他所生活的时代。今天，进入圆顶，你自己去看，登顶的楼梯介于两个穹顶之间。你可以用一张票的价格看两个穹顶，物超所值。有趣的是，下一座意大利大穹顶是按照相同的原理完成的，那就是罗马的圣彼得大教堂。谁是设计师呢？是来自佛罗伦萨的米开朗基罗。他在布鲁内莱斯基的城市长大，当然看到了大师的杰作。复仇一定是甜蜜的，布鲁内莱斯基从第二的位置到了胜利者的位置。值得注意的是，文艺复兴主干上的两个标志物均源自对架构和创新的竞争。这场伟大的竞争被历史学家看作是欧洲文艺复兴的起点。创作的灵感源自古代，也源自他们之间剑拔弩张的紧张关系，更源自他们追寻伟大的强烈意愿。人旨在伟大，而非平凡。欧洲文艺复兴的帷幕由此拉开！

发酵开始了，巨人间的争斗以及他们的杰作启发着他人，帮工和助手追随他们的主人，创造出新的杰作。吉伯蒂的早期合伙人米开罗佐

（Michelozzo）成了佛罗伦萨的建筑新星，主持建造了圣马可修道院和美第奇宫。和布鲁内莱斯基一起游历罗马的多纳泰罗成了那个时期伟大的雕塑家，他创作的青铜大卫雕像不仅前无古人，也后无来者，就像他的朋友，他突破了所有传统习俗。多纳泰罗的大卫不仅散发着自由和抗争精神，也流露出性感与愉悦，他的脚趾踩踏着巨人歌利亚的胡须，而歌利亚头盔上的羽毛抚摸着大卫大腿的内侧。这不是周日礼拜堂里标准版的大卫，但却是佛罗伦萨称赞的大卫。

这座城市充满了开拓性和创造力。他们知道自己与众不同，他们感觉到新的黄金时代的脉动，希腊和罗马的昔日辉煌是他们的目标。他们在街头巷尾议论着，我们是新雅典。他们将自己的时代洗礼为"rinascita"，即复兴、重生。"一旦开始认识自己，谁还能怀疑罗马的再次崛起？"佩特拉卡说。佛罗伦萨人坚信人的潜力无穷，他们也对自己的颠覆力充满信心，全方位的发展和各领域的大发现被推崇备至。佛罗伦萨机场以韦斯普奇命名，那韦斯普奇又是谁？那是文艺复兴时期的著名探险家和制图师，他的兄弟是马基雅维利最亲密的同事之一。但如果告诉你韦斯普奇是他的姓，而他的名则是"Amerigo"，即英语的"America"，或许你会恍然大悟。阿梅里戈·韦斯普奇一再宣称，哥伦布发现的不是印度（India）的一部分，而是一块新大陆。事实证明他是对的，新大陆遂以他的名字命名。美洲（America），这个名字源自佛罗伦萨。随着愈加了解佛罗伦萨，就会发现愈多的名字和伟大成就与这座城市相关联。

是什么让那个时代、那座城市的人们如此特别？乔治·瓦萨里总结了激发佛罗伦萨创造力的三要素：首先，有一套明晰、苛刻、拒绝平庸的评估体系；其次，是辛勤、有效的工作，这里所指的"工作"非一般意义上打卡计时式的"打工"；最后，是对光荣和名誉的渴望，佛罗伦萨的空气

具有感染性的创造力

创新很少会孤立发生。统计发现，天才个体并不是在时间和空间上呈随机分布状态。他们往往以集群形态出现，这不仅是只有文艺复兴时期的佛罗伦萨出现过的情况。正如迈克尔·波特（Michael Porter）所演示的那样，相互关联的商业活动如何以地理区域为中心聚集。相互竞争的组织、分包商、大学院校和公共机构通常聚集在一起，在竞争与协作中，他们彼此发展。米兰的时尚产业和硅谷的计算机世界就是这样产业集群的例子。产业集群不仅激励创新和增长，也易于知识交流、易于吸引称职的个体，进而新企业不断被创立，并直接或间接地与存续企业相关联。创新是自我永续的。

同时创新可以以多种方式相互感染。格雷夫（Greve）和泰勒（Taylor）声称创新是双重发明，一个是对自身的创新，另一个是对其所组成的系统的影响。创新包含了少数群体的作用和对不同思维方式的扶植，不同思维方式为新思想提供了空间，因而创新之后新发明会随之涌现，而不是简单地复制创新。这就是为什么创新总是在本地产生最强的影响，并且通常被局限于创新企业聚集的地理区域。

中弥漫着的东西驱动着每个人都想超越其他人。也有些人则认为该市的共和党传统至关重要，在其他意大利城市发展成为公国体制的同时，佛罗伦萨仍然忠实于代议制政府和平等的理想。就像此时意大利的另一大共和国威尼斯一样，创造力也在这里绽放。但最重要的是，他们的禀赋相信一切皆有可能，他们鄙视漂亮的广告语和华丽俗气的口号。作为人，他们对人的理解是：如果愿意，人可以成就任何事！没有什么能比国际象棋规则的改变更能体现什么是文艺复兴：文艺复兴前，王后像国王一样一次只能移动一格，但文艺复兴消除了对王后的所有限制，她可以随心所欲地移动，从而变成了游戏中最重要的角色。这，就是文艺复兴。

推荐读物

1.Brucker,G.(1983).Florence.*The Golden Age, 1138—1737.*Berkeley:University of California Press.The author is one of the best known experts on Florence in the Renaissance and the book is bursting with his abundant knowledge about all manner of things, accompanied by wonderful photographs and commentary.

2.Gill,A.(2002).*The Feud that Sparked the Renaissance.* London: Review. Exciting description of the competition between Ghiberti and Brunelleschi.

3.Vasari,G.(1961). *Lives of the Artists.* New York: Signet. The Renaissance's tabloid, full of anecdotes and descriptions of the greats of this period. Delightful reading.

洛伦佐·德·美第奇肖像 瓦萨里
By Giorgio Vasari - Alamy, Public Domain

第二章　教堂里的谋杀

毋庸置疑，文艺复兴群星璀璨，但最伟大的人物当属洛伦佐·德·美第奇。在那个时代，他被尊称为辉煌二世（II Magnifico）。这个称谓所蕴含的意义不言而喻！洛伦佐的光芒无人能及。但实际，他没有任何正式职务及官方头衔。尽管如此，他却是佛罗伦萨真正的主人，掌控着佛罗伦萨的一切。"店老大"，佛罗伦萨人都这样称呼他。

同时代两位伟大的政治思想家尼科洛·马基雅维利和弗朗切斯科·吉恰尔迪尼都对他的领导才能称赞有加。吉恰尔迪尼曾经说道，意大利各州及其他欧洲国家的领袖们都非常敬佩洛伦佐，他的离世，带走了意大利的和睦与福祉。马基雅维利则认为，洛伦佐之死就像是一颗恶的种子得到了肥沃的土壤，而有能力铲除它的人消失了，这就是意大利被摧毁的原因。对于一位没有任何正式政治职务的人物来讲，这不能不算是个典范。

但在我们这样的时代，洛伦佐几乎没有成功的可能，至少是在电视上。这么说吧，洛伦佐的长相就对不起电视观众，他只适合于不需要露脸的广播电台。他根本无法与英俊潇洒、打理整齐的政客或是广告形象代言人相比。洛伦佐的鼻子非常扁，使得他的声音尖锐且带鼻音，并缺乏嗅觉；他的眉毛像没修剪好的胡须一样参差不齐，还影响着两只本来就近视的眼睛；他的眼睛几乎看不到远处的任何东西；他的下巴是"地包天"。这副形象，即便是在当时也被认为像个自然界的弃儿。他的面相的确少见，如果在黑暗的小巷子遇见他，你肯定是扭头就跑。但就是这样一个人，却拥有无与伦比的魅力与智慧。

1449年，洛伦佐降生在佛罗伦萨最富有的家庭——美第奇家族。他的祖父科西莫·德·美第奇通过银行业务和纺织品贸易奠定了财富的基础。当时的佛罗伦萨就像是后来以金融著称的伦敦和以纺织品著称的曼彻斯特两座城市的合体。美第奇银行扩张迅速，规模很快居于佛罗伦萨之首，并确立了在欧洲的领导地位，分支机构遍布整个欧洲大陆，教皇和法国国王是其最重要的客户。

科西莫利用他的地位控制了佛罗伦萨共和国。不是在前台，而是在幕后，在所有最重要的事情上，科西莫都有决定性的话语权。正如法国大使所说："除了头衔，他就是君王。"科西莫不仅是一位企业家，也是一位艺术爱好者。他出资建造了圣洛伦索教堂、圣马可修道院和美第奇宫。多纳泰罗、米开罗佐和菲利普·利皮（Filippo Lippi）等新生代年轻艺术家都得到过他的支持。在经营业务的同时，美第奇银行欧洲各分行同时被责令收集古代的书籍、手稿并送往佛罗伦萨的美第奇图书馆。借助这样得天独厚的条件，科西莫将柏拉图的全部著作第一次完整地从希腊语翻译过来——一个欧洲思想史上的壮举。"我能如何回报上帝的恩赐呢？"科西莫说道。但不论是因为上帝的恩赐还是因为银行业务经营有方而致富，科西莫对社会的回馈是巨大的。

于是，巨幅画作被绘制出来以表达美第奇家族对其崇高顾客的谦逊、崇拜与感恩。谦逊，是真的吗？我们看看巨幅壁画"三圣来朝"中东方三

美第奇王朝（THE MEDICI DYNASTY）家谱

乔瓦尼·迪·比奇·德·美第奇 (Giovanni di Bicci.)

美第奇银行 (Medici Bank) 创始人
1360—1429

科西莫 (Cosimo)
1389—1464

皮耶罗 (Piero)
1416—1469
妻子 卢茨雷斯·托纳比尼 (Lucrezia Tornabuoni)

洛伦佐·德·美第奇 辉煌二世
(Lorenzo II Magnifico)
1449—1492
妻子 克拉丽斯·奥尔西尼
(Clarice Orsini)

朱利亚诺 (Giuliano)
1453—1478

比安卡 (Bianca)
丈夫 古列尔莫·迪·帕齐
(Guglielmo de'Pazzi)

朱利奥 (Giulio)
1478—1534
教皇克莱门特七世
(Pope Clement VII)

洛伦佐 (Lorenzo)
1395—1440

皮尔弗朗西斯科 (Pierfrancesco)
1415—1476

洛伦佐 (Lorenzo) 乔瓦尼 (Giovanni)
1463—1503   1467—1498

黑带乔瓦尼
(Giovanni delle Bande Nere)
1498—1526

科西莫一世 (Cosimo I)
1519—1574

皮耶罗 (Piero)
1471—1503
妻子 阿方西娜·奥尔西尼
(Alfonsina Orsini)

乔瓦尼 (Giovanni)
1475—1521
教皇利奥十世
(Pope Leo X)

朱利亚诺 (Giuliano)
1479—1516
内穆尔公爵 (Duke of Nemours)

梅达莱纳 (Meddalena)
丈夫 F·慈波 (F.Cibo)
教皇无辜者八世
(Pope Innocent VIII) 的儿子

洛伦佐 (Lorenzo)
1492—1519
乌尔比诺公爵 (Duke of Urbino)

卡塔琳娜 (Katarina)
1519—1589
丈夫 法国国王亨利二世 (Henry II of France)

文艺复兴时期的银行

如果你认为现在经营一家银行很有挑战，那么想想看15世纪初的佛罗伦萨，那时银行间的竞争远超今天，且更加残酷无情，变化更快，更谈不上稳定的政策环境，也不存在长期的合同关系，从而也无法预测市场。有的只是供给与需求，唯一清楚的是网络与人际关系。这一点和现在一样，即重点不是小客户，而是"公司客户"。当时最大的"公司"就是教廷，是罗马教皇及欧洲的君王和皇室家族。这些客户正是一流私人银行需要耕耘的关系。战争要花钱，宽恕与和平付出的代价更大。战争宣言与和平协议签署的背后都是佛罗伦萨的银行。毫无疑问，如果银行是小熊维尼，那么最大的蜜罐就是教皇的宝座。

这样的客户是真正意义上的客户，他们需要多种形式的增值服务和客户关爱，而银行则通过这些来赚取利润。不要以为这很简单！众所周知，权力位于顶部，新教皇的上任相当于新任首席执行官上场，检视更新银行合作关系是分内之事，没有人能以书面形式或战略合作协议来保证银行与客户之间的友谊万古长青。新领导需要新生态。毫无疑问，落败的银行将失去朋友，也没有奶酪。

更为严重的是，贷款与利率在教会眼里是根棘手的毒刺！资本有其邪恶的一面，特别是在财务专家的手中，它会发芽，钱会生钱。有赖于此，身着定制西服的投资顾问和股票经纪人不仅不劳而获，甚至还发了大财。但利息收入与上帝弘扬的诚实勤奋原则根本对立，在上帝的眼里，贷款及利息是一切恶魔的源泉。这就是为什么教会把放贷列为原罪，并为放债人在地狱的深处保留了位置。让异教徒去从事这些勾当吧，如此庄严正统的态度与嫁祸于人的心态为犹太移民带来了商机。

禁令总是会激发创造力，尤其是在市场需求高涨和利润丰厚的情况下。银行服务从贷款变通为货币兑换。货币的兑换与交易不是原罪。这里没有恶魔般繁殖的利息，但是这是金钱的私通和近亲繁殖，因为这里存在着一个使金钱产卵的漏洞，即汇率。汇率总是有利于本币。弗令在佛罗伦萨的汇率总是最高，杜卡特的汇率在威尼斯也是最高的。因此，一个商人从佛罗伦萨的一家银行收到一笔100弗令的定期汇票——一种交换协议，约定他可以在另一城市用另一种货币偿还银行，例如在威尼斯用95杜卡特。在威尼斯，这家银行的威尼斯分行用这笔钱给另一位商人开出一张新的95杜卡特定期汇票，约定他在佛罗伦萨以弗令偿还，但是偿还多少弗令呢？

这就是货币投机之所在！95杜卡特在威尼斯的价值更高。在这里，他们值105弗令。因此，当佛罗伦萨的银行最终收回其款项时，它已经赚了5块本金。实际上，这对银行来说是一笔利润可观的贷款。从佛罗伦萨到威尼斯的旅程花不了几天时间，因此其等效年利率高得惊人。但教会接受，因为教会同样需要银行系统提供贷款、捐款或货币兑换。这种做法既绕开了教义中的禁忌，又可以赚取超额的利润。非常狡猾，但极富创造力。一个与之配套的银行系统应运而生，随着其他城市分支机构的设立，银行进入了国际化运营时代。

美第奇银行在欧洲大多数商业中心先后都设立了分支机构：伦敦、日内瓦、里昂、阿维尼翁、科隆、布鲁日、安特卫普和吕贝克，当然也包括意大利的主要城市。分支机构不仅提供金融服务，还为客户提供其他服务，无论是协助进出口丝绸、羊毛和香料之类的商品，还是代表客户就糖、油、珠宝或明矾进行谈判，或者购买圣物、纯种马、男孩合唱团和长颈鹿，无所不能！就像是今天的超级增值服务。美第奇银行被誉为有史以来最大、最成功的商业银行，其座右铭是："以上帝的名义谋幸福。"

三王来朝 波提切利

圣的形象，你可能会问，三位东方圣者与美第奇家族有什么关系？这幅画可以回答这个问题——它实际上是一幅全家福。文艺复兴时期，在绘制传统宗教和神话的主题画时，出资人经常将自己的形象画在画中。圣母玛利亚、约瑟夫和圣婴宁静祥和，居于画面中上方，画面以此展开。注意其他人——在圣婴面前鞠躬的东方三圣中的老大，具有科西莫的特征，跪在圣母玛利亚脚下的另外两位东方圣贤被认定为是科西莫的两个儿子，皮耶罗（Piero）和乔瓦尼（Giovanni）。科西莫的孙子洛伦佐被安置在画面左下侧边缘，倚着剑。其他家人和朋友则环绕在他们周围，他们中的大多数都可以被辨认。画面右边穿着黄色斗篷目光离开绘画主题注视着观众的男人就是画家桑德拉·波提切利（Sandra Botticelli），是这篇交响乐章的创作者。他似乎像是在骄傲而挑衅地宣布：这是我画的，而你做不到。虚伪的谦卑在佛罗伦萨的艺术家中是个不被认同的存在。

那么谁来继承科西莫的遗产呢？科西莫的长子皮耶罗健康状况不佳，因为他痛风严重，被戏称为"痛风二世"，大家对他的健康不抱幻想。因此，美第奇家族将他们的期望放在了下一代身上：皮耶罗的儿子洛伦佐和朱利亚诺。这两兄弟年龄相差四岁。科西莫对他们的成长非常关注。理性和智慧是成为领袖最重要的因素，幸运的是，那时还没有MBA教育或是类似的高级商学院课程！要培养他们管理家族业务，学习研讨人文科学，诸如传统文化、哲学和历史更为重要，因为那才是智慧的钥匙。兄弟俩身边聚集了优秀的商人、知识分子和艺术家，非常有助于他们的成长，有助于他们全面均衡的发展，就像是证券交易大厅和大教堂完美地统一成为一体。青年洛伦佐甚至表现出诗人的才气，他曾创作过许多颂扬爱情和生活乐趣的抒情诗，也不乏新式柏拉图思想的深刻诗歌。今天，翻阅意大利的诗书，你不仅会发现但丁、佩特拉卡、博卡乔等，也有洛伦佐的名字。不仅如此，兄弟俩从小就有机会担任共和国内外具有代表性的职务，以此来锻炼他们在政治领域的能力。当科西莫的生命接近终点时，他告诉自己的儿子皮耶罗，他非常欣赏两个孙子的智慧与才干，并对他们即将接管家族业务感到欣慰。

得到家族精心培养并受到市民交口称赞的两兄弟拥有一切——机智和魅力、朋友和财富、聚会和女人。洛伦佐引领社会潮流，投身各项重大活动且具有巨大影响力。紧随其后的朱利亚诺更是这座城市的宠儿。洛伦佐相貌丑陋，但朱利亚诺却异常英俊，是佛罗伦萨当之无愧的白马王子，是每一位潜在的丈母娘心中的理想女婿。尽管其家族热切期望他在宗教领域能有所建树，志存高远的青年牧师还是希望自己能超凡脱俗于一般的情爱故事。兄弟俩的朋友波利齐亚诺创作的意大利著名诗歌《斯坦兹·德拉·乔斯特拉·朱利亚诺·德·美第奇》（Stanze della Giostra di Giuliano de'Medici）讲述了朱利亚诺与已婚妇女西蒙妮塔·维斯普奇（Simonetta Vespucci）之间的恋情，"为了他，多少仙女朝思暮想，流泪叹息！" 波利齐亚诺公开写道。

两兄弟拥有同样的优势——强大的家族、财富、知识和神话般的英雄崇拜，那么由谁来承载家族的荣耀，并成为佛罗伦萨真正的领袖呢？要解答这个问题，我们先来看看当今社会的兄弟关系。五百年后，在大西洋的另一边，肯尼迪兄弟很像他们。一对兄弟，同样拥有一切优势，并将征服他们所处的世界。和约翰·菲茨杰拉德（John Fitzgerald）与罗伯特·肯尼迪（Robert Kennedy）一样，有关洛伦佐和朱利亚诺的历史记述中没有出现类似于该隐和亚伯手足相残的描述，而是像希腊神话中的双胞胎兄弟卡斯托尔（Castor）和波鲁克斯（Pollux），或是阿斯特丽德·林格伦（Astrid Lindgren）笔下描述的狮心兄弟那样，他们互相支持、彼此相爱，合力推动共同的事业。他们将统治被重塑中的世界。

雏鹰

洛伦佐和朱利亚诺来自社会上层，从小就继承了特权，这与当今的领导者没有太大不同，他们几乎无法作为经济社会群体的代表。一流大学和商学院总是头顶精英俱乐部的光环，但如果你的生活总是充满阳光，那你有多大资格代表其他人？

唐纳德·汉布里克（Donald Hambrick）和菲利斯·梅森（Phyllis Mason）在讨论企业高管对组织的影响时谈到了这个问题。领导者的行为是基于他们的经验、价值观和个性，战略挑战永远不会有明确的答案，只有不同的解读，而领导者的背景为其提供了解读的框架。因此，对于不同社会阶层有所了解的领导者更易于理解社会问题的意义及其带来的挑战。

管理具有精英特质，管理体制赋予个人强大的权力，规范约束个人的品德、给予个人治理者的地位。当管理体制与社会经济阶层，特别是教育背景、社会关系或是读书俱乐部联系在一起时，领导力即体现为精英意识与自我能力的叠加。你是否有能力摆脱你出身阶层的视角与世界观？你是否有能力构想一个更大的世界？或是你只能从你自己的井底仰望天空？如果你总是以你自己熟悉的方式行事，那么，任何可爱的孩子都可能迈出错误的一步。

他们享受生活，酣畅于青春的活力，但某些事情好似即将降临。冥冥中，洛伦佐似乎有所察觉，在他著名的诗中，有一首几乎像是神秘的警告或预兆：

> 兄弟的青春啊，
> 快乐无忧但终将逝去，
> 尽情欢乐吧，
> 未来注定难以双全。

科西莫于1464年去世。四年之后，儿子皮耶罗也随父而去。现在轮到兄弟俩了，他们正当壮年，天资聪慧深受拥戴，是开明理性、继往开来的新一代。他们降生于富贵阶层的最顶端，生长在灿烂阳光中。对于社会顶层的人，通常会面临相对多的事务，由于拥有权力及资源，从而也比较容易解决他人不易解决的问题。但是他们对现实世界又会有多少切身感受呢？从台下走上舞台前，是否已经历过足够的政治挫折和失败？是否已积累了足够的经验与教训？现在，他们自己要真正当家做主了。他们要面对的是一个非常复杂的政治组织，他们能否捕捉到真实的社会脉动呢？应当说，兄弟俩的表现可圈可点，但他们毕竟年轻气盛。不久之后，年轻人的锐气与豪情为他们树立了敌人，而其中一位原本更应成为朋友。

洛伦佐和朱利亚诺掌权两年后，西克斯图斯四世当选为罗马教皇。这是大多数红衣主教的选择，因为他虔诚且不受世俗文化的影响。作为方济会修道士的前领导人，他理应继续保持节俭与谦卑。但是，教皇宫殿的华丽与恢宏使西克斯图斯四世失去了自我，人性的另一面随之浮出水面。作为上帝的代言人，他渐渐变得自大丑陋，成了裙带关系的化身。他的侄子和亲戚都得到了红衣主教教职、新的不动产，甚至还有新的联姻关系。一个不称职的牧羊人会为自己的羊群做些什么呢？他以上帝的名义，在梵蒂冈建立了一座新的教堂，比耶路撒冷著名的所罗门圣殿高一倍、宽三倍。为了自己的荣誉，该教堂以他的名字命名：西斯廷教堂。绝对的权力导致绝对的腐败，而权力就在合十的双手掌心中。

洛伦佐与新教皇的关系开端良好，他们交换礼物、互致问候。长期以来，美第奇银行一直是梵蒂冈的御用银行，美第奇家族也从中获利颇丰。但是，新教皇不同于前几任教皇，在西克斯图斯四世的支持下，他的侄子和其他家人纷纷产生了自己的政治抱负，并随即开始觊觎佛罗伦萨的奶酪。伊莫拉（Imola）市处于佛罗伦萨的东北部，政治地位并不特别重要，该市最近失去了统治者，处于待价而沽的状态。佛罗伦萨想控制这座城市，但教皇为他的侄子之一吉罗拉莫·里奥里奥（Girolamo Riario）制订了职业发展规划，计划任命他为伊莫拉公爵（Duke of Imola）。显然，教皇力图拓展在意大利中部的势力范围。于是，西克斯图斯四世要求美第奇银行提供贷款，以帮助教皇购买伊莫拉市。但上帝的牧师得到了他预料之外的答复——不！并附加了一条有些许傲慢的注解：佛罗伦萨已有自己认可的伊莫拉公爵候选人，不是教皇的侄子。

教皇备感愤怒与伤害，随即开始寻找人选替换美第奇兄弟。佛罗伦萨的帕齐（Pazzi）家族一直渴望与新任教皇建立联系，现在终于等到了机会，终于有望在阳光充足的地方谋取一片沃土——一份金灿灿的商业协议。帕齐家族古老悠久且名声显赫，绝非等闲之辈。据说十字军东征时，第一个越过耶路撒冷城墙的欧洲人就是帕齐。无奈多年来，帕齐家族一直生活在美第奇家族的阴影下。现在，他们看到了属于自己的时代。不久之后，教皇将帕齐银行升格为梵蒂冈的合作伙伴。这显然损害了美第奇银行的利益。投桃报李，帕齐银行鼎力支持教皇买下了伊莫拉市，吉罗拉莫·里奥里奥随即被任命为这座城市的新公爵。新教皇的信息非常清晰明确：不服从就下台，教皇的旨意必须执行。

但是，洛伦佐和朱利亚诺并不打算就此放弃对抗。教皇持续寻求扩大自己的势力范围，这次的目标是佛罗伦萨和罗马之间的卡斯泰洛（Città di Castello）城。美第奇兄弟再次站在教皇的对立面，支持城市的统治者。而教皇再次获得胜利，将这座城市置于自己的利益范围，并且对佛罗伦萨反对者表示了愈加严重的不满。兄弟俩仍然不打算退缩。随后不久，比萨教区大主教职位出现空缺，西克斯图斯四世立即任命他的好友之一弗朗切斯科·萨尔维亚蒂（Francesco Salviati）担任比萨教区大主教。有了萨尔维亚蒂控制比萨，教皇便可在美第奇兄弟的势力范围中站稳脚跟。美第奇兄弟没有选择，必须反击。比萨教区隶属于佛罗伦萨教区，佛罗伦萨有权任命自己下辖教区的大主教，他们不会允许忠于教皇的候选人染指自己的领地。于是，他们拒绝新任大主教进入托斯卡纳，同时，兄弟俩加紧物色自己中意的候选人。

洛伦佐·德·美第奇时代的意大利

文艺复兴时期的意大利不像今天的意大利，那时意大利的版图上有为数众多的小国，诸如王国、公国和共和国及教皇的宝座。其中五个最强大的政体是米兰、威尼斯、佛罗伦萨、梵蒂冈和那不勒斯。其特点都是以城市为国家的主导，经济和工业发展与城市紧密关联。意大利资本主义结构的萌芽在那时出现，其发展远远超过了欧洲其他地区。但是伴随着文化与科学的发展，各国经常冲突，边界摩擦不断，并导致了绵延不绝的战争。直到1494年，法国和西班牙进入了富饶的半岛，意大利的政治版图随之发生了根本性变化。

佛罗伦萨的两个年轻富二代竟敢如此蔑视圣意、亵渎教廷，罗马教皇怒不可遏。从一名虔诚、笃信上帝的信徒，一步步登上权力的顶峰，如今的教皇已极度膨胀，其威仪不容践踏。佛罗伦萨的拒绝令其恨之入骨，竟有如此大胆之人！难道他们不知道我是谁吗？难道他们不知道我代表谁吗？作为一位权力无边的领袖，这种心理状态无法持续，也无须持续。三个谦卑的仆人及时出现，他们是教皇的侄子吉罗拉莫·里奥里奥，即新任伊莫拉公爵，被佛罗伦萨兄弟俩拒绝的比萨大主教弗朗切斯科·萨尔维亚蒂，罗马的帕齐银行负责人弗朗切斯科·德·帕齐（Francesco de'Pazzi）。

三个仆人齐心协力协助教皇。问题是如何扳倒佛罗伦萨的美第奇兄弟呢？发动政变流放他们不解决问题，兄弟俩很强大，而且佛罗伦萨人民坚定地支持他们，被流放之后肯定会以更强大的力量回归。只有一种可能的选择——杀掉他们。但这超出了三位仆人的能力范围，于是他们将经验丰富且长期为教皇服务的雇佣军将领乔万·巴蒂斯塔（Giovan Battista）即蒙特塞科伯爵（the count of Montesecco）拉进来提供专业指导。当雇佣军将领得知计划后，他犹豫了，真的要这样吗？因为他知道洛伦佐深受佛罗伦萨人民的拥戴。密谋者一再向蒙特塞科保证并试图使之确信计划不仅是唯一可行的，而且是符合圣意的，但蒙特塞科的疑虑并没有打消。于是，他被安排谒见教皇以确认圣意。根据现存的记录，我们得以还原他们的对话。

密谋者被召见，跪在教皇面前，报告说他们打算推翻佛罗伦萨两兄弟。教皇非常满意。但必须要有人对此承担责任，于是问了一个问题：

"不杀掉洛伦佐和朱利亚诺就达不到目的吗？或许有其他办法吧。

"我不希望任何人以任何形式伤亡，我的圣殿不能赞同任何人的死亡，即使洛伦佐是个恶棍，对我们充满敌意，我也没有任何意愿看到他的死，

文艺复兴时期的教皇

　　文艺复兴时期的教皇与今天的教皇略有不同，他们代表了他们所处的时代。他们斥资建造巨大的建筑，订购精美的艺术品。坦率地讲，今天的罗马之美许多来自这些教皇的贡献。他们凭借政治智慧和梵蒂冈的强势地位实施统治。1309—1377年，教皇流亡阿维尼翁（Avignon），之后又发生了天主教会大分裂，直至1417年教会权力重归梵蒂冈。文艺复兴时期的教皇在意大利中部建立了罗马教会国家，成为强大的世俗政权，他们也是狡诈好战的阴险分子。他们中的一些人以贪婪、奢侈及好色而闻名，其中几个甚至有私生子。上梁不正下梁歪，既然教皇树立了榜样，红衣主教们自然争相效仿，他们在自己管理的教区如法炮制，视自己为至高无上的小"教皇"，到处搜刮钱财，积累财富，建造宫殿，以展示与世俗帝王相对应的华丽恢宏。其中一些人，例如红衣主教里克法尔·里拉里奥（Rqffaele Riario），还是臭名昭著的赌徒，他赢了钱但丢了运气。为了追求人间世俗的享乐，教会领袖们无视改革的风潮，这直接导致基督教神学家和修道士马丁·路德于1517年将他的《九十五条论纲》（95 Theses）张贴在德意志维滕贝格的诸圣堂大门上。

　　在此期间，历史上著名的教皇有：

　　西克斯图斯四世（Sixtus IV，1471—1484）：一个傲慢无礼的人物。重塑罗马，建造了许多著名建筑，包括西斯廷教堂、西斯托桥和梵蒂冈图书馆，成立了西班牙宗教裁判所。通过多种方式，包括针对美第奇的阴谋，以寻求扩大教皇的影响力。

　　无辜者八世（Innocent VIII，1484—1492）：弱势教皇，一生受到许多事和他人的影响。开始建造美景宫（the Belvedere palace）。将苏丹的兄弟作为客人即人质来控制伊斯坦布尔。

　　亚历山大六世（Alexander VI，1492—1503）：梵蒂冈富有魅力的领袖，暗箱之王。通过贿赂红衣主教获得圣彼得的宝座。是九个孩子的父亲，其中一个孩子切萨雷·波吉亚（Cesare Borgia）为梵蒂冈征服了意大利中部的大片土地，如乌尔比纳（Urbina）、伊莫拉和里米尼（Rimini）。这位教皇沿着南北线将新发现的世界一分为二，西班牙占有西部，葡萄牙占有东部，即著名的《托德西拉斯条约》（the Treaty of Tordesillas），这就是为什么今天的南美洲说西班牙语，但在巴西说葡萄牙语。

尤利西斯二世（Julius II，1503—1513）：战士教皇。身着铠甲英勇善战，为罗马教廷征服了大片土地，如博洛尼亚和佩鲁贾，迫使法国、威尼斯和佛罗伦萨保持中立。聘请米开朗基罗为西斯廷教堂的穹顶绘制了《创世纪》，聘请拉斐尔为西斯廷塞格纳图拉厅房间绘制壁画，其中包括著名的《雅典学院》。重建圣彼得大教堂。

利奥十世（Leo X，1513—1521）：洛伦佐·德·美第奇的儿子。以喜爱办盛大的仪式和聚会而闻名，同时也是米开朗基罗和拉斐尔的赞助人。典当教廷的财宝以应对庞大的支出。他是路德（Luther）眼中基督的敌人。他丢失了北方，欧洲新教开始兴起。

克莱门特七世（Clement VII，1523—1534）：朱利亚诺·德·美第奇的儿子。对艺术感兴趣的博学教皇，米开朗基罗、马基雅维利和切利尼等伟大艺术家的赞助人。在梵蒂冈的关键时期，做出了一些错误决定。他否认英格兰国王亨利八世与第一任妻子离婚的权利，从而导致了英国教会的分裂。最糟糕的是，在他主政期间，发生了新教徒的叛军在罗马劫掠和奸淫的事情。

我只是希望改良社会治理。是的，这毫无疑问。"

密谋者考虑了一下，换了个角度：

"我们将竭尽所能防止这种情况的发生，但如果万不得已，神圣的您是否将会宽恕执行者？"

"你们是动物吗！我告诉你们的是我不要一个人死，而是要改变掌控那座城市的人。所以我对你说，乔万·巴蒂斯塔，我对政治改良有深切的希望，我要把领导权从洛伦佐手中夺走，因为他是一个强盗和邪恶的人，他对我们不尊重。当他从佛罗伦萨消失，我们可以在共和国从事我们希望做的事，这将非常适合我们的计划。"

他在说些什么呢？借助于圣经故事记载的类似对话，密谋者最终确认道："对我们操纵这艘船感到满意吧，因为我们会掌控好的。"

"我很满意。"

召见就此结束！教皇真的相信他们可以在不杀死任何人的情况下成功政变吗？密谋者带着神圣的信念离开了教皇，教皇未明示的意图被着重强调于与他们的对话中：杀死他们！他的侄子吉罗拉莫·里奥里奥事后也强调：他知道我们正在计划什么，只要事情进展顺利，他就希望参与其中。

目标明确了，必须制订一个完美的实施计划。要处理的对象是佛罗伦萨两个最受欢迎的公民——忠实的朋友环绕其左右，居住的宫殿也受到严密的保护。重要的是，不能先处理一个，再处理另一个，因为幸免的一个必将复仇，两个必须同时处理。难度相当大。到底该如何操作？如何在他们未被保护、与亲朋好友分开的情况下同时处理？一般的聚会或是私人狂欢活动是不行的，多个方案被否决。最终只剩一个方案——教堂。因为只有在这种地方，兄弟俩周围不会有严密的保护，人们也不可能怀揣武器进教堂。而且，教堂里人们挤在一起，注意力并不在你周围的人身上。

计划即定。4月26日，星期日，显赫的政要将设下陷阱：西克斯图斯四世教皇的大侄子，年轻的红衣主教拉斐尔·桑索尼·里拉里奥（Raffaele Sansoni Riario）将访问佛罗伦萨，并在佛罗伦萨最大的教堂圣母百花圣殿举办弥撒活动。洛伦佐和朱利亚诺将不会缺席，佛罗伦萨的社会名流也都会参加，计划就在那里执行。相应的细节安排随之展开：刺客将以红衣主教的随从身份抵达佛罗伦萨，刺杀发生时兄弟两人之间应有一定距离，两组刺客应在每个兄弟的身后做好准备，弗朗切斯科·德·帕齐和贝纳尔多·班迪尼·巴龙切利（Bernardo Bandini Baroncelli）将负责朱利亚诺，蒙特塞科则将照料洛伦佐。刺杀如何同步呢？圣餐主持人起立，圣铃响起，人们开始低头祷告，就是两组刺客同时拔刀的时刻。

与恺撒、林肯和肯尼迪的暗杀计划一样，那是被载入史册的最臭名昭著的暗杀计划之一。马基雅维利稍后将会分析阴谋的细节。但是，总是会有意想不到的事情出现，计划也很少会顺利进行，现在也是这样。当暗杀的日子临近，朱利亚诺突然一病不起。处理一个还不如不处理，要处理就必须同时处理两个。于是，弗朗切斯科·德·帕齐亲自出马，于谋杀当天拜访了患者。他很早就认识朱利亚诺，他的兄弟还娶了兄弟俩的妹妹。他的同谋班迪尼陪同着他，努力说服病人打起精神：你不去教堂吗？不参加弥撒？想想你不朽的灵魂。随后，就像是"仁慈的"撒玛利亚人，弗朗切斯科·德·帕齐亲自搀扶起虚弱的朱利亚诺。就这样，朱利亚诺和两名"好心的"凶手一起从美第奇宫缓步几百米来到圣母百花圣殿大教堂。"好心人"一路搀扶着朱利亚诺，边走边聊，女孩们正在教堂里等你，你是知道的！但是，频频落在朱利亚诺肩膀上表示关怀的抚摸并不是对他健康的关心，那是班迪尼和帕齐在检查朱利亚诺是否穿着胸甲。朱利亚诺病着，很虚弱，没有防护，也没有怀疑。

领导者的自我牺牲精神

洛伦佐险些与亲弟弟一起被谋杀，他只身前往那不勒斯，如同深入虎穴，又在欢呼声中回到自己的城市。他为什么被尊称为辉煌二世？也许正是因为他经历的牺牲与承受的损失。大卫·德·克雷默（David De Cremer）、芭芭拉（Barbara）和达恩·范·克尼彭贝格（Daan van Knippenberg）等现代研究人员都强调领导者的自我牺牲精神及其重要性。

为团体利益牺牲自我，领导者为我们树立了榜样。榜样的力量会影响我们。牺牲可以是物质形式的牺牲，例如削减工资；也可以是行为形式的表率作用，例如领导者带领大家并做出某些特别的努力。牺牲对于个人可能是某种程度的悲剧，例如为了群体更大的利益，领导者放弃自己舒适的生活或家庭幸福。为群体而牺牲个人的领导者展现出他们为群体和群体目标所做的贡献。牺牲品被放置在团体的祭坛上，而他们的忠诚与奉献被铭刻在群体的记忆中。

这与黄金降落伞和股票期权合约形成鲜明对比。那样的契约不利于组织，而只会使领导者个人受益。做出自我牺牲的领导者通常被认为具有超凡魅力。这不足为奇，那不是由于他们天使般的面孔、性感或是舞台讲演魅力。自我牺牲是不寻常的，甚至非凡的，但它却是能够真正驱动员工并可以期待得到回报的东西。在具有自我牺牲精神的领导者带领下，人们更倾向于拥抱变革并愿意付出超常的努力。而这样的领导者更有机会体验什么是非凡或辉煌。

一个问题解决了，另一个更棘手的问题出现了。被指派刺杀洛伦佐的蒙特塞科在最后一刻退缩了。事实上，他一直对此感到不知所措，不是不愿意。他曾向他们保证，他支持这项计划，并愿意刺杀洛伦佐，但是，在教堂里？在弥撒期间？不，他担心自己灵魂的救赎。现在怎么办？开弓没有回头箭，况且已有一些人知道了这个计划。幸运的是，自愿的替补选手及时出现,有两个人对谋杀毫无顾虑,即便是在教堂、在弥撒期间。这也许是整个故事中最疯狂的部分,因为他们居然是牧师,是这种罪恶勾当最不可能的执行者!但是,他们憎恨洛伦佐,憎恨他的思想和政权,他们愿意提供帮助或是为匕首加把力。不可思议!现在,让我们的思绪回到现场,刺客们已准备就绪,兄弟俩进来了。

洛伦佐向祭坛方向前行,紧随其后的是两位牧师。弗朗切斯科·德·帕齐和班迪尼成功地将朱利亚诺推离了洛伦佐,他们站在祭坛前方的另一侧。最后的时刻到了,牧师举起圣餐面包,圣铃响起。朱利亚诺没有得到任何生机,匕首直接刺入胸部,接下来的一击几乎把他的头骨劈开,朱利亚诺立刻倒在教堂的地板上,尽管如此,凶手并未停止,继续用野蛮和嗜血的手段伤害已经没有生命体征的朱利亚诺。弗朗切斯科·德·帕齐似乎发狂了,其凶器竟然刺到了自己的大腿,血流不止,以至于被紧急带回家中救治。洛伦佐呢?替换刺客产生了灾难性后果。牧师仇恨满腔,无奈专业技能不足!当钟声响起,一位牧师抓住洛伦佐的肩膀,抬起刀,准备行刺,洛伦佐一转身,目标移动了,牧师的一击仅仅擦伤了洛伦佐的喉咙,洛伦佐震惊不已,但反应极快,随手将披风缠绕在手臂上以保护自己免受随后的打击。行刺了朱利亚诺的班迪尼发现牧师失手,马上扑向洛伦佐。晚了!洛伦佐的朋友们蜂拥而上,拉开凶手,保护洛伦佐进入圣物收藏室。打斗中几个朋友被刺伤,其中一个失去了生命。

刺杀震惊了弥撒现场,恐慌很快爆发。大多数市民并未亲眼看见发生了什么,教堂里的混乱甚至使市民误以为是大穹顶倒塌了,局面完全失控,人们涌上街头。圣物收藏室里,洛伦佐仍然处于混乱状态,一位朋友正在从他脖子的伤口吸出血液,以防刀刃有毒。洛伦佐环顾四周,朱利亚诺在哪里?他安全吗?现在没人敢回答他。头脑冷静的朋友提醒说,现在最重要的不是找朱利亚诺,而是马上安全返回美第奇宫。于是他们有意识地避

POWER AND DIGNITY | 权力与尊严

开教堂另一侧地上朱利亚诺的遗体，引导洛伦佐从一扇侧门悄然离开教堂。然而，为朱利亚诺写情诗的朋友波利齐亚诺还是偶然间发现了地上的朱利亚诺。他强忍住巨大的悲痛，陪着洛伦佐匆匆回到安全的美第奇宫。

政变就此失败了吗？不，阴谋家并不笨。在暗杀的同时，其他人也在行动。比萨大主教弗朗切斯科·萨尔维亚蒂带领一小群雇佣兵闯进了市政厅，即今天的旧宫，并要求与共和国行政长官会面。在会议上，大主教发出最后通牒——就在此刻，洛伦佐和朱利亚诺已经被处死，佛罗伦萨现在必须选择是继续支持美第奇家族还是转而支持教皇。共和国行政长官震惊不已。窗外，可以听到帕齐家族的支持者在街上招摇过市，敦促市民参与集会：人民与自由！但是有些东西似乎不正常，大主教神情紧张，说话结结巴巴，目光游离不定。内心的惶恐与不安泄露了天机。共和国行政长官断定他在虚张声势，于是立即召集左右，解除了大主教的武装，并在市政厅设置路障，以防不测。

情况危急，必须立即召集市民保卫城市。市政厅钟声响起，人们闻声集聚，市政厅西格尼亚宫广场距大教堂仅几百米，此刻从刺杀现场涌出的人群也如潮水般抵达广场。人们对帕齐敦促战斗的呼吁充耳不闻，随即，另一个声音响起，淹没了帕齐的叛乱呼声。"帕尔！帕尔！帕尔！"人们大叫着。"帕尔"在意大利语中，表示地球仪或球。直到今天，佛罗伦萨的游客不可能注意不到城市中随处可见的一个徽章，其中间有六个球体，那就是美第奇家族的徽章。接下来，事情毫无悬念，忠于共和国的武装力

美第奇家族徽章

By Andwhatsnext, aka Nancy J Price- Own work, CC BY-SA 3.0

追寻生命

我们通常认为对领导者的评估就是基于成绩单和季报，战略规划与迷人的愿景就是成功的表现。但是某些时候，我们会意识到领导力有其不同寻常的一面，青史留名的领袖往往不以结果论，纳尔逊·曼德拉、温斯顿·丘吉尔、特蕾莎修女等是由于他们曾经的经历而使我们铭记。

霍华德·加德纳（Howard Gardner）认为领导力最不同寻常之处是赋予客观存在以意义。领袖以权力定义现实，不仅为自己，也为他人，进而找出存在的意义。遵循这样的逻辑，人们在客观上常常会顺从他人并将其默认为领袖。无论是动因或是论证，我们都认为这种感觉客观存在。领袖有时就像是一位羊倌，他发出的吆喝声使羊群汇聚在一起，并使之朝着一个方向前进。于是，我们经常举行信息分享会、项目评审会或是发布白皮书，试图通过这样的方式定义客观存在。但是，其中的意义无法以此类方式被传递。

对待生活的方式可以显化意义。人们不一定仅仅因为领袖说什么就去跟随，而是因为他们做什么，即所谓的听其言而更观其行。人们评价领袖的行为和命运，在比领袖设想的更深层面上发现意义，在他们的生活中发现其价值观、哲学观和伟大梦想。此时，语言会变得苍白无力。如果领袖使意义具体化，那么人们便会追随他们，否则也可能弃他们而去。因而，领袖强有力的行动才是最好的号召力。

我们喜欢故事和探险，生活所包含的意义远比其他任何事物都具有更大的影响力，也为领导力提供了基础。正因如此，从危机中脱颖而出的洛伦佐比以往任何时候都更加强大。

量杀死了大主教的雇佣军，并将他们的尸体扔出西格尼亚宫的窗户。聚集在外面广场上的人们将他们的衣服从尸体上撕下，切成小块，人群欢呼雀跃，几近疯狂。城市处于紧急状态，任何涉嫌谋杀的人及其同谋都受到了攻击。对于嫌犯，这是公平的游戏。刺伤大腿的弗朗切斯科·德·帕齐被拖出自己的宫殿，带到市政厅。在那里，他和大主教接受审判，诉讼很快结束，结果相同。一根绳索固定在柱子上，另一端缠绕到帕齐和大主教的脖子上，套入绞索，二人被推出窗外。人们谈到大主教的下巴在死亡痉挛中锁定在对方的胸口，这是他们罪恶计划叩响地狱之门的见证。

现在，两个密谋者被悬挂在市政厅的窗户外面。其他密谋者也被追杀，其中包括蒙特塞科，他在整个密谋中一直心存疑虑，并在最后一刻退出。第三名主要犯罪者吉罗拉莫·里奥里奥逃到自己的城市伊莫拉寻求庇护。教皇的侄子，年轻的红衣主教拉斐尔·里拉里奥（Raffaele Riario），宣称自己完全不知晓这一阴谋，虽然刺客都是其随从。洛伦佐最后出面，保护了他的性命。教皇听到计划的执行结果时会怎么说？庄严地宣布他的无辜，并对事件深感遗憾？不，教会主人的全部愤怒涌上心头，他迁怒于佛罗伦萨，指控他们谋杀了教堂的仆人，指控他们未经法律审判就夺走了大主教和神职人员的性命。西克斯图斯四世下令，开除洛伦佐的教籍，并将所有佛罗伦萨人逐出教会，命令将洛伦佐·德·美第奇押送到罗马，以让他独立承担后果！佛罗伦萨拒绝了。随即，他们发起了一场宣传战，反对教皇的驱逐。他们向意大利全境发送有关谋杀事件的报告，其中包括密谋者的供词。佛罗伦萨的有识之士通力协作，发布公告，指出西克斯图斯四世滥用权力，提出罢免西克斯图斯四世，并将其逐出教会。但是，他们低估了对手。教皇的袖子里还有一份秘密的备份计划。他已经与意大利最强大的统治者之一，那不勒斯国王费兰特（King Ferrante of Naples）结盟。

现在，梵蒂冈和那不勒斯的联合军队向北出发直指佛罗伦萨。佛罗伦萨感到绝望，随即动员军队以对抗这支强大的联合部队。在遇刺当天，洛伦佐向佛罗伦萨的长期盟友米兰公爵致信："我的兄弟朱利亚诺刚刚被谋杀，我正处在失去对自己国家控制的巨大危险之中。先生们，您协助您的仆人洛伦佐的时候到了。"

但是，他们获得的支持是有限的。很少有人愿意与梵蒂冈和那不勒斯这样强大的联盟对立。不论怎样，只靠自己的力量，对于佛罗伦萨来讲是一场无望的战争。但佛罗伦萨没有放弃，依靠运气和巧妙的机动，他们的军队努力与敌人周旋，以避免决定性的战斗。但敌人还是一点点地推进。夏天过去了，在深秋和冬季，战斗停了下来。第二年春天，战斗继续进行。支持在渐渐减少，米兰逐渐停止了对佛罗伦萨的支持，并寻求与教皇进行谈判。佛罗伦萨依靠自己的力量撑过了又一个夏天，但是每个人都明白这样下去的结果是什么。

洛伦佐日理万机，紧盯局势，事态的发展表明，佛罗伦萨难以撑到下一个夏季来临。他必须另辟蹊径。如果佛罗伦萨不能像雄狮一样取胜，是否可以采取狐狸的策略？教皇和那不勒斯的联合力量似乎无可匹敌，但离间他们即可削弱威胁。与西克斯图斯四世不共戴天，矛盾无法调和，但那不勒斯呢？那不勒斯国王以其残酷和狡猾著称，他曾将敌人的尸体进行防腐处理后保存在其私人博物馆。但是，佛罗伦萨尚存有一线可能。几年前，在米兰的一次会议上，洛伦佐和那不勒斯国王的儿子和儿媳有一面之交，他有些感觉，认为可以在某种程度上影响国王。没有别的选择，洛伦佐决定孤注一掷。

十二月，一个月黑风高的夜晚，洛伦佐带领一支小小的队伍前往比萨的西海岸。在那里，他们登上两艘小船前往那不勒斯。行前，洛伦佐给佛罗伦萨市议会留下了一封信："我已决定在你们的同意下立即前往那不勒斯，我感到，我自己亲自面对他们可以恢复和平……我的愿望是，以我的生或是死、不幸或是成功，来为我们的城市谋求最大利益。"

当这封信被大声宣读给佛罗伦萨的议会时，在场的人无不动容。他们为洛伦佐担心，他们担心的是他在那不勒斯的生命安全，而非谈判能否成功。当洛伦佐抵达那不勒斯时，出于对其地位的尊重以及与国王家人的交情，国王接见了他。如同张开翅膀的丑小鸭，洛伦佐几乎没有什么谈判筹码，但是凭借着他的魅力和政治智慧，洛伦佐艰难地平衡了这场危险的比赛。他几乎每天都与国王会面，审慎客观地分析形势，对于那不勒斯，教皇未来真是一个安全可靠的盟友吗？佛罗伦萨会不会是一个更好的选择？他理性严谨地判别利弊，他可以提供大笔资金，并且拥有托斯卡纳重要的战略要塞，那不勒斯的穷人欠他很多钱。他巧妙地利用了国王对法国人干预意大利南部的恐惧，强调佛罗伦萨与法国的长期友好关系。最重要的是，国王和洛伦佐在狩猎、诗歌和伟大古典作品方面有着共同的兴趣爱好。慢慢地，国王的敌意转化为尊重，然后是敬仰，最后，费兰特国王对这位北方的年轻才俊产生了深厚的感情。

耗时的努力转变了国王，两个半月的紧张斡旋与交锋使得洛伦佐心力交瘁。白天，他所有精力都用于应对国王及其左右。晚上，他对自己的命运和最终结果十分焦虑。在罗马，西克斯图斯四世听到谈判的消息后非常愤怒，向那不勒斯施加了巨大的压力，力图迫使费兰特国王重新回到自己的阵营。洛伦佐的胜利已在眼前，但国王还是没有最后下定决心。于是，洛伦佐决定设定时限以迫使其迈出最后一步。他突然宣布要放弃斡旋离开那不勒斯，并衷心感谢国王的盛情款待，也十分欣赏国王的左右所给予的照顾，但现在是洛伦佐回家的时候了。然后，启程回国。洛伦佐的举动产

智慧女神与半人马座 波提切利
By 2wG9Rh_JLJaLKA at Google Arts & Culture, Public Domain

生了有力、直接及无法抗拒的效果。国王终于下定了决心，他派人追上洛伦佐，并送来了带有国王签署的和平协议，并希望洛伦佐能延长在那不勒斯的逗留时间。此时，洛伦佐已经感受到了梵蒂冈的愤怒所带来的震颤，知道现在是该结束的时候，没有必要将那不勒斯置于不必要的诱惑之下。洛伦佐赢了。

洛伦佐带回的和平协议拯救了佛罗伦萨，他是佛罗伦萨的英雄！郊外的人们发现了他的归来，欢呼雀跃一路陪伴他来到城市中心。没有了那不勒斯，教皇无能为力，战争结束了。波提切利绘制了大型油画——智慧女神雅典娜杀死半人半马座。许多人认为这幅画是在向洛伦佐表达崇高的敬意。一个著名的希腊神话故事，在这里被赋予了强烈的象征意义，智慧女神雅典娜战胜半人半马座，那智慧女神代表谁呢？画中雅典娜的纱裙上绣着许多符号——交织在一起的钻戒，那是美第奇家族的代表符号之一。那半人半马座又代表谁呢？如果你曾经去过那不勒斯，你可能会注意到画面背景的海湾就像是那不勒斯湾，就是说，半人半马座属于他自己的海湾。但愿那幅画永远不会出借给那不勒斯皇室。

那么，辉煌二世的故事就此结束了吗？不，真正的故事才刚刚开始。

推荐读物

1.Gardner. H. (1995). *Leading Minds. An Anatomy of Leadership.* New York: Basic Books. A different kind of book about leadership that addresses the stories of leaders and the impact of these stories.

2.Hibbert, C. (1999). *The Rise and Fall of the House of Medici.* Boston, Mass: Harvard Business School Press. An easily read and good introduction to the Medici family and the history of Florence.

3.Martines, L. (2003). *April Blood. Florence and the Plot against the Medici.* London: Jonathan Cape. A meticulous study of the Pazzi conspiracy with a critical take on Lorenzo de' Medici.

美第奇宫
By Yair Haklai - Own work, CC BY-SA 4.0

第三章 最年轻的圣者

暗杀发生地圣母百花圣殿教堂距美第奇宫很近,从大穹顶和洗礼堂向圣马可广场方向出发,沿着卡沃尔达大道步行约一百米的左侧,就是美第奇宫。这座宫殿的外表质朴雄厚,巨大的石块相互叠放,支撑着屋顶,加之厚重的巨大木门,就像是个要塞。如果城市发生骚乱,这座宫殿可以起到防护作用。暗杀事件发生后,洛伦佐就是被朋友带回到这里。整个宫殿内外都会看到带有球体的徽章,毋庸置疑,这是美第奇家族的家徽——以球体为标志。那么,谁是这座宫殿的建造者呢?

美第奇宫严格的对称结构以及环绕庭院的圆柱门廊,使人联想到布鲁内莱斯基在圣马可广场附近建造的孤儿院。当科西莫·德·美第奇征集宫殿的设计方案时,布鲁内莱斯基提交了一份宏伟的设计蓝图,大穹顶式的设计不可或缺,以昭示这座城市最富有家族的力量。可是,洛伦佐的祖父拒绝了这个炫耀的设计,因为他要刻意淡化自己的财富。最后,建筑师米开罗佐被选中,并于1445年开始建造一座相对朴实无华的宫殿。科西莫不仅对人性有深刻的了解,而且也懂得自己的城市。佛罗伦萨是一座充满羡慕与嫉妒的城市,最好不要给嫉妒的杂草浇水。这样的理念被运用到家

美第奇宫小教堂壁画一 戈佐利
By La Capella dei Magi, Public Domain

族宫殿的设计中,至少是在外墙上。这使得现在到访佛罗伦萨的游客很容易错过美第奇宫,因为它完全不像是一座富丽堂皇的宫殿,而且规模也不是很大。在1450年至1470年间,佛罗伦萨大约建造了30座这样的城市宫殿,科西莫不想树大招风。

步入古老的正门,沿前庭楼梯上到二楼,可抵达宫殿最神圣的地方,即家族私有小教堂。教堂的墙壁上有一幅非同寻常的壁画,它包含着不可思议的寓意与丰富的细节,让我们来仔细欣赏。壁画的作者是艺术家贝诺佐·戈佐利(Benozzo Gozzoli),主题是东方三圣的伯利恒朝拜之旅 —— 一个古老、经典且司空见惯的宗教主题。整幅壁画环绕在小教堂的墙面,一条曲折的山路贯穿其中,最后通向小教堂内绘制着圣母与圣婴的祭坛。你可能想问,这是真迹吗?是的!文艺复兴时期的作品一般都有隐含的象征意义,这幅画也一样,它真正要表达的含义完全不同于这幅画作本身所描绘的宗教主题。画面上充满了东方灵感以及不同国家的哲学与宗教思想的象征,实际上它是一幅描绘盛世浮华的壁画,是一幅极度炫耀、自负的壁画!借助于传统的宗教主题,壁画描绘了1439年佛罗伦萨举行的一次宗教盛会,那是科西莫的杰作,最为重要的是,壁画昭示着美第奇家族在政治和文化领域所具有的不可替代的重要地位,并宣示了谁将继承祖父的地位、传承家族的荣耀。

以历史的目光来看,此次盛会的召开对于促进各地贸易往来，增强东西方哲学思想交流，提升意大利政治影响力等诸多方面都有着巨大的推动作用，并取得了丰硕的成果。早在公元324年，君士坦丁大帝将现在的西方世界一分为二，并将君士坦丁堡和罗马分别作为东西方世界的中心，这直接导致了基督教分裂为两个相对独立的学派，即以罗马为中心的天主教教廷和以君士坦丁堡为中心的希腊东正教教廷。千年以来，两个教廷对圣礼、有关教义的解读和三位一体的本质争论不休，并与现实政治和意识形态相互交织，导致两个教廷彼此隔离、相互对立。但是现在君士坦丁堡处于危险之中，土耳其人来敲门了。此时东西方世界比以往任何时候都更有必要团结起来，因而两个教廷要共同推动建立一个教廷理事会。可以预见，大分裂将要结束，教廷差异将被弥合，欧洲将重新统一，罗马和希腊的传统也将重新融为一体。但是，第一次会议的地点选在哪里呢？费拉拉（Ferrara）首先被提议，但会议规模很大，城市规模却太小。整个活动的组织筹备在各方争议中步履蹒跚，冬季漫长而寒冷，双方教廷代表们对于三位一体，尤其是圣灵的争论持续不断，紧接着瘟疫又在费拉拉爆发了。于是，在罗马教廷御用银行美第奇家族所在地佛罗伦萨，科西莫打开城门邀请各方莅临，以使大家在激烈的辩论之余到鲜花之城轻松地享用一杯红酒。这样绝好的提议备受各方赞许，佛罗伦萨顿时吸引了所有人的目光，一夜之间成了话题的中心，这是城市的骄傲！在这里，教廷里最杰出的学者们讨论着宗教中的千年难题，实权人物与政客们则交头接耳穿梭斡旋。美第奇家族处于所有活动的中心，尽显功力，其银行信誉则不言自明，商机自然接踵而至，无论是与东方紧密的贸易联系，或是长期战略协议的签订，还是良好关系的开拓都大大提升了美第奇银行在东西方世界的地位。整整6个月，僧俗两路以各自的方式充分讨论，弥合了教义中的歧义，并于1439年7月6日在佛罗伦萨圣母百花大教堂的穹顶下举行盛大庆典，东西方基督教廷重归一体，罗马教皇被公认为最高权威。随即，罗马教皇发布诏令，高兴地宣布："让天国欢喜！"无奈喜悦是短暂的，仅仅14年后，土耳其军队便攻陷君士坦丁堡，并将其更名为伊斯坦布尔。在风云变幻的历史背景中，在科西莫艰辛努力下，美第奇家族崛起了。家族私有小教堂的壁画要表现的就是这一家族历史上前无古人的荣耀一刻。

壁画以典型的托斯卡纳地貌为背景，松树、柏树分布于起伏的丘陵，各路与会贤达的队伍蜿蜒于丘陵间的山路，有博学的学者，也有戴着头巾、留着长胡须的东方人，他们都是大名鼎鼎的人物，其中包括：希腊东正教廷的大主教巴西利奥·贝萨里昂（Basilios Bessarion）、伟大的柏拉图主义哲学权威格弥斯托士·卜列东（Gemistos Plethon）以及著名的希腊语学者和医学教师约翰·阿尔吉罗波洛斯（John Argyropoulos），他们带来了西方早已遗忘的希腊古代哲学遗存。其中的一些人后来留在了佛罗伦萨。壁画在小教堂的四壁展开，另一侧墙上，我们还可以看到君士坦丁堡的拜占庭皇帝约翰八世·巴列奥略（John VIII Palaeologus），他是世俗力量的代表。和他相邻的是希腊东正教教廷的领袖约瑟夫二世（Joseph II），会议期间他去世于佛罗伦萨，再也没有能够回到东方。这两位领袖人物被描绘成三圣来朝中的两位，宗教领袖代表古老与睿智，世俗皇帝代表骄傲与强大。

那么，谁代表第三位圣者呢？科西莫？不，画面中的他半隐身于人群中，骑着一头骡子，谦卑地满足于扮演的辅助角色——最好不要给嫉妒的杂草浇水。家族已经崛起，而传承家族的使命显然不在科西莫，也不在和他并排骑着白马的儿子皮耶罗。三圣来朝中第三个圣者，也是最年轻的圣者，当然要处于壁画的焦点。在壁画的视觉中心，一个头戴王冠、身着金色绣花礼服的年轻人，就像是来自传奇世界的年轻国王，他骑在一匹高大

东方三圣

平安夜与圣诞游行总是会唤醒我们儿时的回忆，三位东方来的国王在圣诞节后第13天，来到耶稣身边。事实上，直到几个世纪之后他们三位才被演绎成为国王。马修福音讲述的是来自东方的三位天文学家，在当时许多国家中他们被称为圣贤（Magi）——这也会使人联想起巫师（Wizards）。不同于普通的牧羊人，他们是当时社会大众公认的权威，他们以其赞美与礼物加持了耶稣降生的神圣，当一颗巨星闪耀时，上层社会、知识分子和神秘主义者知道圣人降临了。

在基督教的所有故事中，东方圣贤的故事似乎是唯一一个提供了对政治与社会的广义解读。从前的圣诞节活动中，作为外邦的象征，圣贤们受到的关注度远比今天要高很多，他们的朝拜之旅被演绎成一个隐喻，指代着从强者转变为上帝谦卑信徒的过程。最强大最聪明的人屈膝下跪，这个世界的统治者意识到了自身向死而生的状态。在这个意义上，占星术者更胜于圣贤，他们理解生命的更深层意义并被尊崇为万王之王。但是他们也不仅仅是国王和圣贤的化身，在圣诞节前的最后几天，什么样的人持有黄金、香料和没药？当然是商人。因此，智者变身为商人和旅行者的圣徒，富有的人也在主显节前夜跪下。

随着时间的流逝，原始的传说渐渐被演绎固化为圣经经典故事。公元5世纪，三位圣贤分别被命名为：梅尔基奥（Melchior）、巴尔萨扎（Balthazar）

的白色骏马上，端庄淡定、从容自信的目光注视着你，是洛伦佐！他的马具背带上镌绣着的美第奇家族的徽章印证了他的身份。月桂树的树冠在骑士身后形成一个花环，就像是他头上的光环。意大利语的洛伦佐（Lorenzo）由"Laurentio"演变而来，而"Laurentio"的词源是"Laurel"，即月桂树，也表示桂冠、殊荣。但是这怎么可能呢？1439年宗教盛会举办时洛伦佐和卡斯珀（Caspar）。故事围绕着数字3展开。首先，三位圣贤代表着向圣婴致敬的异教徒世界，他们分别来自当时地球上已知的三个大陆，也许都是诺亚（Noah）儿子的后裔，即亚洲、非洲和欧洲。其次，他们代表了人类的三个生命阶段：老年、中年和青年。再次，他们通常穿着代表基督教美德的三种颜色：红色、绿色和白色，分别表示爱、希望和信仰。最后，他们的礼物本身也具有重要意义，金子代表力量与尊重，香料代表祈祷与献祭，没药代表死亡、葬礼与永恒。

在中世纪晚期和文艺复兴时期，这一经典故事得以新生。在上层社会和富人们的积极推动下，为了纪念三位圣贤，人们成立了类似兄弟会的组织，举行大规模游行与戏剧表演等纪念活动。在这之前，学校举办的圣诞节活动可能只有绵羊或驴子等小型表演，但现在的场面不同了，头面人物经常亲自扮演圣贤参加游行。在佛罗伦萨，美第奇家族几乎垄断了这个经典活动，与之密切关联的是个人偶像的建立与崇拜。在圣诞节的第13天，游行队伍从洗礼堂出发，经过美第奇宫到达圣马可，那里有科西莫为三圣贤兄弟会修建的一座小教堂。美第奇家族成员和朋友们一起走在游行队伍的最前面，他们身着盛装，风头完全盖过了游行队伍的乐队。他们宣示的主题非常明确，即力量与智慧、奉献与谦卑。正因如此，你会发现在那个年代创作的许多《三王来朝》主题画中，美第奇的家族成员都是主角。当然，其中最重要的一幅无疑是戈佐利绘制在美第奇宫家族小教堂墙面上的那一幅。

还没有出生，1459年这幅画作绘制时他才十岁。也就是说，当美第奇家族指示画家戈佐利将洛伦佐确定为第三位圣者时，继承权就落在了年轻的洛伦佐身上，他将继承祖父的遗志，承载家族的未来。壁画中的洛伦佐是美第奇家族的领骑手，带领家族经历他并未亲身经历的盛会，那是家族曾经的荣耀时刻。作为观光者，仔细观察就会发现其实洛伦佐的目光并没有

美第奇宫小教堂壁画二 戈佐利

By Benozzo Gozzoli - Cappella dei magi, parete ovest senza scantonatura.

停留在我们身上,而是穿过房间与对面墙壁壁画中的另一位年轻骑士四目相对,那是他的弟弟朱利亚诺。他身着蓝色礼服骑在马上,周围环绕着朋友和狩猎的同伴。

两位骑手的面容极其相似:他们的鼻子、眼睛、面部表情,包括下巴的皱褶和卷曲的金发。朱利亚诺充满活力与不羁的气质,他收紧缰绳控制马匹,一只神秘迷人的山豹蹲坐在他身后,他的目光也注视着另一侧的哥哥。以三维立体角度来解析空间,即可发现兄弟俩是在并行前进。这幅自负炫耀的壁画既是向未来也是向过去的致意,兄弟俩相互致意并肩前行,洛伦佐的高贵平和象征着对当代的沉思,朱利亚诺的山豹与狩猎表达了活力,这构成生命的两个维度,即精神与体能。

壁画的主题透过构图得以明确表达,即洛伦佐和朱利亚诺是家族王国的继承者,他们将引领大家走向应许之地,这里包括了他们的祖父、父亲、亲戚和朋友——整个美第奇家族及其社交圈。壁画的内容同样传递了强烈的象征意义,即家族期望在公共事务领域扮演主导角色,仅仅聚焦于贸易协议和银行合同是不够的,作为政治和宗教的媒妁之人,美第奇家族将统治意大利。他们召集各方讨论、协商,培育顶级社交圈,名人政客们充斥在这幅画中。美第奇家族的雄心甚至不止于经济与政治,他们还旨在成为知识和文化创新的动力之源。借助于佛罗伦萨举办的盛会,来自君士坦丁堡的希腊学者带回了在西方国家消失了数百年的知识与文化,大部分经典著作被带回到了西方。对于壁画中的哲学家，徘徊于托斯卡纳的时刻是他们梦寐以求的人生高潮，特别是柏拉图流派。当教会固守其教义时，科西莫和佛罗伦萨从收到的柏拉图著作中发现了远比基督教信仰更加悠久的逻辑思辨原则与哲学理论，例如在哲学意义上什么是终极的善与好。佛罗伦萨成了孕育新思想的温床，产生了一股新的力量，并即将威胁到业已存在的传统与观念。

家族的使命引导着洛伦佐和朱利亚诺，两位优雅的骑士将继续履行这个使命。骑士？当戈佐利创作这幅壁画时，洛伦佐和朱利亚诺的实际年龄只有10岁和6岁，但壁画中两个骑手却是成熟完美的青年形象。他们不是写实的洛伦佐和朱利亚诺，他们是被理想化的人物，是兄弟俩未来的投射，是人生设计的"概念机"，大量的工作将继续进行，他们自身也将会承受许多。那么，两个真实的男孩在哪里？仔细观察就会发现他们藏在人群中，在他俩的身后，按照传统，戈佐利将自己的自画像描绘成一个戴着红色学术帽的硬汉，并且为明确起见，他在自己的帽檐上用金色字母写上了他的名字。画家好似在描绘现实，而不是进行虚拟创作。他面前的两个小男孩，洛伦佐，仅凭他的鼻子就能被认出来——领导盛会的年轻圣者毫无美貌可言，但小小的面容上流露着坚定与果敢，目光投向其家族理想中的"概念机"。朱利亚诺从他哥哥的后面小心地向外看着，稚嫩且似乎有点胆怯，他也将目光投向对面墙上壁画中自己未来的形象。两个少年，两个亲兄弟，金光灿烂的未来展现在他们的眼前。对于壁画的参观者而言，现实与梦想之间的差异是惊人的。想想看小仙女的魔法世界对于小男孩的诱惑力，当任何一个男孩面对这样的场景时，都将被唤起其雄性的潜能进而建立起伟岸的自我形象认知。计算机游戏中自建的英雄人物相比之下显得如此苍白。精致的马具，金色的锦缎，羡慕的目光，当然有君王的存在感！但是设想一下，曾经经历的磨难，未来肩上的责任，特别是当永久地被描绘在家庭小教堂墙面上的故事还没有完全展开时。

未来的梦想幻灭了，戈佐利预言式的情景没能到来。在帕齐策划的暗杀行动中洛伦佐几乎失去了一切。尽管如此，在那不勒斯，他还是以勇敢大胆的行动成功打破了教皇西克斯图斯四世和费兰特国王之间的盟约，确保了佛罗伦萨的安全。

美第奇宫小教堂壁画局部
Cut from La Capella dei Magi, Public Domain

也许有人认为他赢了，因为刺客已经被悉数消灭。愤怒的共和国处死了帕齐家族的全部重要成员，放逐了其余的人，铲除了所有帕齐家族的徽章，没收了其全部财产，并公开发表声明，永远不容许帕齐家族成员在共和国担任公职。谋杀朱利亚诺的班迪尼在混乱中逃出佛罗伦萨，向伊斯坦布尔方向流窜，但洛伦佐的手越过几个国家将其抓回，随后被处决于佛罗伦萨的巴杰罗监狱。教皇和他的侄子吉罗拉莫·里奥里奥持续困扰洛伦佐和佛罗伦萨，但几年之后，教皇也不得不承认失败。和平与和解的政治压力结束了教皇的报复行为，佛罗伦萨共和国议会的高级代表团受到罗马的欢迎，接受罗马教皇西克斯图斯四世的宽恕并废除了驱逐令。真的是赦免了吗？教皇晦涩的话语含糊不清，几乎没有人听到他说的话。胜利了？是的，但戈佐利壁画中两位年轻英俊骑士中的一位永远离开了，洛伦佐只有独自一人继续前行。

小教堂的墙壁上留存着洛伦佐失去的东西，而这些失去的东西仿佛在以挑衅的目光注视着洛伦佐，曾经梦想中的场景以及祖父的伟大成就也俯瞰着洛伦佐，他们似乎在发问：你能独自实现我们的梦想吗？而其他的人则以目光向他致意。只要进入小教堂，就一定会注意到两位近乎完美的青年骑士，即朱利亚诺与洛伦佐，也一定会被他们之间相互凝视的目光所吸引。这是个永恒的提示，他告诉人们曾经理想的场景应如此图所示。诚然，誉之所至，谤亦随之。在帕齐阴谋之后的一段时间内，洛伦佐写了许多诗，关于爱的诗，写给一个美丽的女人，她过早地被死亡偷走。洛伦佐悲痛绝望，他被记忆所折磨，好似失去了生存的意义："我要躲去哪里，我就再也找不到你，悲伤的回忆？我必须逃往某个黑暗的洞穴，以便逃离你……我该怎么办？我该信任谁？唉，我只能希望死亡的慈悲来得不要太迟。"他哀悼的那个女人是朱利亚诺的最爱之一，即西蒙妮塔·维斯普奇，她也是波利齐亚诺的作品《斯坦兹》（*Stanze*）中的主角。但问题是这首诗中真正隐含了怎样的想法和感受？与朱利亚诺的关联是公开且直接的，而且事实上西蒙妮塔先于朱利亚诺两年离世，是死亡与哀思的诗句将西蒙妮塔和朱利亚诺联系在了一起。当暴风雨袭来，平静的内心与外表波澜突起，毫无预警，无法掩饰，唯有痛楚。每一个地方、每一种气味都有可能勾起瞬间的回忆，而那瞬间却永远无法再现。那应该躲藏到哪里？到哪里才不会勾起痛苦的回忆？

小教堂还可能以另一种方式影响着洛伦佐。当代的我们无法感受到那时的场景所蕴含的信息。今天的小教堂采用现代方式照明，而在文艺复兴时期，照明靠的是火炬和烛光，那会使得夜晚的一切都弥漫着神秘朦胧的气氛。小教堂壁画中的人物从黑暗中浮现，他们穿越山林和旷野前往圣地。在绘制主要人物时，更多地使用了金银色涂料，由于对烛光的反射作用，使得他们相对突显，而其他群体人物则半隐秘于夜的朦胧。光与影，智慧

智 慧

智慧正在渐渐地被认可为一种科学概念，并重新赢得属于它自己的荣誉与尊严。罗伯特·斯特恩伯格（Robert Sternberg）坚持认为，智慧来自实践，是实用的智力，智慧包括一些无名的知识，且显示出非凡的价值。你不只是要为自己，也要为他人，你要平衡各种利益来满足周围环境的需求。聪明的人知道知识不是一切，如何运用知识才是关键。

克里斯托弗·彼得森（Christopher Peterson）和马丁·塞利格曼列出了智者的以下特征：

- 我了解自己。
- 我会根据自己的感觉和理性做出决定。
- 我能够看到全局——无论是内在含义或是外在关联。
- 我有更广阔的视野。
- 我有为他人和社会做贡献的强烈愿望。
- 我会将他人的需求纳入我考虑的范围。
- 我了解我自己认知与能力的局限性。
- 我能够看到重要问题的核心。
- 我对自己的优缺点有清楚的了解。
- 我的角色是顾问。
- 我遵循我的个人价值观。

作为领导者应具有的最核心要素，智慧是否没有得到足够的重视？耶鲁大学认同这个命题并创立了一个"智慧教学项目"。他们注重的是哪些方面呢？他们注重古典文学与哲学、注重讨论与反思大众理念中的"真实"与"价值"、注重实用的智力、注重苏格拉底式辩论。

与黑暗，生命与死亡，就像但丁在《神曲》开场中发出的回声。主人发现自己身处一片黑暗的森林之中，开始了他的救赎之旅。每个有阅读能力的佛罗伦萨人都以自己城市这部伟大的文学作品为傲，并熟知其开篇："我醒来，在生命之旅的途中，发现自己身陷黑暗的森林。原来，我游离了坦途。"以这种方式，小教堂的壁画唤醒了洛伦佐追寻新生活的意识。但丁在黑暗的森林中挣扎着找寻出路，青年圣贤也在黑暗中穿越荒野，旅程的目的地是圣婴降生的地方，但这幅壁画描绘的不是马厩，而是乔木和灌木交织的丛林，青年圣贤也不再是送礼物的使者，而是为了自己的救赎而前行。

机智与智慧

马基雅维利和波利齐亚诺都特别注意到科西莫自然流露出的机智表现，而这种机智的表象恰恰反映了科西莫的智慧。作为佛罗伦萨真正的主人，其地位非常微妙，他常常以格言或是讽刺来表达他想传递的信息，通过讲述寓言和有趣的逸事，他说出很多本来不应该由他来说的话。佛罗伦萨对这样的风趣与机智也是心领神会，像是时间维度上的破折号——我们不是谈论平民聚会上的笑话——这将他彬彬有礼的绅士风度与公民意识从市井大众中分离出来。雅典广场上苏格拉底夸张的戏谑就是其原型，科西莫擅长此道，他尖刻的评论风格众人皆知，他的治理理念、理性思维以及善意的幽默感在其评论中得以突显。

作为这座城市的实权人物，他经常被人吹捧。其中一位称赞科西莫的处事原则并着重强调他对上帝虔诚，并解释说这就是为什么他总是去大教堂的原因，对此科西莫揶揄道："你也应该待在那儿！因为那可是个好地方，冬暖夏凉。"佛罗伦萨的一位雇佣军士兵试图炫耀自己的英勇，他指着自己满是疤痕的脸，吹嘘说自己绝不会逃避战斗。"但是给你这张脸的那些人也都没有逃避。"科西莫评论道。他既不喜欢自我吹捧也不会自我最年轻的圣者独自一人，在生命的中途，虽然征服对手赢得了胜利，却身陷无边的黑暗森林。暗杀事件对洛伦佐的心理产生了怎样的影响？他从中汲取了什么？无论是生活在互联网时代还是文艺复兴时期，经历都会在我们身上留下印记，强烈的情感经历甚至会刻骨铭心永生难忘并改变一个人。无论是主动还是被动，经历都会使你得到某些东西，问题是你能从中学到什么？家族小教堂对于洛伦佐不仅仅寄托着哀思，更让他看到了希望。他祖父的理想被永久地展示在那里：穿越黑暗，走向智慧。智慧，多么陌生的词汇！在我们这个时代并不常用，我们现在重视的是通过学校教

贬低。一位富有但愚蠢的朋友就即将得到的任命向科西莫请教，他得到的忠告是："穿上红衣服，尽量少说话！"

　　同样，在与政治对手的较量中科西莫也展现出他特有的机智，当市议会决定将他驱逐出佛罗伦萨时，他给对手的忠告是："今天是我，明天就轮到你了。"但是他并没有进一步刺激对手。一位农夫向他请教如何使自己的生活中只有一个敌人，科西莫对他的建议是："试着与他和睦相处，因为在大国中，一个敌人也算多，一百个朋友也算少。"他知道如何运用幽默来缓解紧张的局势。科西莫的一位反对者在公开场合批评他，于是科西莫私下将他拒之门外。他不会无视不同意见，相反，他认可他人可以有不同意见，但认为应该表现得像两只大狗那样："当他们碰面时嗅嗅彼此，如果发现彼此都有牙齿，那就各自走开好了。"

　　机智和智慧经常是好故事的素材，而科西莫的城府则常常被故事所描述。佛罗伦萨有一位政治家，他想知道自己是否足够聪明可以在共和国担任更高阶的职务，于是他请教他的朋友："如果有像科西莫那样的智慧是否就可以？"朋友不屑地看着他说："有人家智慧的一半就足够啦，你没有脑袋吗？"

权力的本质

权力的两个基本要素在文学作品中经常出现。无论如何扭曲和转换权力的概念，最终都会归结到这两个要素上。权力基于两者之上，如果拥有两者，就拥有了权力。这里讨论的是真正的权力，不是我们经常误解的权力，诸如显要的职位、媒体力量或暴君行为。权力与影响力有关，权力并不取决于地位，权力是一种即使在他人希望抵抗这种影响力时也具有影响力的能力。如此，聚光灯下的位置有可能反而成为障碍，这就是为什么报纸在加冕年度最有权势的人物时常常会出错的原因，陪审团被炫目的闪光灯和脱口秀节目所吸引。许多最有权势的人物往往是我们从未听说过的人，他们不接受采访，但是他们了解权力的本质。

权力的第一要素是依赖性。这不证自明，但这一点很容易被忘记。权力常常会使我们想到金钱或是蛮力，我们通常认为一个人有权力，是因为他可以提供奖励或可以暴力相威胁。事实上，没有依赖关系，权力是不可想象的。每种形式的依赖关系都为权力提供了基础，合作、友谊，甚至包括浪漫的爱情本质上都是依赖关系。人际关系可以看作是交易，我们友好地交换恩惠、关心与关怀，通过易货交易的商品不一定是实物，也可能是无形的。此时的权力被置于相互的依赖关系中，当以物易物不平衡时，权

育或技术工程能力展现出来的智力。而智慧远不止于此，智慧这个概念涵盖了人的整个生命，代表了更高层级上的判断力和行动力，智慧不仅仅取决于年龄或受教育程度，而是更依赖于生活经验，特别是经历震撼性事件后的客观反思与自我剖析。客观反思与自我剖析不仅可以使我们站得更高看得更远，而且也可以使我们看得更深看得更细，从而也会对他人有更多的了解。因此，你会发现有些孩子年纪轻轻但非常聪明，也会发现有些大学教授非常博学但缺乏智慧。当你勇于被生活感动时，你就能获得智慧。

力随之失去平衡。道理显而易见，如果你有我想要的东西，而我却无法提供相应的回报，那么我就会依赖于你，结果就是你比我更加有权力。洛伦佐不仅建立关系，他更加注重创建依赖型关系，人们需要他作为朋友、调解人和顾问。这样的网络使他成为意大利最重要的人物之一，而这就使他拥有了权力。

权力的第二个要素是定义现实的能力。这里有个默认的前提，即现实是复杂的、模棱两可的，要讲清楚真相与正确是极其困难的。这就是为什么那些有能力定义现实的人，以及那些有能力给混乱现实赋予意义的人拥有力量的原因。这适用于几乎所有的场景，从国际政治分析、到企业战略讨论、再到与夫人讨论如何构建美好家庭生活。对现实的解读能力就是力量。在这里，我们可以发现真正伟大的权力执行者，有些人拥有梦想；有些人则将种族主义转变为宽恕；而另一些有远见的领导人则可以及早识别出邪恶的敌人和遥远的核武库。那些设定议程的人才是权力真正的主人。在这里，我们发现了洛伦佐，作为关键利益相关者，不仅仅是因为他有能力在高层政治舞台上为自己和佛罗伦萨塑造完美形象，更重要的是他还创造出一种平衡的现实，在这个现实中意大利各国停止了相互的战争，各国得以相互尊重，权力版图得以均衡。这奠定了他作为历史政治人物的不朽地位。

这似乎就是洛伦佐的写照。在悲伤和危机过后，他无法摆脱自己的心理困境，也无法摆脱痛苦的回忆。在多大程度上是由于兄弟俩自己的行为导致了危机？他们是否不必要地激怒了教皇？是否是由于他们自己的鲁莽导致了暗杀？侥幸逃过劫难并带领佛罗伦萨走出危机之后，洛伦佐很难回避这些问题。事实上，洛伦佐年轻时也还犯过其他错误。帕齐的阴谋不是兄弟俩第一次遇到的麻烦。在教堂遇刺前几年，佛罗伦萨与沃尔泰拉（Volterra）发生冲突，沃尔泰拉是一个偏南的小城市。洛伦佐和朱利亚诺深深卷入了这场冲突，他们派遣雇佣军前往征讨，结果发生了残暴的屠城。虽然大多数人认为兄弟俩并未下达如此残暴的命令，但雇佣军是他们派的，结果就只能由他们承担。当悲剧发生后，洛伦佐骑马前往请求原谅，并为幸存者提供了金钱和帮助。无奈为时已晚，沃尔泰拉记住了仇恨，并报之以同样的方式。暗杀行动中的僧侣凶手之一安东尼奥·马菲（Antonio Maffei）就是来自沃尔泰拉。洛伦佐的过去背负着不止一个十字架。

他祖父的处事风格与洛伦佐形成鲜明对比。科西莫依靠其智慧使美第奇家族崛起，跻身佛罗伦萨顶层，但洛伦佐却使得家族陷入空前的危机。少年洛伦佐所表现出的优越特权侵蚀了他祖父的形象，但是他祖父的行事风格仍然留下了自己鲜明的印记。科西莫深爱他的孙子们，有一次在与卢卡使节们举行的重要会议上，他被他的孙子之一，也许是洛伦佐所打断，孙子缠着爷爷要用芦苇做笛子。这对于今天每日忙碌参加重要会议的管理者来说，是个经典范例。在使节们众目睽睽之下，科西莫中止了会议，并捣鼓起了芦苇，来宾们很不以为然并抱怨会议主席的行为，科西莫反驳道："你们谁不爱自己的儿子和孙子？不要大惊小怪，幸好他还没有要求我表演吹奏，否则我也得照做！"好个溺爱孙子的爷爷！事实上科西莫一直力图使他的孙子能够以智慧传承他的王国。

看看戈佐利壁画中的科西莫，这或许是他在世时的唯一一幅画像。他不像东方三圣那样被安排在队伍的显要位置，而是谦卑地骑着一头骡子跟在后面。但事实上，整幅壁画就是科西莫在呈现他理想中的自己，他才是盛会真正的领头人。即便是他的儿子皮耶罗负责监督戈佐利的创作，但他只是科西莫的代表，壁画无疑是科西莫真实意图的表达。作为一名虔诚的信徒，一个艺术与政治的赞助人，科西莫借助壁画讲述了他自己。在波提切利绘制的另一幅三圣来朝中，科西莫代表着三圣中的长者，但那幅画的绘制于科西莫去世之后，所以并不能代表科西莫的自我认知。科西莫始终处于幕后，他的经营也不容易，也经历过与长孙类似的遭遇，曾经有一场针对他的政变，威胁到他的生命，他被流放，但最终政变失败了，科西莫被召回佛罗伦萨。此后他加倍努力，悉心经营，建立起了掌控佛罗伦萨权力的政治网络，但他从未变成独裁者。当时的伟大评论家莱昂纳多·布鲁尼（Leonardo Bruni）和波吉欧·布拉乔利尼（Poggio Bracciolini）将他描述成罗马共和式政治家。波吉欧把他比作西塞罗（Cicero）和大西庇阿（Scipio Africanus）。布鲁尼称赞他，不是因为他的财富和商业头脑，而是因为他是共和派公民。科西莫依靠智慧经营他的王国，他知道什么可以更改，什么不可以更改。教皇庇护二世（Pope Pius II）在关于科西莫的文章中写道："他的言行举止颇具绅士风度，相比商人，他知识渊博举止优雅，还粗通希腊语，他机智敏感，既不怯懦也不鲁莽，既能承受压力也能控制欲望，且经常通宵达旦地工作……除了没有头衔，他就是国王。"科西莫的一位同事巴尔托洛梅奥·斯卡拉（Bartolemeo Scala）写了一本关于科西莫的书，总结了科西莫的优良品格，科西莫去世后，他将其寄给了他的孙子洛伦佐，希望祖父的榜样会对他的继任者产生影响。

洛伦佐遗传了祖父智慧中的某些东西。这场危机的出现在某种意义上是个转折点，洛伦佐学到了某些可以与祖父一生的经验相提并论的东西。经历危机之后，他深刻领悟了权力及领导力的实质，只有财富、职位和蛮力是不够的，领导力必须基于某些更宽泛的东西，他注重实效，在外交舞台上的表现尤为出色。北冥的幼苗已成鲲鹏展翅之势，洛伦佐的时代到来了，无论是批评家还是仰慕者，无论是同代人还是后代人，都注意到了这颗冉冉升起的新星。

从那不勒斯返回家乡后不久，洛伦佐借助于胜利带来的威望推动佛罗伦萨的政治变革。佛罗伦萨所有重要决策都必须经过一个小型议会——七十人议会，该议会被赋予了强大的权力。虽然洛伦佐从未直接控制过这个议会，但他始终确保忠实的盟友能够主导该议会。帕齐式的阴谋不可能再现，洛伦佐对这座城市的控制力比以往更强，影响力也比以往更大，但是他并不想成为独裁者。佛罗伦萨成为共和国已有数百年的历史，共和制是这个国家血液的脉动，佛罗伦萨的公民以共和制为荣。洛伦佐的祖父被喻为罗马共和国时期的领袖，而不是罗马帝国时代对权力饥肠辘辘的皇帝。洛伦佐既不想也不能推翻共和国，他不要将自己变为公国公爵或是帝国元首，独裁者的宝座也不是他的目标。洛伦佐明白，所有权力不能都由一人掌握，君王和暴君的宝座并不代表着安全。君王给自己的城市带来的不一定就是伟大的祝福。有许多当代的独裁者，他们将自己和他们的王国推向悬崖的边缘。对于权力和影响力，洛伦佐展示出更深刻的理解。

权力不一定只来自职务或是办公室，权力更多的是来自联系与关联，力量形成于人们对所发生事情达成的共识。洛伦佐如何能在那不勒斯取得胜利？毫无疑问，因为他是美第奇家族的负责人，因为他可以支配美第奇银行的金钱。但是，如果没有其他因素，这些都将毫无价值，这些因素包括洛伦佐独特的与人交往的能力，对他人动因的理解，以及设身处地换位思考的思维方式。在那不勒斯，洛伦佐以一种请求并感动他们的方式展现了自己，谦卑、博学、幽默但执着，他与那不勒斯国王及其顾问们建立了良好的关系，这赋予洛伦佐以影响力并创造出机会，进而他们相互信任并产生了友谊，最重要的是，他将这一切转变为力量，而这力量拯救了他自己，也拯救了他的家人和他的城市。

在那不勒斯之后，洛伦佐继续施展才干努力经营。他深知佛罗伦萨的地位脆弱。在洛伦佐时代，佛罗伦萨共和国在意大利半岛不算是个大国，

自我呈现能力

"认识自己！做你自己！无论你身在何处，都要开放、诚实、自由、轻松！"忘掉这一切吧！透过这种开放与透明，人不可能有出众的表现。相反，我们应当关注别人对自己的印象并有意识地管理这些印象。如果我们需要掌握一技之长，那就是自我呈现能力。事实上，几乎所有个人的社会活动都与此相关。参加面试，你可以表现得既谦虚谨慎又充满活力；朋友聚会，你可以绘声绘色地讲述一个又一个动人的故事；出门上班，你使用香水来掩盖自己的体味；商务会议，你努力控制自己的紧张情绪。所有这些都是为了适应不同场景的需要，而所有这些都会影响别人对你的印象。

著名的社会学家欧文·科夫曼（Erving Coffman）认为，我们都在生活的舞台上扮演着不同角色。舞台上，我们身着合适的服装，以最好的微笑及适当的言语在观众面前展示自我；在幕后，我们松开腰带皱着鼻子，诅咒那些刚刚被我们称赞的白痴。这并不是说我们在欺骗和说谎，几乎没有人可以将自己完全呈现为另一个人，但是我们需要的是选择性地呈现我们想要呈现的一面。

这里我们触及了有关权力与领导力的核心。每一位领导都知道，如果你不知道，那就可能会有麻烦。是什么控制着政客的表现？伪装比解决问题更重要。在集会上散发的玫瑰，清新的微风与由衷的笑声，以及对对手的进攻与道义上的愤怒，所有预先编排的流程响应都旨在操纵观众的印象。比尔·克林顿（Bill Clinton）在竞选期间越来越多地咬着下唇，因为民意调查显示，这个动作给了他的女性支持者最大的吸引力。但是在这方面很少有人能与洛伦佐竞争，他超越了电视政客的简单策略。洛伦佐构建了一个类似社团的虚拟组织——其中演绎着有关他自己和佛罗伦萨的谣言与传奇——以此来创造权力，这里的传奇并非基于谎言或是类似皇帝的新装。在此，他将自己最有影响力的一面展示出来，人们说了什么、君王听到了什么、外交官们在走廊里闲聊了什么，这些都创造出了自由和机会。文艺复兴时期的领导人非常有意识地以这种方式来自我塑造，他们了解有关权力的内涵。马基雅维利还强调，你留给别人的印象总是能掩盖你真实的自我，"人们看到的是似你非你的你，但几乎没有人知道真实的你"。

没有强大的军事力量，唯独以艺术及贸易著称，在半岛政治版图中处于中间阶层。因此，洛伦佐需要通过运用权力的基本要素来增加佛罗伦萨和他自己的力量。

首先，他建立起广泛的人际关系，且受益匪浅。他效仿祖父，并在许多方面都超过了祖父。通过形成的紧密联系，洛伦佐有效地对其他国王及政要施加影响，他为他们提供咨询与建议……礼物以及银行贷款。在那不勒斯施展的魅力得到进一步发展，在这方面，洛伦佐展示出超凡的才干与技巧。他以精妙的见解与一流的文笔与当时政要们保持着书信往来。洛伦佐很大一部分时间都花在书信往来上——他收到过大约21000封信，他发

权力斗争中的智慧

当战场上的烟雾散尽时，权力斗争中最强大的玩家独自屹立不倒，真的吗？我们生活在一个信奉"适者生存"和"强权即真理"时代。但是，这真的能代表权力游戏真正强者的特质吗？博弈论研究的是理性与潜在非理性对手之间的矛盾冲突。它解释冲突的基本特征，评估玩家的战略选择，但最重要的是博弈论力图为破坏性局势寻求明智的解决方案。

博弈论中最著名的研究着重分析了"囚徒困境"游戏。两个玩家有两种可能的策略：合作或竞争。如果合作，他们将双赢；如果竞争，他们都输。但是，如果一方竞争另一方合作，则采用竞争策略的一方得到最大回报而合作，而采用合作策略的一方遭受最大损失。那么困境是什么呢？你可能被诱惑采用合作策略但却遭到背叛，从而滋生不信任和欺骗。每个玩过"囚徒困境"的人都知道游戏的邪恶特质，如果情绪失控，往往导致双方互相敌视从而使双方都遭受巨大损失，一起下地狱总好过我在地狱而你上天堂！与此相比，朋友之间温和的冒险游戏就是小儿科。

那么唯一的解决方案是什么？将欲取之，必先予之。伙伴们必须协

出的信件中有大约2000封被留存至今，在这方面他有效地管理着自己的时间。通过密切的书信联系，他将意大利半岛以及欧洲各国政要掌控于股掌之间，法国国王称洛伦佐为他的好友兼厨师，当米兰公爵卢多维科·斯福尔扎（Ludovico Sforza）发现自己无可救药地爱上一个美丽的贵妇时，他向洛伦佐寻求建议——当时洛伦佐写的情诗很有名，得到的建议当然是情诗治百病。比这些更重要的是，各国政要们将洛伦佐看作是他们政治事务的调解人和顾问。利用这样的地位，洛伦佐努力调解冲突以防止灾难性的后果，他以王的姿态与其他君王交往，大家认可他介入调停的重要性与有效性。渐渐地，洛伦佐在意大利半岛内外赢得了极高的知名度。他的活

作——不是为单方利益最大化，而是达到最佳的平衡，熟练的高手会明白这一点。如果脚下的舞台遭到毁坏，作为幸存者就只有享受孤独，而孤独的胜利不可能重现，必须寻求合作，必须屈尊。针锋相对以眼还眼，你死我活粉碎敌人，是我们对进化论的误解，误解了适者生存的本意。

  动物比人类更加了解进化论和博弈论。动画电影《鲨鱼故事》使得一种小鱼——"清洁鱼"被人们所喜爱，它们与其他鱼类形成了相互关联的互惠互利关系。这些清洁鱼靠着通过从大鱼口中摄取寄生虫来生存，它们在海洋中有自己的专属领地，大鱼会定期拜访它们以清洁自己的口腔，就像是你去洗车一样——有报告说，大鱼会排成一队以等待清洗。张开嘴巴的大鱼都是掠食性鱼类，清洁鱼就像是进入大鱼口腔的牙签。这种情况使人联想起囚徒困境，想象一下在清洁过程中吃点零食有多诱人！但是掠食性大鱼不会沉迷于此。进化促进了物种之间的协作，达成了稳定的策略，他们互惠互利，清洁鱼获得了食物，大鱼摆脱了寄生虫。

  有些人理解这一点，就像是意大利政治力量平衡中的洛伦佐，他努力使意大利半岛的政治强人们明白他们的行动方向是相互关联的，因此，他们必须以合作的治理理念从事，以取得最佳结果。

意大利的战争

洛伦佐·德·美第奇去世后，意大利随即旋入了动荡不安的时期。法国、西班牙以及其他国家都相继入侵半岛。随着同盟关系的变换，意大利人和外国军队相互混战。战争中，火枪首次被提升到重要的战略地位，不仅是加农炮，还有诸如火绳钩枪及枪口装填的步枪。战争肆虐了五十多年，直到西班牙取得胜利。随后，许多意大利半岛诸国都失去了自己的权力。那不勒斯和米兰被置于西班牙的控制之下，威尼斯再也没有达到昔日的辉煌，佛罗伦萨被改造成公国，美第奇家族的后裔登上了王位。意大利文艺复兴时期的辉煌结束了。

1494—1495年：法国国王查理曼（Charlemagne）大帝八世在米兰的卢多维科·斯福尔扎的请求下入侵意大利。他征服了那不勒斯，这是他的目标，但受到意大利各国以及介入冲突的西班牙的驱赶。

1499年：法国在新国王路易十二统治下返回，并占领了米兰。

1499—1503年：教皇亚历山大六世的儿子切萨雷·波吉亚征服了意大利中部的领土。法国和西班牙为那不勒斯而战，最终西班牙人得手。

1506—1513年：教皇尤利西斯二世展示了其管理与外交技巧，控制了意大利中部的大部分地区。

动同时为佛罗伦萨的商人和纺织品制造商打开了外国城市的大门，所有商人都为之心花怒放。

他最大的成就来自与梵蒂冈新教皇的交往。西克斯图斯四世进入坟墓后，他的继任者是无辜者八世。洛伦佐没有重复同样的错误，他将自己所有的精力都投向了新教皇，以少年追求少女般的热情向新任教皇示好。虽然他们从未谋面，但洛伦佐的信函无时无刻不在关怀着新任教皇。教皇欣然接受，对来自佛罗伦萨笔友的建议和分析，教皇言听计从，他们的关

1509 年：所有人转而进攻大国威尼斯，并在阿格纳德洛（Agnadello）取得了胜利。威尼斯渐渐失去了在半岛的领土所有权，但随后逐渐将其夺回。

　　1512 年：所有人都反对法国，尽管法国在拉文纳（Ravenna）赢得了决定性的胜利，但他们还是撤出了意大利。

　　1515 年：新的法国国王弗朗索瓦（Francois）一世上台，米兰被重新征服。

　　1525 年：法国与西班牙之间达成重要协定（在查理五世皇帝统治下还包括哈布斯堡王朝和荷兰）。法国人在帕维亚（Pavia）附近被击败，并撤出米兰。

　　1527 年：每个人都试图联合以对付查理五世皇帝，结果德国和西班牙军队向罗马进发，并征服了这座城市。教皇克莱门斯（Clemens）七世被迫采取亲西班牙的态度。

　　1527—1530 年：佛罗伦萨的共和党人反叛，该城随即被西班牙军队围困，最终恢复了美第奇公爵的身份。

　　1559 年：卡特布·坎布雷西斯（Cateau-Cambresis）的和平条约结束了意大利半岛战争。

系变得如此默契，以至于各国驻罗马的大使们甚至调侃说，教皇就睡在洛伦佐眼皮底下。教皇和佛罗伦萨银行家之间的友谊创造出诱人的商机，帕齐阴谋造成的财务隔阂顺理成章地被治愈，不仅仅是美第奇银行，佛罗伦萨的其他几家银行也从中受益匪浅。当蜜罐再次被打开，洛伦佐一劳永逸地将与教皇的友谊密封其中。就像那个时代许多著名的卫道士一样，新任教皇也有着不可示人的秘密。其中一个秘密名为弗朗切斯凯托·齐博（Franceschetto Cibo），他是教皇的私生子。洛伦佐把女儿马达莱纳

（Maddalena）许他为妻。于是，教会的负责人和公民洛伦佐成了亲家。西克斯图斯四世招致的灾难过去了，洛伦佐的势力随之得到加强。

其次，他为自己和佛罗伦萨营造了强大的形象。真实的客观现实并不一定就能主导我们的理智，大脑自己形成的印象和臆想中的幻境有时比现实更强大，我们被大脑自己构筑的"真相"所支配。洛伦佐擅长于帮助人们构筑这样的"真相"，在诸如形象和品牌之类的概念为大众所认知之前很久，他就深谙此道。形象取决于人们的期望，一个小小的商标品牌就可以使一双跑鞋的价值倍增；一个幼稚的故事也可以将一家建筑师事务所捧上云端；运动场上得来的光环当然也可以将你照耀成企业组织与危机管理领域的天才。我们的期望基于理性但同时也基于非理性，形象取决于形式。洛伦佐利用品牌形象和成功故事来传递自己的价值，他造就了自己？不，是大众造就了他，他只是引导了大众的期望，他点中了大众的穴位。

因此，洛伦佐的声誉并非来自偶然，他在佛罗伦萨的影响力之所以增加也是因为他名声在外，就像是国家元首得到的原本是礼貌性称赞，但经由宣传机构的大肆渲染一样会使国民的崇敬之情油然而生。同样，错位的心理也可以造就平民的国王心态，同理，洛伦佐的胜利变成了佛罗伦萨民众的胜利。但事实上洛伦佐的声望远远超出了城市平民泛泛的赞美，他被公认为是艺术鉴赏家、诗人和富于情趣的人，他是个全才，在不同领域拥有专业知识和才华，是文艺复兴时期推崇的理想人才。反之，佛罗伦萨的声誉也同样加持了洛伦佐，他是艺术之城的形象代言人。佛罗伦萨就是洛伦佐——洛伦佐也就是佛罗伦萨，你无法区分彼此。洛伦佐当然知道如何有效利用这一切，佛罗伦萨的明星是整个意大利的品牌大使和文化形象代言人，他将佛罗伦萨的艺术家推介给各地。菲利皮诺·利皮（Filippino Lippi）是科西莫曾经赞助过的菲利普·利皮修道士的儿子，被推荐给罗马客户,另一位客户听到消息后惋惜地说,如果洛伦佐能推荐给他,就算用所有古希腊画家来交换他也会同意。多明哥·吉兰达约(Domenico Ghirlandaio)和波提切利被派往梵蒂冈为西斯廷教堂绘制壁画。莱昂纳多·达·芬奇,这位佛罗伦萨的伟大明星和疯狂发明家,连同他最新发明的银制马头形七弦琴一起,被介绍给了洛伦佐的坚强同盟和私人密友、米兰的统治者卢多维科·斯福尔扎。

甚至他弟弟的悲剧也增强了洛伦佐的形象,某种意义上讲,是这次事件成就了他。帕齐的阴谋故事传遍了整个意大利半岛,洛伦佐的壮举脍炙人口。这次事件甚至被认为可以比肩上古流传下来的英雄故事。为崇高利益慷慨赴死的勇士、悲剧英雄不顾个人得失坚持战斗、互相残杀的兄弟,经典老电影特别偏爱这些英雄情结,殉命与献祭的原始观念被唤醒,佛罗伦萨铸造了帕齐阴谋纪念币,纪念币的一面是洛伦佐的头像,头像下面的文字是"人民的救主",另一面是朱利亚诺的头像,下面的文字是"人民的悲痛"。洛伦佐为他弟弟的悲剧罩上一层神话般的面纱。

当然,有些声音批评他篡夺权力,但面对洛伦佐高超的权术,这些声音微不足道。他在佛罗伦萨的地位异常强大,人们尊重他并以他为荣。他学到了祖父的处世精髓:最好不要给嫉妒的杂草浇水。因此,他从未使自己成为这座城市名义上的领袖。相反,他认为那样的形象无助于他所追求的东西。因此,洛伦佐在行使其影响力时竭力保持低调,他标榜自己只是佛罗伦萨共和国的普通公民,最多只能享有平等的优先权,并尽可能淡化这一点。他绝不僭越,他知道作为人民公仆与有决定性影响的家族只有在被需要的时候才可以提供建议并接受适当的赞扬,一旦有过多的注意力转移到他身上,影响到共和国的领导权时,他会刻意淡化自己并避免任何炫耀的因素。洛伦佐多维度的权力平衡术炉火纯青,其祖父科西莫若有在天之灵定会点头称许。

洛伦佐赢得的智慧也是他寻求要延续的东西。他努力经营的一切孕育出了丰硕的果实,教皇无辜者八世任命洛伦佐的次子乔瓦尼担任红衣主教,这是美第奇家族从未有过的殊荣。当荣耀降临时,乔瓦尼只有13岁,是有史以来最年轻的红衣主教。对于美第奇家族而言,这是对家族地位的最高认可。佛罗伦萨全城都为之欢欣鼓舞,美第奇家族的成功就是他们的成功。当儿子启程前往罗马时,父亲在一封信中分享了他的智慧:"你是最年轻的红衣主教,不仅在梵蒂冈教廷,而且在整个历史上。因此,你与人相处时,应展现出最大的虚心与谦卑……行为要儒雅,希望你保持优雅、整洁、干净的衣着与居所,且不要显得富裕浮夸……珠宝和丝绸不适合你的身份,带几件古董和一些精美的书籍、几位经验丰富且训练有素的助手,但不要大群随员。" 无奈的是,后来的历史揭示出智慧并非那么容易被传承,智慧首先且必须通过生活获得,而非通过忠告。非常遗憾!

那么,洛伦佐从暗杀事件得到的感悟是否仅限于通过建立关系和自我呈现来熟练地驾驭权力?如果是那样,他就不会赢得如此的声誉,洛伦佐运用其影响力做了很多事情。帕齐阴谋过程中呈现出的某些事情启发成就了洛伦佐对高层政治的洞察力。沉默的恐惧在那个时候占据着意大利,在一种怀疑的氛围中,人们缺乏互相信任,同时也意识到在阿尔卑斯山以北,法国的武力威胁正在增强。在这样充满不确定的背景下,洛伦佐成为维系各方的中心并使得意大利整体保持了脆弱的平衡,他被称为意大利罗盘上的指针。洛伦佐的桌子上的议题已远远超出了自己,也超出了佛罗伦萨,尽管他从未明确表达过实现政治力量平衡的理想,但他的行动却明确地指向这一点。如果半岛各国能够尊重权力平衡并停止相互窃取领土,那么法国和西班牙将无法插手意大利事务,意大利也将保持和平。马基雅维利和吉恰尔迪尼都一致同意洛伦佐的去世标志着意大利半岛和平时期的结束。马基雅维利写道："洛伦佐死后，恶的种子随即开始生长，因为知道如何消灭他们的人已经不在了，他们辐射出来的东西仍在摧毁着意大利。"

洛伦佐在意大利半岛享有独特的地位，各国政要都乐于倾听他的意见，他是他们目光的焦点。当然，佛罗伦萨和美第奇家族也受益于此，但洛伦佐的视野比当时的其他政客更为宽泛，他看到了意大利的全景。危机过后，他的身上多了某种东西。也许是对战争的自我驱动、自我毁灭的透彻理解，也许是平衡的智慧，即通过促进群体利益使之为特殊利益服务的方式来取得特殊利益之间的平衡。在充满猜疑的半岛上、在欧洲，需要一位这样的大师。洛伦佐充当了这个角色，也留下了自己的印记。1492年，洛伦佐去世后，他的老对手那不勒斯国王费兰特说："这个人活了足够长的时间来获得不朽的声望，但是他在意大利活的时间还不够长，愿上帝确保在他逝世后其他人不敢尝试他在世时他们不敢做的事。"

洛伦佐智慧吗？让我们回到美第奇宫的家族小教堂，回到壁画中，了解未能企及的希望和期许。在教堂灯光昏暗的气氛中，在洛伦佐身上，我们可以发现另一条线索：为什么科西莫将他描绘成三位圣贤中最年轻的卡斯珀？仔细观察就会发现，他的形象吸引着观众的目光，他的双眸炯炯有神。经典主题三圣来朝中对最年轻圣者的描绘有个特别的传统，两位年长的圣贤通常被描绘得比较相似，威严但缺乏生气，就像圣诞节戏中的配角。第三位圣贤则不同，他年轻，骄傲且充满活力，相比之下，他尤为突出，通常他被安排站在其他二位身边，他缺少他们拥有的权威和经验，但是他特有的东西同样重要，机敏、富于朝气使得他通常成为绘画中的主要人物。经典宗教故事描述说三圣之间发生过争执，即谁将是第一个带着给小耶稣的礼物进行朝拜的人？年长的圣者当然认为自己应当是第一个，但最年轻的圣者表现出对救世主极大的热情与渴望，于是上帝许他为先。他亲吻圣婴的脚，呈上他的礼物——没药，用于给死者的涂香。在那一刻，他获得了智慧和历经岁月沉淀的经验，从马厩中出来的他已脱胎换骨。

关于卡斯珀的传奇在 15 世纪意大利的绘画中达到了高潮。年轻的圣贤脱颖而出，他骑马走在后面，但要第一个朝拜。这是戈佐利壁画中洛伦佐的理想场景，他骑着马穿过房间到达祭坛，在圣母玛利亚和圣婴面前跪下，他所拥有的世俗的力量和身上的金银珠宝织锦都无助于他，他必须借助于谦卑和爱心抵达目的地，朝拜队伍中的每个成员对此都非常明了。就像圣伯纳德（St.Bernard）所说的那样："三位圣贤必须放下他们自己的智慧以变成真正的智者。" 于是，为了打消疑虑，圣伯纳德被绘制在圣母玛利亚和圣婴旁边的祭坛画中。与最年轻的圣者一样，当真诚地追求最大的善时，就会获得智慧。通常，对于具有扎实知识基础的知识分子来说，这项任务可能会更加困难。祖父的希望在这里得到体现，十岁的洛伦佐作为自我的本体安静地站在背景中。

帕齐阴谋之后，我们可以感受到洛伦佐的另一面。在历经所有胜利之后，我们可以窥见，一个复杂的人获得智慧的同时不一定就能获得平和的心态，有些伤口永远无法被治愈。你会不会对你的朋友、你的兄弟实施残酷而自私的谋杀？洛伦佐在这些年中表现出了执着以及对工作的热情，但也流露出悲伤和不稳定性。马基雅维利后来写道，洛伦佐看起来具有多重人格。作为佛罗伦萨锋利的政治人物，他以严肃认真而著称。同时，他也喜欢与孩子和朋友一起玩耍享受生活。半隐藏半公开地，他几次涉入爱河。他追求伟大，也享受生活。追寻不同表象的背后，我们首先注意到的是政治家和佛罗伦萨的隐秘领主，在他的带领下，这座城市享誉世界，他是从混乱中崛起的人物，从不确定的背景中脱颖而出。但晦暗的背景本身就蕴含着更多的东西，洛伦佐的绝望心情时常使他无法专注于他的事业。退休后，他最想要去的地方是位于佛罗伦萨以西的波焦阿卡亚诺（Poggio a Caiano），那里的柏树和松树环绕着世界上最美丽的风景，他在那里有一栋别墅，他常去那里寻求内心的平和。他仍然写诗，并为他的诗做评论："至少同理心可以，也必须为我辩护。"他写道："因为从小我就受到大众和命运之神的困扰，因而我不应拒绝舒适，我已经在热情的爱、在诗歌和诗歌评论中找寻。"他依旧没有停止找寻。在财富或政治胜利中找不到的最大的善，可能就在我们内心，也只有我们才能发现。在这些沉思中，他也许找到了自己真正的智慧。

推荐读物

1.Bullard, M.M. (1994). *Lorenzo il Magnifico: Image and Anxiety.* Firenze: Leo S. Olschki Editore. The book explores the myths surrounding Lorenzo and how he was a master of self-presentation as a means of reaching his political goals.

2.Kent, D. (2000). *Cosiimo de' Medici and the Florentine Rerraissance.* New Haven: Yale University Press. A wonderful book that goes into depth about Cosimo de' Medici's contribution to art in Florence.

3.Sternberg, R.J. & Jordan, J. (Eds.) (2005). *A Handbook if Wisdom.* Psychological Perspectives. Cambridge: Cambridge University Press. Many fascinating contributions from some of the foremost scholars in the field of wisdom research.

菲奇诺 柏拉图学会纪念柏拉图诞辰 卡雷吉别墅 穆西尼
By Art Uk, Public Domain

第四章 佛罗伦萨柏拉图学会

起伏的丘峦环绕着佛罗伦萨，在其正北方的卡雷吉（Careggi），有一座别墅隐藏其中，高高的围墙，巨大的柏树和罗马风格的屋顶昭示着它昔日的神秘与威严，这里的花园曾经百花争艳，景色优美。随着意大利半岛数百年的风云变幻，它被废弃了许久。1999年，意大利导演弗朗哥·泽菲里里（Franco Zeffirelli）执导了电影《与墨索里尼喝茶》（*Tea with Mussolini*），这栋别墅被布置成女主角雪儿(Cher)的居所。目前，这里是卡雷吉大学医院。但假如建筑物会说话，它会为我们讲述另一个故事，这里曾经是美第奇家族在卡雷吉的别墅。他们曾经住在这里，庆祝生命，而不是死亡；在这里，他们超越自己所处时代的观念，探求生命的伟大；在这里，他们讨论财富、共和制、领导力、责任以及公民义务。银行家、艺术家、哲学家和知识分子在每年的11月7日聚集于此，发表有关生命的演说，以此来庆祝一个已故伟人的诞辰。他们感叹伟人的天才，颂扬伟人在宇宙中的地位。这里所说的伟人当然不是教皇。11月7日是古希腊哲学家柏拉图出生的日子。

希腊哲学？我们是否离题了，对于商业领袖们，经济学还不够吗？洛

教化领导者

　　戈佐利壁画中那些曾经参加宗教盛会的一些人终身追随了洛伦佐。壁画中，马背上的分行行长们都戴着红色的学术帽，那是特别的选择，象征着人文主义，即对语言、修辞、历史、诗歌和道德哲学等人文学科的研究。你可能在想，为什么对银行分支机构的负责人会有与业务无关的要求。但确实如此，科西莫要求银行高层管理人员研究人文科学。这即使是在我们这个时代，也有点不同寻常。对于当代《商业时代》有关企业高管业余读物的调查结果，他们定会感到非常不理解。因为在文艺复兴时期，人文科学被认为是基础的基础，作为领导者，当然更是如此。领导者的角色要求潜在的修养以及渊博的知识，与阅读企业的年度报告不同，与企业领导们交谈肯定会更加有趣。

　　时至今日，美国常春藤联盟大学常常将新生送到佛罗伦萨，让他们了解这座城市的历史，特别是文艺复兴运动。罗马共和国晚期的哲学家西塞罗所作陈述的背后蕴含着强烈的"教化"（cultivation）因素："对自己出生前的世界一无所知的人将永远是个孩子。"什么是"教化"（cultivation）？英语的"教化"与德语的"bildung"或是瑞典语"bildning"概念类似，是指自我修养，即哲学和教育作用于个人，并与人的文化成熟过程联系在一起，是人的内心对外在世界的整体认知以及乐于为之努力的

伦佐的经历并非如此，与商业领袖们经历的职业生涯相比，他的人生历程走向了完全不同的方向。为了理解他，仅将权力和职位视为现实舞台的一部分是不够的。家庭私人小教堂的遗存远远不止马背上的驾驭能力以及祖父膝下的忠告。讲述他一生的故事也就是讲述环绕在他周围、陪伴他终生的小群体的故事。他们这个小群体不断尝试以各种方式突破传统，探寻真理。年轻时经历的暗杀事件使得洛伦佐理解了死亡，他的故事本身就是不

理想的形成过程。"教化"的整体概念涉及个人的终生发展过程。在这个过程中，每一个个人都会发展出自己独特的精神、文化、实用技能以及个人与社会竞争力。这是个人吸纳了什么、要转变成什么的问题，而不是规则、习俗或者适应性的问题。哲学家艾伦·凯（Ellen Key）声称，当我们忘记了所学到的一切时，教化就是唯一剩下的东西。因此，它既不是具有直接使用价值的东西，也不是作为待售商品的正规教育。这就是为什么许多人强调文化知识、语言和历史的重要性。有趣的是，人文研究是指使我们变得更加人性化的研究，而"教化"培养的是社会思考能力。这就算是为壁画中的分行行长们做个辩护吧。

与其相反的潮流是，将员工功能化，使其工作在相对隔离且受控的环境中。秩序和差异是现代社会的产物，大型项目使得世界产生清晰的秩序。但是事实证明，世界毕竟不是那么稳定、有条理。进一步讲，就总体而言，社会责任的可行性并没有进入这种模型，而当权力与管理机构介入其中时，最坏的后果即可显现。历史可以使我们学到很多，亚里士多德说教化是人类天性的实现，这也意味着能够理解他人的观点、与他人共同管理与协作。同时也有相反的说法，对于那些不关心公共事务、不关心社区事务，只考虑自己的人，有一个描述他们的希腊词汇"idiotos"——指深度智力障碍、自私的人，白痴，这个词依旧有广泛的用途。

断寻求生命的同行者，并尊重值得尊重的一切。或许智慧和好运之类的词即意味着自己的亲力亲为、意味着不蹈覆辙、意味着大处着眼。夜晚，戈佐利的壁画发出朦胧昏暗的光，对于洛伦佐，那也是新观念与新生命之光，同样也是陪伴他一生的伙伴们发出的承诺。

陪伴洛伦佐一生的许多关键人物都可以在美第奇宫的壁画中找到。毫无疑问，其中最重要的一位是马西里奥·菲奇诺。洛伦佐祖父科西莫的慧

POWER AND DIGNITY 权力与尊严

菲奇诺肖像 吉兰达约
By Web Gallery of Art: Image Info about artwork, Public Domain

眼相中了他。现在我们或许有些奇怪，为什么哲学家在那个年代会受到特别追捧？是的，那是因为佛罗伦萨宗教盛会的一大成果是使得许多古希腊典籍、手稿回到了意大利半岛，而这些古希腊遗存曾经成就了古罗马的辉煌。君士坦丁堡的吉米斯图斯·普莱通（Gemistus Plethon）是柏拉图哲学的伟大权威，无奈宗教盛会之后他就返回了君士坦丁堡。现在谁来接手这些珍贵的古希腊遗存呢？科西莫以极其深邃的目光发起了一个伟大的项目：将柏拉图的全部著作从希腊语翻译成拉丁语。由谁来承接这个任务呢？科西莫将目光投向了年轻的男孩马西里奥·菲奇诺。他的父亲是美第奇家族的家庭医生，因能够治愈大多数疾病而闻名，他还自己动手种植葡萄酿造葡萄酒。在盖伦幽默理论（Galen's theory of humors）盛行的中世纪，特雷比阿诺（Trebbiano）葡萄酒是健康疗法的首选，乐观质、胆汁质、忧郁质及黏液质——好葡萄酒可以治愈绝大部分疾病。对于葡萄酒生产商来说这再好不过了，但是对于医生呢？好吧，就算是一种血液稀释剂：健康每一滴（qs,quantum satis），有点像现代广告词。

马西里奥·菲奇诺本应该像他的父亲一样成为一名医生。据报道，当时马西里奥在博洛尼亚（Bologna）学习医学，科西莫对他说："你的父亲可以治愈身体，你的目标应当是治愈灵魂！"这个小男孩对文学非常感兴趣，科西莫鼓励他学习哲学。随后，科西莫问他是否有兴趣将收藏的柏拉图著作从希腊语翻译成拉丁语。当然，他必须首先自学希腊语。如果马西里奥能够拥有一幢自己的别墅，心无旁骛地沉浸其中，那一定有助于翻译的顺利进行。接受这样的资助应当不需要太多的考虑，任何在美丽的春

朋友和图书收藏家

科西莫是银行家，但对哲学和人文科学很感兴趣，特别是非常珍视书籍。科西莫年轻时，与其他富裕家庭的孩子一样，他被送到佛罗伦萨的一所修道院学校，学习过法语、德语和拉丁语，对古典文学和古典思想产生了浓厚的兴趣。或许是因为他父亲乔瓦尼也非常痴迷于此，科西莫甚至计划和他的朋友一起去耶路撒冷寻找希腊古典文献。对于今天的学生来说，以尊贵的商务人士身份登上洲际列车，去执行一个高贵的文化项目，一定是件非常优雅的事。无奈他的父亲控制了年轻人信马由缰的激情，科西莫被派往罗马，去管理美第奇银行的罗马分行。可以想象年轻人失望的心情，但重要的是，科西莫对经典的兴趣已经被唤醒，并且成了终身爱好。后来科西莫学生时代的朋友们通过梳理欧洲修道院，寻找到许多古代典籍。科西莫对文化与人文科学的痴迷甚至与他的主要业务本末倒置，这种状态一直持续直到他过世，并且影响了下一代，其典籍藏品为梵蒂冈图书馆树立了典范。

天里到访过托斯卡纳的人都会明白，那是一个无法抗拒的诱惑。数百年过去了，那栋别墅几易其手。如今，它被改造为一座精美的小型度假酒店，名为里佛坦尼雷（Le Fontanelle）。就是在那里，柏拉图的全部著作从希腊语被翻译成了拉丁语。那是一个艰苦的过程，随着翻译工作的进行，渐渐吸引了一批志同道合的人士，形成了一个高质量的社交网络，该人脉网络增强了美第奇银行的影响力，并作为科西莫遗存的一部分由洛伦佐得以继承。

马西里奥·菲奇诺成了科西莫的门徒、密友和"陪练"："我需要尽快见到你，马西里奥，请记住带上我们最喜欢的柏拉图的书，我想你已遵照我们的协议在翻译这些书了,因为没有其他活动可以使我致力于发现幸福的真正途径。亲爱的孩子,快来吧,别忘了带上俄耳普斯七弦琴。"这段话源自科西莫1462年写的一封信。德高望重的银行家科西莫和年轻的哲学家菲奇诺对人类精神面临的挑战有着共同的浓厚兴趣,而柏拉图则是他们灵感的源泉和导师。科西莫在信中要求菲奇诺来卡雷吉拜访他。在那里,他们讨论了许多哲学命题,诸如,终极的善、人类的探求以及发展的理想等。在委托菲奇诺启动翻译工作五年后的1464年,科西莫去世了。在科西莫临终的床边,菲奇诺为他朗读其译作。

20年后的1484年,柏拉图著作合集用拉丁文出版,马西里奥·菲奇诺完成了科西莫给他的委托。现在,洛伦佐是银行负责人,他掌控着美第

文艺复兴时期的哲学

佛罗伦萨的柏拉图学会努力在哲学与政治的表述上与传统势力保持着微妙的平衡,因为其成员的理论研究,特别是其研究的核心命题——人的自我认知理论,对传统教会形成致命挑战。在柏拉图的教导中,哲学转向了理想,这是他们对柏拉图的善的概念的解释。但是,这种哲学对罗马教会构成了威胁,对上帝的爱被转变成对善良的爱。对创造的热爱在于对自我的关注,因为人是为完美而创造的。从而人变成了衡量其他所有事物的标准,自我教化与自我发展成了主题。通过对责任的认知完成对自我的认知,进而解读自我的潜能与生命的使命。这对于培养我们的内在品质至关重要。柏拉图就像是一种判断,亚里士多德也是一样,文艺复兴从两位巨人身上汲取养料。如果遇到麻烦,人们总是可以退回到基督教的堡垒。但又有谁有权力来决定与规范生命?在我们现在这个时代,我们理所当然地认为我们自己应当有自己的观点。

但这并不是从来就有的观点,创造力被认为是个人生命的组成部分,

奇王国。菲奇诺这个本该像他父亲一样当医生的年轻人现在成了哲学家，成了洛伦佐的导师。柏拉图的思想和古代神话对他们两位有着深刻的影响。但他们几乎完全不是同一类人。菲奇诺是一名基督教人道主义者，是自由思想者，性格内向，谦虚谨慎，身体状况不佳。而洛伦佐则是一位商人，政治上活跃，外向，缺乏耐心，易冲动。但他们对于研读古典著作、通过反思与辩论以寻求人生的智慧、探索生命的奥秘有着共同的强烈愿望。如果说菲奇诺是哲学家，那么洛伦佐则是哲学理论的实践者。

洛伦佐与菲奇诺是一个不可思议群体的领袖。那是一个前无古人的群体，群体中的每一位都在人类文明的长河中享有自己独特的地位。佛罗伦萨真正的主人洛伦佐·德·美第奇居于那个群体的中心，在他的引领下，

> 这与中世纪的观念并不完全吻合。相信人的自由意志与人有能力实现自我认知是文艺复兴运动与传统势力交锋所涉及的核心内容之一。通过个人意志与毅力可能改变命运，从现在起，未来属于有进取精神的人，而不是忏悔的罪人。在中世纪，这样的观点是异端邪说。但是，这样的观点在当代被广泛接受。如果你愿意，也可以认为那是古代的观点。因为佛罗伦萨文艺复兴颂扬的是基督教产生以前文明社会推崇的理想，他们重温古代神话，他们从理想中的公民自由状态得到启发，并身体力行，基督教式的谦卑被抛弃，复兴的力量在增强，并将他们自己置于传统权威之上，他们为古代的黄金时代而欢呼，并将自己视为黄金时代的继承者。为此，他们将自己区别于自己的过去。人是具有无限可能的存在，并且具有任何人都不能侵犯的尊严。意识形态的变化为基督教的世俗化铺平了道路。事实是，其背后起推动作用的许多人都是基督教知识分子。教会中的前辈早已在设法调和希腊哲学与基督教教义。发生于佛罗伦萨的革命性的变化首先是对古代神话和传说的复兴，从这个意义上讲，与中世纪的背离开始显现，甚至我们当代的许多自我理解都源自佛罗伦萨文艺复兴时期。但毋庸置疑，一路走来，我们可能会失去一些重要的东西。

随着米开朗基罗和达·芬奇等巨星渐渐崭露头角,佛罗伦萨这座城市迎来了它永恒的辉煌。洛伦佐的周围涌现出一群具有强烈渴求的人,他们是商人、诗人、哲学家以及朋友们。他们定期聚会、讨论、聚餐、阅读,并在托斯卡纳地区巡游。他们的议题绝不限于管理学与领导力的挑战,他们的讨论的范围非常宽泛,他们要超越自己!他们自称为柏拉图学会。是这个群体奠定了现代欧洲人文主义的基础,为今天的我们如何思考人类本身提供了基本指南。当今,他们的名字依然如雷贯耳:马西里奥·菲奇诺、皮科·德拉·米兰多拉(Pico della Mirandola)。他们探索人,探索人的可能性,并将其视为自己的义务,因为他们不愿在冷漠与平庸中浪费生命。"上帝造人旨在不凡,而非平凡。对于理解不凡的人,他不会满足于平凡",菲奇诺写道。一个人可以成就他想成就的任何事,人的潜力是无限的,作为人,你就应当青史留名。基于此,自称为柏拉图学会中的人打开了自己生命的开关。

洛伦佐周围的这个人文主义者群体迅猛发展,并开启了一场人文主义运动,后世将其称为意大利文艺复兴运动。马西里奥·菲奇诺是这个群体的核心人物,他根据希腊哲学思想建立了独立的学会。社会意识形态的主导权由教会、传统大学以及传统神学研究机构转移到了由诗人、新兴学者、艺术家以及商人组成的群体。这是对传统的颠覆!正是由于这个原因,它在社会政治活动中占据了主导地位,并成为一种文化现象,其重要性日渐显现,影响范围日益扩大,参与者人数不断增加。当时,在意大利兴起的人文主义并没有正式的组织与形式,它更像是一种文化教育启蒙活动。而佛罗伦萨则被称为启蒙运动的"创意工作室"或"产品实验室"。修辞、诗歌、语言、历史和道德哲学是核心,其基础是新兴的个人主义。这是对当时统治秩序的叛逆。自14世纪但丁时代以来,佛罗伦萨的发展就一直具有非常显著的以个人生活经验为基础的特质。无论是商人、学者、教堂司事还是牧师,这座城市都非常重视个人经验。每个人的理念都是趋同的,即认识自我并遵照内心的罗盘前行,以适应现实。因为那是唯一真实的道路,一切都指向有意义的事物、值得尊重的事物、伟大的事物。我们需要赋予生活以意义。生活是丰富的,你只需要检视四周——检视外在与内在的自己。而依据传统的宗教理念,人的灵魂是扭曲的、软弱的、有罪的、丑陋的,人只能希望生活在上帝宽大与怜悯之下。对此,人文主义者并不认可。

文艺复兴运动和柏拉图学会将人在反思能力、洞察力和意志力方面的非凡潜能与人的社会责任相关联,明确我们应当对自己所拥有的潜能负责,这个责任当然包括探索挖掘古代文书中的宝藏。洛伦佐、菲奇诺以及他们周围的人文主义学者讨论的是人的成长与自我实现的责任。诚然,自由和机遇与责任相伴。他们读的都是什么书呢?当然有柏拉图哲学著作,同时他们也讨论其他话题。他们谈论影响西方自我认知的上古传说与神话,谈论人的起源与人生的责任。这些传说与神话都具有深刻的寓意,其中最具现实意义的希腊神话是普罗米修斯的故事。佛罗伦萨的柏拉图学会花了很长时间讨论这个故事。这是关于人类被赋予理性与技能的上古寓言,也是关于人的起源、人的禀赋与人的苦难的寓言。它讲述了众神之神宙斯对人类的不满以及他不断施于人类的惩罚与约束。普罗米修斯站在人的一边,他从众神的居所——奥林匹斯山盗取火种传与人类分享,他向人类展示火,并指导人类如何使用火,利用火来烤肉、打造工具、创造世界。人类由此获得了用自己的双手来创造的能力,从此我们不再是动物。没有火,我们将一无所有。随着众神之火被人类所掌握,人变得机敏、有悟性并富有创造力。那是火的力量,是火使人类从动物世界中脱颖而出,并以我们的理

菲奇诺关于生命的著作

研究表明，菲奇诺的学术活动以哲学为起点，但随着研究的深入，他渐渐放弃了传统哲学领域，转而进入了一个全新的、被后世定义为心理学的领域。有许多证据支持这一结论，他的大部分思想是具体的、与生命的现实维度相关。以他的著作为媒介，菲奇诺更像是一位虚拟的为身体和灵魂服务的家庭医生。他坚持认为，身体和灵魂紧密相连，故身体健康与心理健康密不可分。现代研究的许多发现支持这一观点。菲奇诺在这方面的研究非常坚实，他将身体称为灵魂的殿堂。《人生三书》（*Liber de Vita Triplici*）是菲奇诺的晚期著作，由三部组成，分别是《论健康生活》（*De vita sana*）、《论长寿》（*De vita longa*）和《从天体获得生命》（*De vita coelitus comparanda*）。第一本书是关于健康生活，其中有饮食建议，每日三顿餐，不要吃太多的红肉和太多的纤维；有关运动以及在树林田野散步；有关阅读，但不要太多，否则有害眼睛；有关性，当然可以，但要适度，等等。第二本书是关于长寿，建议在高海拔地区散步，喝红酒，且少操心。太阳和草药都很重要，但音乐对人更重要。菲奇诺特别强调这一点，他认为没有乐感、不会被优美的声音感动的人是不值得信赖的。音乐可以滋养想象力，菲奇诺热爱音乐，尤其是弦乐。他的偶像是俄耳甫斯（Orpheus）和他的七弦竖琴。俄耳甫斯演奏的乐曲具有无法抗拒的魔力，甚至压倒妖艳的塞壬，他曾经为救爱妻深入地狱，为死亡之神黑德斯（Hades）演奏。音乐可以使人达到完美。菲奇诺声称音乐和艺术是冥界中自我与永恒之间的联系，音乐之美超越我们内心之美，音乐之强超越我们体魄之强，音乐能够驱使我们走向完美。当我们感受到发自内心的喜悦、当我们赢得信誉与荣耀、当我们的内心清晰地捕捉到万物的韵律，我们会说，那就像优美的音乐一样。如同是对自我的认可，感性与理性转化成了韵律与音符。菲奇诺坚信，这所有的一切会催生出最清澈最热诚的乐曲。这似乎很抽象，但却是事实，因为菲奇诺将诗意和神秘元素与哲学相结合，以便以文字来表述完美与至高的善，他强调想象的力量，并以各种不同的方式逼近理想。

音乐和艺术通常可以作为与完美沟通的信使，坐在桌子一边的艺术家们得以接收完美发来的信息，许多伟人由此获得了艺术灵感。

菲奇诺坚信祈祷长寿有助健康，但也不要过于担心死亡，因为如果过于担心并不停祈祷，可能会适得其反，这一点被现代科学所证实。在这些书中，菲奇诺几乎就像是一位和蔼的家庭医生。他虽然并未像父亲一样成为一名真正的医生，但却将哲学观点应用于医学。关于疾病和治疗方法，菲奇诺有全面整体的想法。他坚信，顺其自然的良好状态本身就具有治愈作用，关爱生命，健康生活将带来美好；在治疗中，对治愈的信念和对治疗本身的信念同等重要。他写道，甚至于与医生交谈也是治愈过程，所以请关注你的医生，而不是药品目录，因为那里没有解决之道。至于领导者，不可以假设其他人都只是大机器中的小零件，那无助于良好的协作。增长的关键在于潜能的实现，在于触发生命对其自身权力与责任的坚定承诺。在探索通往幸福与善良的道路上，菲奇诺取得了决定性的成果。运动、饮食和良好的陪伴多多益善。在中世纪背景中，以这种方式讨论幸福，想象一下他们的勇气！他们敢于探索！他们无惧讥讽！事实上，当时以路易吉·普尔奇（Luigi Pulci）为首的诗人们纷纷发表评论讽刺菲奇诺，而普尔奇本身也是洛伦佐圈子的一部分。嘲笑别人总是容易的，也是为了隐藏自身，这是菲奇诺的反击，他称普尔奇是苍蝇。是否要为避免失望与批评而降低理想？不！文艺复兴时期的他们拒绝平庸与相对主义，他们的牙齿与利爪会撕裂胆怯的面孔。

性征服了地球。但是普罗米修斯受到宙斯的诅咒，宙斯认为人类永远不可能理性地掌控这样的礼物，相反，他认为人类将摧毁自己和自然世界。为此，宙斯将普罗米修斯拴在高加索的一座山上，每天都会派出巨大的秃鹰去啄食普罗米修斯的肝脏，到了晚上，又让肝脏复原，天亮后，秃鹰会再次到来，如此往复，普罗米修斯被判处永恒的惩罚以使其质疑其行为。普罗米修斯做得对吗？我们人类是否值得拥有我们全部的潜能以及与之相应的机遇？普罗米修斯赞同，但宙斯却不这样认为。普罗米修斯是我们人类的英雄，为人类提供了理性和文明，这是对上帝及一切愚化人民的独裁暴君的反叛。这就是奥林匹克之火的寓意！

这个故事是柏拉图学会研究的核心议题之一，因为它涉及人、人的自由、人的创造力等基本原则。人的潜能无限，人可以通过行使自己的意志力来实现一切。但人是否能够管理好因潜能的释放而带来的自由和力量？或是众神之神宙斯的观点是正确的？人将自己置于宇宙的中心地位，这意味着机遇，当然也意味着义务。柏拉图学会成员讨论财富、人的潜能与理想状态，特别是最大的善。你也许认为目前应当讨论的主要问题是人定胜天的心态或是类似酒精过量后的大无畏状态。这误解了问题本身，人们喜爱红酒，但那不值得学者去讨论。以欧洲黑暗的中世纪为背景，学会成员讨论的是哲学意义上的人类，他们认为人既不应当是微不足道的，也不应当是伤感压抑的，人类为伟大而生。作为人类的一分子，所有人都应当分享这种伟大，我们都可以成就一番伟业，因为我们都有未实现的潜能，同时也都肩负着与之相应的责任。普罗米修斯与众神作战，以赋予人类自由、判断力以及创造不凡的可能。在文艺复兴时期，柏拉图学会成员提议：人类应当证明自己值得拥有火，并以此作为礼物以彰显普罗米修斯的荣耀。

普罗米修斯被拴在高加索山上遭受惩罚时充满了疑惑。新柏拉图主义者马西里奥·菲奇诺也被同样的问题所困扰，在研习教义以获取圣职的过程中，他经历了数年的艰难岁月。尽管如此，他拒绝放弃柏拉图思想，他发现如果以柏拉图式的美、真、善三位一体替换基督教中的概念，那么柏拉图思想就可以与基督教的教义相吻合，他特别保留了对人的善的信念。在这个崭新的意识形态中，对人的观念是乐观和积极的，人是自己生活的中心，并有能力承担相应的责任。此外，人可以理解对与错之间的差别、表象与内在的恶之间的差别。人有强烈的发展意愿，并试图努力成就某种东西。现代学者认为这是文艺复兴留给我们的最重要的遗产，并为哲学和心理学的现代演进奠定了共同的基础。同时，它与詹代法则完全相反。这里涉及了核心原则的对垒，是对自我约束和自我检讨的要求的反叛。传统基督教观点认为：人生来具有原罪；人的一生需要为自己的原罪祈求怜悯与慈悲；人天生是平庸的并应当满足于平凡。而在文艺复兴时期，人们秉持着一个趋向，既趋于美、趋于光明、趋于善，或者趋于实现某种不凡的、神圣的事物的潜力；人们追求的是美、绝对正确以及完美意义上的神圣与不凡，诸如优美的句子、深刻的洞察力、出色的观察力、激荡人心的演讲、明智的忠告、动人的故事、完美的雕塑、感人的乐曲或是精美的饭菜。一切皆有其缘，一切皆有其美。任何不相信或不努力探寻理解力、洞察力以及不追求完美的人都形同走兽。

有些人或许认为这不合道理，另一些人或许认为这太过感性，当代以问题为导向的学者会说它太过幼稚，并没有针对缺憾与矛盾的有效导向。但是佛罗伦萨并没有驻留于此，他们在继续前行，且走得更远。他们坚称：最高的理想、最壮丽的美就是爱，热爱事业，热爱工作，最重要的是热爱自己。多么直白！多么浪漫！确实，这既不是迂腐的词汇、专业的结论或是冷静客观的观察结果，也不是要多么坚强、多么率真、多么独立、多么强大或是多么无敌，这就是生活的一切。他们的哲学理念简单质朴，直接作用于人生的态度。这里有一条自我永存原则，也是主导一切的现行原则，即对生命的爱使得生命得以创造生命，且以指数形式倍增。抱怨与愤怒无济于事，那只是将自己的恶灵抛向周围的世界，既摧毁自己也摧毁他人。菲奇诺写道：如果我们居高临下地教导他人，实际上是在炫耀和伤害自己。在文艺复兴时期，他们不相信"一枝独秀"，也不喜欢会伤害我们的东西，他们专注的是成长之所需。

基于这种思想，人文主义作为一种教育项目从古代文稿中破茧而出。如果设立学校或是设立教育项目，所讲授的内容应当是人的自然属性与理想标准对于人的意义。菲奇诺直言不讳：我们本质上就是伟大的，我们被完美地创造出来并渴望回归完美，我们追求善良并力求发展。他称此为自然的欲望，这是合乎道义的哲学！确实如此！菲奇诺以及他周围的人认为：邪恶、暴力、腐败以及滥用权力是现实世界的一部分，但我们是为善而生，本质上我们想要的是值得尊重的东西，而嫉妒、贪婪、不和以及异见毁坏了我们的内在品质。在此之前二百年，佛罗伦萨伟大的诗人但丁·阿利吉耶里（Dante Alighieri）就对我们提出了忠告，他勇于穿越自己的死亡王国，直面自己的地狱，并重新找到爱。在文艺复兴时期，人们称颂但丁，重温他的作品，坚定对人的信仰。

我们目前所处的时代，有两件事是文艺复兴时期的人们根本无法理解的。第一件事就是我们称之为无意义的现代病。很久以前，奥古斯丁就体验过离群索居式的不适，是厌世与颓废穿越了吗？现代社会中的人们经常会有失落感，找不到生活的意义，失去奋斗的目标，现代小说常常描绘的也都是生活琐事，似乎在我们降生之前，前辈们已经替我们解决了所有的大事。这样的厌世与颓废状态会震撼文艺复兴时期的佛罗伦萨，他们无论如何也无法想象,对于人与人所处的世界,现代社会的人们竟然找不出有价值的东西需要人们来创造以推动世界的发展演进。第二件事是我们认为价值观是个人的隐私,即大家不再就基本观点进行辩论以达成一致。在文艺复兴时期,价值观被认为是人们生存的一部分,是每个个人可以感受、体验的东西,而不是有目的、有组织的学习小组宣传讨论的内容。目前,我们已经习惯于现代社会,放弃自我,只关心自己的财产但却不知道为什么。或者说我们很无聊,或者说我们面临着当今社会特有的道德危机。后现代知识分子认为,我们陷入了一场身份认同的危机之中,生命的意义正在消失、正在被撕裂,生活充满了焦虑和不满。看起来,我们生活的满意度绝不会与我们的收入正相关。但是,意义——生活与工作的目的是创造我们所相信的——通常与满意度高度正相关。对目的的承诺与激情:这才是人的本质。

那洛伦佐呢?在朱利亚诺被谋杀后,他一定审视过自己的过去,屈辱和仇恨之后的生命何以为继?洛伦佐无法逃避,只能独自承担自己历经的一切。通过他的诗歌,或许我们可以感受洛伦佐那时的心境。某天的清晨,在新购置的波焦阿卡亚诺别墅外,在美丽的风景中,洛伦佐遇到一位被羊群环绕的牧羊人,洛伦佐赞叹道:"您真幸福,您无忧无虑,与羊群为伴尽享自然,一定很快乐。"但收到的反馈会彻底破坏任何一位城市浪漫主义者郊游时的心情。牧羊人哼了一声:"幸运吗?我?您觉得这很容易吗?这样的日子您知道怎么过吗!"牧羊人的话,质朴但富于哲理,"……生活就像围城,每个人都认为别人更幸运,不论究竟如何,所有人都不满自己的命运……"企望他人的生活是不现实的,也是不理性的,我们更应当检视自己。一首著名的诗《至善》,为洛伦佐成功赢得了文艺复兴时期著名诗人的桂冠。他的诗常常充满悲伤,也经常描写易失的爱情。记忆不会消失，总有一些心灵上的波澜，时而充满希望，时而一无所有，爱情来来去去，但雁过终会留痕，历经生活淬炼的理想会更加强壮。洛伦佐的十四行诗显示出的是一个忧郁的灵魂——被自己、自己的幸福以及与他人的关系而困扰。沿着这个维度、这样的情感来剖析个人，伟大或许不复存在。洛伦佐的境界越来越高，他写作，探寻内在世界，成了一个热衷反思的人；

佛罗伦萨的柏拉图学会

保罗·奥斯卡·克里斯特勒、迈克尔·艾伦和亚瑟·菲尔德（Arthur Field）等研究人员都对柏拉图学会的非正常组织形式与非正式性特征发表过评论。但到底它是怎样的形式，现在依然是激烈辩论的话题。1492年，菲奇诺给德国的马丁·普林宁格写过一封信，信的标题是：他的朋友及其盟友的目录。他说他的目的是要回答一个经常被问及的问题，即究竟是哪些人组成了佛罗伦萨柏拉图学会。信的开头，首先他认可每个人的天才，并称其为自由门徒社团，他们以传统的真挚团结在人文主义文化旗帜下。然后他称赞了柏拉图和哲学。接着他说为避免信件太长，他不能为每个朋友单独撰写符合其个性的颂词，同时也为避免因忽略而可能产生的嫉妒，所以他只列出名字。最后，他将这些朋友分为三类，并写了以下内容：

• 美第奇绅士：科西莫，其子皮耶罗、乔瓦尼，然后是皮耶罗的儿子洛伦佐、朱利亚诺，然后是洛伦佐的三个儿子——皮耶罗、乔瓦尼和朱利亚诺。

• 核心成员：纳尔多·纳尔迪尼，佩莱格里诺·德利·阿格里，克里斯托弗诺·兰迪诺，莱昂·巴蒂斯塔·阿尔贝蒂，阿尔贝托，彼得罗·德·帕齐，贝内代托·阿科尔托·阿雷蒂诺，巴托洛梅奥·瓦莱里，安东尼奥·卡尼西亚诺，乔瓦尼·卡瓦尔康蒂，多梅尼科·加莱蒂，安东尼奥·卡尔代里诺，吉罗拉莫·罗西，亚美利哥，托马索·本齐，凯鲁比诺·夸夸利亚，安东尼奥·塞拉菲科，米歇尔·麦卡蒂，弗朗切斯科·班迪尼，洛伦佐·里皮，贝尔纳多·努蒂奥，巴乔乌·赫利诺，彼得罗福尼奥，安东尼奥·德利·阿他在寻找幸福,但不能确定幸福是否会降临。

柏拉图学会是哲学家菲奇诺和商人洛伦佐的主要社交圈。他们两人经常辩论并有各自回敬对方的方式,他们都富于诗人气质,有大量的信件往来。洛伦佐在大家眼中并不是个注重仪表的自负商人,也不是注重发型的哲学迷,更不是西装笔挺点石成金广受媒体追捧的明星。他是一位富于诗

格利,里卡多·德安吉亚里,巴托洛梅奥·普拉蒂纳,乌里维耶里·阿尔杜尼,塞巴斯蒂安娜·萨尔维诺,洛伦佐·布宁孔特里,贝内代托,比廖蒂,乔治·安东尼奥·韦斯普奇,乔瓦尼·巴蒂斯塔·布奥宁塞尼,德米特里奥·科斯坦蒂诺波利塔诺,乔瓦尼·维托里奥·索代里诺,安杰洛·波利齐亚诺,皮埃尔·莱昂·斯波莱蒂诺,皮科·德拉·米兰多拉。

• 成员(或学生):卡罗·马苏皮诺,五个彼得罗;尼禄,吉恰尔迪诺,索代里诺,康帕尼奥(朋友),帕伦特(亲戚),两个菲利普;威鲁尔和卡杜乔,四个乔瓦尼;卡纳西奥,内西奥,吉恰尔迪诺和罗萨托,四个贝尔纳多斯;维托雷,梅迪科(医生),卡尼西亚诺和米凯洛托,四个法兰西斯;柏林吉里,里米奇诺,卡多和彼得拉桑塔,亚美利哥科西尼,安东尼奥·兰弗雷迪尼,宾达乔达里卡索莱,阿拉曼诺·多纳蒂,尼科洛·米凯洛蒂,马泰奥·拉巴塔,亚历山德罗·德格利·阿尔比奇,福尔图娜·赫布雷奥,塞巴斯蒂安娜·普雷特(牧师),阿尼奥洛·卡杜奇,安德里亚·库西,亚历山德罗·博尔索,亚西奥·比比耶纳,弗朗切斯科·迪亚切托,尼科洛·瓦洛里。

菲奇诺总共提到80人,有了这封信,我们才有了佛罗伦萨柏拉图学会成员名单。柏拉图兄弟与家庭,这是他们对自己的称谓,他们以"祝福柏拉图"(salus in Platone)互相问候,柏拉图的精神永存。他们是商人、律师、修辞学家、政治家、哲学家、诗人、牧师、医生和音乐家。目前我们仍然不清楚他们是如何组织在一起,又是多久聚会一次。通过菲奇诺给欧洲各诸侯和牧师的信件,该学会形成的社交网络得以被了解,并为日后其他欧洲国家建立更正式的学院提供了灵感来源。

| POWER AND DIGNITY | 权力与尊严 |

人气质全情投入的赞助人。新柏拉图主义社交圈是一个松散的组织，成员之间有许多私下联系，形似俱乐部或是类似现在商人会馆之类的组织，具有相当规模以及深远影响力。其中都有哪些人呢？菲奇诺去世于 1499 年，在他去世的几年前，在写给德国的马丁·普林宁格（Martin Prenninger）的一封信中列出了 80 个人的名字。在这里，可以找到通才莱昂·巴蒂斯塔·阿尔伯蒂、语言学家诗人克里斯托弗罗·兰迪诺（Christofano Landino）、哲学家乔瓦尼·皮科·德拉·米兰多拉以及诗人阿格诺洛·波利齐亚诺（Angelo Poliziano）。如果想了解这个圈子的成就，让我们去罗马，去看看梵蒂冈博物馆收藏的拉斐尔的绘画，其中一幅巨幅壁画，描绘的是古代雅典的柏拉图学院——《雅典学院》，画中的人物形象有

雅典学院 拉斐尔
By the Yorck Project (2002) 10.000 Meisterwerke der Malerei (DVD-ROM), distributed by DIRECTMEDIA Publishing GmbH. ISBN: 3936122202., Public Domain

意被替换，柏拉图看起来像达·芬奇，而米开朗基罗取代了赫拉克利特，只有苏格拉底没人敢于冒犯。在这里，一个强烈的愿望跃然画面，即以古希腊哲学思想为蓝本，再造一个有关人类发展及思想演进的研究中心，并以此为平台，研讨人类社会发展最核心的问题。这就是洛伦佐和他的同伴们所做的事情，而柏拉图则是他们的大祭司或像是被众星环绕的生日男孩。新柏拉图学会成员每年都会在柏拉图的诞辰日聚集于卡雷吉，根据研讨会议程讨论柏拉图的著作。有一本柏拉图著作，描述了一个为期三天的重要哲学会议，会议期间讨论的是爱与情欲之神厄洛斯（Eros）和爱。事实上标题具有严重的误导性，研讨会其实是一场盛宴，但听起来却非常文雅且具有学术气质，研讨团体实则更应被称为"尊贵的饮酒团体"，书中的描述是这样的：在一场关于爱情的座谈会上，葡萄酒流淌，思绪荡漾。令人叹为观止的是有人将其全部记录了下来。与柏拉图著作描述的场景类似，美酒与美食不会缺席柏拉图学会的聚会，讨论对人类至关重要的主题，排在最前面的当然是爱、幸福及其含义，因为这代表着人类最高的情怀。

人们喜爱的古代传说为基本哲学观点的讨论、自我反思以及理想提供了佐证素材。柏拉图在其著作《理想国》的结尾，收录了这样一个神话故事，它从死亡哲学与心理学的角度出发，认为我们的今生遵从"内在指南针"的引领，人的决策过程遵循其指向，也就是说，我们所有人（包括领导人、政客和大多数人）的外在表象都与其息息相关。柏拉图的故事告诉我们，我们的出生实际是个"被点名"的过程。故事是这样的：一场激烈的战场厮杀结束了，一名叫尔（Er）的希腊士兵倒在战场上失去了生命的迹象，他的遗体将与其他同伴的遗体一起被焚烧，就在前一刻，他醒了过来，历经了极度不适的濒死体验，他生动地讲述了自己在漂浮状态中的经历。他声称自己能够看到灵魂如何被回收，随后又来到分派下一轮生命的地方。首先，所有被发往地球的灵魂被丢在一个角落，有一堆大小不同的石头随机摆放在每个灵魂面前，灵魂们自己做出随机的选择，就像是一次真实的抽签，事后谁也不要怪罪神。选择不同重量的石头，意味着灵魂的来世可以企及的成就，生命的轮盘赌意味着每个灵魂必须承受的担当，转动轮盘，箭头最后停留的位置就是灵魂们来世的"内容"。开始吧，每个灵魂只有一次机会！传令官告诉排队的灵魂们，可选项大大多于灵魂，先来者千万不必着急，后到者也不必灰心！无奈还是有灵魂就做了错误的选择。在贪婪的催促下，第一个灵魂选择做最强大的暴君，但他没有意识到暴君必须要承担的义务包括吃掉自己的孩子，随即他开始抱怨，充满了悔恨。另有许多灵魂抢先去选择金钱、权力以及影响力，但没有完整仔细地阅读整个职务说明书。尔解释说这就是为什么早逝、堕落常常与财富和权力为伴，并常常导致懊悔，但木已成舟悔之晚矣。因此，仔细阅读职务说明书上的小字是值得的！但尔的故事告诉我们令人兴奋的一面，即我们来到地球的每个人，基于我们是谁，我们适合做什么，都被分配了一项使命，有一份要执行的任务清单，为了避免这一切被忘记，有一套后台程序同时运行——一个陪伴我们地球之旅的灵魂——伴生灵魂守护着我们。现代的人们常常会将自己与另一个自我相混淆，终其一生都在寻找那个自我，这是一种误解，通常被称为中年危机。伴生灵魂寄居在我们内心，是我们自己内在的声音，在我们出生之前就已存在。至此，灵魂们的使命分配完毕，随行的"监军"也已整装待发，但在我们踏上新生的旅途之前，尚有一项流程必须完成，即所有灵魂都必须渡过莱斯河（Lethe）——健忘之河，灵魂们喝到酩酊大醉，所有的前世记忆都被河水冲走，唯有天生纯真以及守护进程的伴生灵魂在我们耳边窃窃私语，内心的声音时刻提示自己在地球上的形象与使命，但是我们并没有被告知正确的道路在哪里！可一旦我们走上错误道路，他会及时提出抗议，然后他醒来并昭示其存在，他承载着我们的命运，并确定最终的归宿。人的判断就是整个人生进程的判断。

这类神话在文艺复兴时期的佛罗伦萨备受关注，他们借此来比喻自己及其自己的团体。自我实现是指善于捕捉利用自己最完美的一面，我们每个人都有自己独特的潜能，开发自己的潜力是每个人的责任。一棵橡树早已在橡子中期待着破壳而出，这是个古老的概念。看，这就是生活本身。你不是要去塑造一个人，我们每个人的内心都有自己伟大的萌芽，培养它，他是你独有的，是属于你的特质。这听起来很神秘，但是完美地契合了柏拉图学会的观点。发现每个人内在的本我，理想就能实现。米开朗基罗是洛伦佐发现的天才，在美第奇宫受到良好的培养，受到柏拉图学会的熏陶，认同并在其艺术创作中采用了这样的思想：雕塑并没有想象的那么困难，你只需找出隐藏于大理石中的形体，然后将多余的石头去除掉就好，不会比这更困难多少。

以中世纪的欧洲为背景，一股生机勃勃的力量正在兴起，就像是冰雪尘封的大地下，一棵柔软的橡树嫩芽即将突破坚硬的橡果壳。那是由当时最著名最具影响力的群体聚集形成的力量。他们将历史上各个时期推崇的"理想"以及"好人"的标准加以总结，并以此为坐标来讨论评判不同的时代。他们发表各自的观点，认可自我认知与每个人内在拥有的、实现他们最大潜能的需求之间的差异，这与当代的思维方式大同小异。但是今天看来许多理所当然的理念与实践在那时并不被广泛认同。他们通过艺术、通过笔坚定持续地推动着社会的进步。为此，他们中的一些人甚至赌上了自己的生活。1489年，菲奇诺受到来自教皇的压力与指控，作为牧师的教育背景并没有为他带来多大帮助，更有甚者，菲奇诺的一位年轻朋友被认定为教会的敌人从而被开除了教籍。许多年轻才俊先后来到佛罗伦萨，他们与洛伦佐一起，终其一生推动社会变革，并在历史上留下了自己的印记。他们其中最杰出的知识分子之一，受到变革热潮的感召来到佛罗伦萨，他是一个年轻的麻烦制造者，受到洛伦佐的保护，并与洛伦佐成了亲密的志同道合的盟友，他就是贵族政治天才康科迪亚伯爵（Count of Concordia）乔瓦尼·皮科·米兰多拉。

皮科(Pico)受过良好教育，温文尔雅。皮科的卓越的学术背景几乎无人能敌，相比西方哲学家，他阅读研究的范围更深更广，甚至希伯来语和阿拉伯哲学也在皮科的兴趣范围之中。在他看来，不同哲学流派使用不同的哲学术语，但实际上都是在讨论解决相同的问题。于是，皮科试图将不同哲学流派统一起来，也就是说，首先要将西方哲学史的两位鼻祖柏拉图与亚里士多德的学说相融合。他是一个折中的思想家，总是寻求理论与真理的和谐统一。他认为许多思想都是好的思想，都在讲同一件事，都在讲善良，只是表达方式不同。这是个新奇的想法，非常令人振奋，皮科为此撰写了900篇有关希腊、希伯来、阿拉伯和拉丁语哲学家的论文，并向公众发出辩论邀请，许诺为每个参加的人提供旅行费用。这或许将是人类历史上首次不同的哲学流派与传统之间的全面对话。想象一下，假如它顺利举行，那将会是怎样一个会议！就像是回到古代的雅典，在卫城脚下，效仿古代先贤们自由辩论的方式，讨论权力机制、辩论真理与信仰！但问题是辩论的地点选在了罗马，那里坐着教皇，这是不会被允许的！果不其然，皮科收到了来自教皇的命令：取消辩论会，到教皇的办公室来一趟。那当然不是与教皇对话的邀请，皮科随即写下书面道歉并向北逃往法国，不幸还是被宗教裁判所抓获。于是，洛伦佐介入了。尽管不存在任何正式的组织形式，洛伦佐的左右还是聚集了众多的青年才俊和艺术家，他们的思想与艺术水准直追古哲先贤。洛伦佐的立场非常明确，希望教皇克制并撤销

皮科肖像 阿尔蒂西莫
By Cristofano dell'Altissimo - [1], Public Domain

惩罚。考虑到洛伦佐的影响力，为一个年轻的皮科而激怒他实在是得不偿失。于是皮科被释放，他随即前往佛罗伦萨投奔洛伦佐。就像是菲奇诺与洛伦佐祖父科西莫的关系一样，皮科也成了洛伦佐最亲密的忘年盟友。在这之前，皮科曾与菲奇诺见过面，并且非常巧，他们首次见面是在1484年的一天。那一天，也正是菲奇诺翻译完成全部柏拉图作品的一天，菲奇诺形容那是冥冥之中的安排，好似他自己的另一个自我来到他面前向自己致以敬意。皮科问菲奇诺，是否也可以翻译古代罗马新柏拉图主义者普罗提诺（Plotinus）的著作，多么似曾相识的问题，科西莫生前也这样问过菲奇诺。皮科与菲奇诺的关系如同拳击高手与其陪练，相互对抗，情同父子。皮科非常赞同亚里士多德的思想，而柏拉图作为亚里士多德的老师，自然十分赏识自己的学生，但是他们二者秉持的理念却完全相悖。投奔洛伦佐的皮科无疑给菲奇诺带来了巨大的思想与学术上的挑战。那是巨人之间的对垒。但对于皮科而言，无非就是重现文明创建的神话。

更准确地说，皮科依据自己的解读重新诠释了上帝造人的故事。文艺复兴时期思想家的共性是推崇人的自由与独立，蔑视传统。皮科遵循自己的理解，重新梳理解释上古流传的故事，对数百年来固化的宗教教条发起挑战。他的主要著作是一本小册子，但书名却令人肃然起敬——《论人的尊严》。它代表了文艺复兴时期的典型文风，华丽夸张。实际上，它是一篇未正式发表的演说稿，现在的标题是后人依据其内容加上去的，他本应在罗马举办的公开辩论会上据此发表演讲。其中记录了皮科大胆直白的"歪理邪说"，他宣称上帝并未处罚亚当，而是对亚当说："亚当，朕未赋予尔等特有之居、特有之形、特有之能，望尔等依己之愿，定己之居、己之形、己之能。尔之异类必尊朕规，唯尔等独享自由之意志、无限之疆域，创尔等独立之天地。"

皮科提出了挑战。他的论文实际上创立了人的自我实现理论，该理论从根本上否定了传统上有关上帝与人的关系，其核心思想是，人并不是依据特定形式创造的，人具有按照自由意志设计自己的能力，且享有无限的自由。依据他的理论，这是上帝在创造亚当时就定下的原则。亚当也确知此原则，确信个人拥有的创造力，无边界的创造力！任何外来的力量都不能限制人固有的、与生俱来的伟大。我们可以自欺欺人，也可以自责，但尊严是固有的、内在的。亚当和夏娃被诱惑吃下禁果从而使人类背负了原罪，他们被愤怒的上帝逐出伊甸园，这是我们熟知的创世纪中记录的故事。与皮科同时代的天才艺术家米开朗基罗将创世纪描绘在西斯廷小教堂的穹顶上，但他绘制的亚当并没有表现得惊慌失措，相反，米开朗基罗描绘的亚当是一位"得令而行"的亚当。对于皮科而言，人的自由并不仅仅是人处于宇宙的中心，人更是一种独立的存在。尊严并不一定产生于普遍性的要求或是人的中心地位，我们是否处于宇宙的中心也没那么重要，重要的是我们享有的自由，不受约束的自由，这才是我们真正应当庆贺、应当喜悦之所在！我们无拘无束寻求自我，就像天空是城市唯一的边界！但这也赋予了我们相应的责任。这一点，皮科非常清楚：我们有能力区分善与恶，我们可以退化为野兽，也可以进化为辉煌的物种，人有能力驾驭自然。所有这些都基于自由意志，人需要清晰地聚焦于自己的理想，履行自己的责任与义务，参与、耕耘自己所处的社会。

这种思维方式不是以定义明确的术语、丰富的论据和严密的演绎为依据。相反，它是富于修辞与诗意的。菲奇诺常常用太阳和光来表达完美。对于特定且专注的人，这并不是智力上的自我安慰，而是一种务实的导向，指引着荣耀以及对伟大的渴望。他们以实用的、富于诗意的，而非学术的方式寻求智慧。这种思维方式非但不独立于艺术、政治或商业，恰恰相反，它包括但不限于这些领域。他们誊写、整理古文，创造古体诗来迎合古风。他们享有自由，他们书写个人信件与书写论文一样严谨认真，他们书写的诗歌乃至书法非常美丽，如同绘画。每个时代都有各自对生活的体验与感动，无人超越，也无人可置于自身之外。在写给保罗·科尔蒂斯（Paolo Cortese）的一回封信中，阿格诺洛·波利齐亚诺道：有人对我说："您不会像西塞罗那样善于表达自己。可那又如何呢？我不是西塞罗，我要表达的是我自己。"基于这样的创作态度与激情，佛罗伦萨成了新文化的沃土。那时有很多诗人，但最重要的是佛罗伦萨的杰出人文主义者波利齐亚诺。他年纪轻轻就书写了傲人的履历，16岁时，他翻译了荷马史诗《伊利亚特》（The Iliad）第二部。后来，他成了洛伦佐最亲密的朋友。他是那时公认的古典文学权威之一。他师从文艺复兴时期欧洲意大利语言学家、诗人克里斯托弗罗·兰迪诺学习拉丁语，师从菲奇诺学习哲学，成了意大利最著名的诗人之一。在帕齐阴谋发生时，波利齐亚诺就在教堂，就在洛伦佐身边，并挺身而出保护洛伦佐。他与洛伦佐家庭的关系非常亲密，洛伦佐聘请他为孩子的私人老师。但这个职位对他来讲如同一场噩梦，因为他为此与洛伦佐的夫人争吵不休。洛伦佐的夫人是一位虔诚的基督徒，她希望自己的孩子们阅读《圣经》的经文，而波利齐亚诺却不停地教授很多古典文学作品，例如奥维德与荷马（Homer）的作品。最终，被激怒的洛伦佐夫人把他赶了出去。古希腊与古罗马的吸引力是如此之强大！

波利齐亚诺热爱经典文学，并以诗歌为生。当皮科、菲奇诺和哲学家们辩论深奥的哲学问题、讨论智力游戏时，他在花园里闲逛、读书、睡觉。但是他写诗！他写过许多爱情诗，其中涉及当时的许多著名人物，其中最著名的无疑是一部名为《斯坦兹》的作品，主角是朱利亚诺和西蒙妮塔·韦斯普奇，大意是两人相爱却又不能相互拥有。《斯坦兹》是情色诗，也是爱情诗，更是对渴望的沉思。爱是塑造人的第一要素，也是最重要的要素，同时也是连接个人与文明社会的基础。爱将人的潜能转化为人文主义力量，爱使我们自己得以升华，使我们超越自己形体存在。《斯坦兹》向波利齐亚诺所处的时代，即文艺复兴时期的佛罗伦萨致敬。它代表着新时代的呼声，代表着经历了黑暗的中世纪的欧洲对爱的呼声。无论是这座城市的荣耀，或是个人的勇气与胆识，都是这个时代的伟大，都值得为之喝彩！

在洛伦佐的引领下，佛罗伦萨的声誉上升到前所未有的高度。美第奇宫不仅仅在佛罗伦萨，而是成了整个欧洲的文化中心。它的大门为来来往往的天才们开放，它的主人热情好客。洛伦佐的身边环绕着欧洲顶级的知识分子、艺术家和商人。在这里，我们可以看到桑德拉·波提切利、马西里奥·菲奇诺、伯纳多·鲁切莱（Bernardo Rucellai）、菲利皮诺·利皮、阿格诺洛·波利齐亚诺、皮科·德拉·米兰多拉。餐桌就摆在那里，从来不设座牌，来宾们喜欢坐哪儿就坐哪儿。那会是怎样的晚餐、怎样的对话？全欧洲精英中的精英聚集一桌！佛罗伦萨充盈着富足与创造力，这是艺术与资本的携手，是证券交易所与大教堂的联合。政治、文化和经济进程相互交织，社会各阶层、各领域不谋而合，汇成滚滚潮流。的确如此！也正是这种历史的际遇，如此之多的东西在那短暂的时间内喷涌而出。佛罗伦萨的黄金时代以惊人的速度展开，而那个时代的成就在500年后的今天仍然令人钦佩。洛伦佐继承了祖父的遗存，并在此基础上继续前行，达到了新的高度。被羁绊于高加索山脉的悖逆者与慈善家普罗米修斯看到了希望，并对将要发生的一切翘首以盼。

不同领域相互启迪，创新成为潮流。多种形式的创意与创新纷纷涌现，协同效应随之更加突显，大量的新作品在极短的时间内得以问世，一个杰作催生另一个杰作。波利齐亚诺在《斯坦兹》中描述了美的诞生："……飘过波浪，被白色的泡沫包裹，斗转星移苍穹之下，海螺壳上托举着一位天外仙女，雅秀绝俗的容颜，爱与快乐的身姿，芙蓉出水冰清玉洁，任由嬉戏的海风吹到岸边，她的诞生为天堂带来欢喜……"这是诗，还是画？亦诗亦画。《维纳斯的诞生》由此诞生！与洛伦佐家庭关系密切的波提切利以自己的画笔画出了波利齐亚诺的《斯坦兹》。创意孕育着创意，创新孕育着创新，激起的涟漪在不同的领域碰撞交汇。波提切利画了波利齐亚诺的诗。

桑德罗·波提切利（Sandro Botticelli）的原名是亚历桑德罗·菲利佩皮（Alessandro Filipepi），波提切利（Botticelli）是他调皮的哥哥给他起的绰号，botticelli意大利语的意思是"小桶"，也许可以就此想象亚历桑德罗·菲利佩皮先生小时候的样子。色彩与光线的运用是波提切利绘画最重要的特色，他时而沉重时而轻松，借用物理系的术语，那是情绪的引力与失重。波提切利对柏拉图也有研究，他是洛伦佐圈子里的人，他常常在卡雷吉听他们的讨论。爱神维纳斯来到神圣的柏树之岛，果园女神若虫波莫纳前来保护她，为她带来衣服。注意到波莫纳身上的树枝叶吗？那是月桂树的枝叶，代表着洛伦佐。波提切利喜欢寓言，这在那个时期非常流行。维纳斯的诞生不仅仅是一幅奇幻的画作或一首诗，首先它体现的是菲奇诺的哲学观：爱，这个概念包含两个部分，感性的爱是维纳斯在尘世的孩子，而天堂的爱或是灵魂的爱，也就是柏拉图式的爱是维纳斯在天堂的孩子，在海里降生。许多学者认为，这就是波提切利绘制这幅画时所要表达的观点，是波提切利画笔下的柏拉图主义，也是文艺复兴时期哲学观的实践。波提切利具有令人难以置信的展现美的能力，维纳斯被描绘成一位典雅脱俗的完美女性，站在富于几何美感的扇贝壳上，既真实又虚幻，

春　波提切利
Public Domain

《春》——波提切利

波提切利最奇特、最有争议的作品无疑是《春》（*Primavera*）。由于画幅巨大，它在乌菲兹（Uffizi）美术馆的藏室中静静地待了100多年，直至1856年首次对公众展出。1931年，赖蒙德·范·玛丽（Raimond van Marie）说，对《春》的评论众说纷纭，很多说法都不准确。《春》从来都是艺术与历史评论的焦点，各种观点在很大程度上相互矛盾。也正是因为画幅巨大，内容丰富，个人观感完全取决于你关注的是什么，个人的感受与评论又会引起新的争论与解释，于是，《春》在不同人的眼里具有不同的含义。

既然《春》有不同的含义，让我们先解读其中一个：画的背景取自于人文主义者波利齐亚诺对维纳斯花园的赞美之歌——一个充满爱的小橘树林。在古代以及罗马时期，常常借助诗歌与艺术来标榜政治强人，而这些诗歌与艺术充满了古代神话与古老的寓言。波提切利的作品也是这样，与基督教的教义相呼应，但古代神话占据着主导地位。在画的中央略微靠后高出一点的位置，是爱神维纳斯，她的儿子阿莫尔（Amor）即丘比特（Cupidon，法语）漂浮在她的上方，蒙住双眼准备射出爱神之箭。但是这里的一切并不平静，右边蓝绿色翅膀的西风之神（Zephyr）被情欲所驱使，试图强行抓住克洛里斯（Chloris）欲图不轨，克洛里斯发现了他，面容充满焦虑，侧身试图挣脱，同时花朵从克洛里斯的嘴里生长出来，落在花园里另一个女人身上，因为西风之神的暧昧之情，克洛里斯变成了花神弗洛拉（Flora），转变就此开始。古罗马诗人奥维德（Ovid）曾经赞颂道，这是春天的开始，维纳斯的另一侧三位象征着典雅的美女翩翩起舞，以庆祝转变的开始，典雅之舞——一个背对着我们，两个面朝着我们，无论如何旋转，总是这样。如果乐于奉献，总会获得双重的回报。最左边是爱神维纳斯的使者水星（Mercury），他正在赶走乌云。波利齐亚诺的诗将他描绘成花园的保护者，因为没有了乌云，花园里拥有永恒的和平。风神捕获了克洛里斯，并将她变成花神为弗洛拉，而花神弗洛拉将春天带入了花园，春天来了，万恶都过去了，每个人都充满了快乐。

但是我们看到的是这个吗？1498 年，这幅画出现在洛伦佐·迪·皮埃尔弗朗西斯科·德·美第奇（Lorenzo di Pierfrancesco de Medici）的私人资产清单中，他是辉煌二世洛伦佐的堂弟，从小丧父并受到辉煌二世洛伦佐庇护，他们后来因为财产原因而产生了纠纷。在辉煌二世洛伦佐的安排下，洛伦佐·迪·皮埃尔弗朗西斯科·德·美第奇与塞米拉米德·达·皮亚诺（Semiramide d, Appiani）结婚。许多人认为，这是为加强与另一个强大家族的联系。据称《春》是送给他们的结婚礼物，是一幅纯真的色情画，是已婚夫妇卧室的常见主题！西风的羞愧以及克洛里斯的春的到来的喜悦，与此完全无关。一个世俗的视角不可能产生一个高尚的结果，与其如此，就让它挂在新婚夫妇的卧室吧。

注意花神弗洛拉，她的纱裙上布满月桂树的叶子，那是辉煌二世洛伦佐的象征。水星，即使者，类似于佛罗伦萨无可争议的领袖洛伦佐，众神的使者，与他在另一幅画作中的肖像非常像。有学者指出，画作与美第奇家族的联系并不仅限于此，挂在树上的橘子代表着美第奇家族徽章上的球"palle"。据称，维纳斯被描述为西蒙妮塔，朱利亚诺的情人，佛罗伦萨年纪轻轻就过世的美丽女人，但她依旧活在爱中。学者声称，就维纳斯而言，她是西蒙妮塔，也是洛伦佐的情人卢克雷齐娅·多纳提（Lucrezia Donati）。兄弟俩，即美第奇继承人，都垂涎禁果。爱神维纳斯象征着那些永远不能、无法或不应彼此拥有，但却彼此相爱的人。因此，爱神维纳斯的象征意义超越了爱本身，她变成了纯洁的化身。无论是在天堂还是在人间，维纳斯都是爱的象征。

就爱情而言，一种传统的解释是，这与柏拉图和灵魂的演进有关。菲奇诺坚持认为人天性善良，他们在佛罗伦萨讨论的问题在这幅画中有所体现，灵魂在演进——从西风的欲望，到优雅的情色，再到我们所看到的神圣。由水星充当使者，而爱神维纳斯作为灵魂归一的象征。诗歌、哲学和政治，波提切利的《春》是对洛伦佐社交圈与佛罗伦萨柏拉图学会的致敬吗？还是对文艺复兴的人文主义，或是对洛伦佐本人的致敬，或是向文化的黄金时代致敬，向佛罗伦萨的和平、繁花似锦和伟大的重生致敬？对此，学者们仍然持不同意见。

她看上去似乎是一位真实的女性，但又不那么真实。维纳斯的美揭示并突显了理想的两个原则：爱与光。当你站在这幅画前，请容许你的想象力、直觉和完美的直观体验驱逐所有的科学原则与学术逻辑，维纳斯没有质量，她是智力、情感以及爱的精神的幻影，无须科学层面的证据来证明它的存在，她并不遥远，她就在画中，她就在"你的脸上"。这就是当爱来临时的佛罗伦萨。

洛伦佐并不要成为艺术圈子的"统治者"，他也没有委托波提切利或达·芬奇作画，其实他更偏爱古董盒、珠宝、音乐和稀有书籍。或许正因如此，某些现代学者并不特别认可洛伦佐在艺术发展史上的地位，因为洛伦佐并不是文艺复兴时期伟大艺术品的直接赞助者。这恰恰说明了持此类观点的学者对于创意环境的浅薄理解。洛伦佐就像是"孵化器"，他所起的主要作用是服务、促进与推动，而非"统治者"或是"规则制定者"，就像他在政治领域发挥的作用一样。在这一点上，现代研究的发现更接近于事实。与他同时代的许多人都注意到洛伦佐如何支持和奖励杰出的艺术家。但他并没有特别偏爱某一所学校，也没有提倡特别的风格，更没有建造纪念碑，他的影响力来自他的促进作用和他的艺术观。聚焦于创造力，即创作的行为，而非单件艺术作品。人可以自我表达，而表达与创造发生于创造的过程之中。但依据传统教义，唯有上帝拥有创造能力，而人仅仅只有复制能力，且不能主导。洛伦佐被那个时代的人誉为梅塞纳斯（Maecenas）——罗马帝国奥古斯都大帝的朋友、诗人。Maecenas 的词根是"mesen"，梅塞纳斯是艺术赞助人、保护人，是站在维吉尔（Virgil，奥古斯都时代的罗马诗人）、贺拉斯（Horace，奥古斯都时期的著名诗人、批评家、翻译家）和普罗佩提乌斯（Propertius，奥古斯都时期的诗人）身后的人。不仅如此，他们还将洛伦佐与奥古斯都本人进行比较，奥古斯都皇帝创立了罗马盛世，他接管的是由砖头建造的罗马，留下的是大理石的城市。普罗米修斯会为此感到骄傲。

洛伦佐被尊为那个时期佛罗伦萨的"店老大"。他忙于耕耘，发展维护人际关系，修复间隙。达·芬奇带着自己的新发明——银制马头形七弦琴和洛伦佐热情洋溢的推荐信，被洛伦佐送到了米兰，此时米兰的伟大统治者正在为国事家事头痛不已，而来自佛罗伦萨的伟大发明家、艺术家为他平添了许多快乐。不仅如此，洛伦佐特别关注、发现有潜力的年轻才俊。米开朗基罗是他们中间最伟大的一位，也是为后续艺术家设定标准的一位。洛伦佐曾经在圣马可教堂边的花园中为年轻艺术家们建立了一所雕塑学校，年仅15岁的米开朗基罗来到这所学校学习。有一天，洛伦佐来到这里，在这个宝石矿脉里发现了这颗耀眼的钻石。米开朗基罗模仿古代雕像，雕琢了一座半人半羊的农牧神，非常传神，远超出其他同学的作品。洛伦佐认定少年米开朗基罗天资聪慧，若被精心雕琢，必成大器。于是立即向米开朗基罗的父亲修书一封，许诺为少年米开朗基罗提供最好的教育、最好的机会，以使这个男孩全力发展他的才能，并希望其父亲容许米开朗基罗能够全身心地投入学习。这是无人能够拒绝的机会。于是，少年米开朗基罗搬入了美第奇宫，有了自己专属的房间，享有与洛伦佐的孩子们同样的待遇。洛伦佐亲自督导了米开朗基罗的发展，他向小男孩展示他的收藏，并与小男孩讨论古代的艺术作品。米开朗基罗与当时最伟大的艺术家、哲学家们同桌用餐。仅凭这一点，洛伦佐即可留名青史。而对于米开朗基罗，美第奇宫的一切就如同是参天大树的根系。

作为"孵化器"的洛伦佐，他的作用绝不止于艺术。那些年的佛罗伦萨大学（Studio Fiorentino）历经了历史上最鼎盛的时期。充沛的资金为学校赢得了最优秀、最稀有的教学资源。这里当然包括洛伦佐的老朋

莱昂纳多的工作申请

洛伦佐鼓励许多有潜能的通才发挥其才干。文艺复兴时期很少有人像莱昂纳多·达·芬奇那样，拥有丰富的创造力和高超的技能，他的一生展现了一个宇宙天才的潜能，作为人，他充分发挥自己的能力。当他前往米兰时，他向米兰的统治者卢多维科·斯福尔扎公爵发送了一封奇妙的个人推荐信，其中列出了他可以为公爵大人制作的所有可能的项目。蒙娜丽莎（Mona Lisa）的画家几乎被新创意和新发明所淹没，他远远超越了他的时代，并没有机会享受其成果，直到几个世纪以后，他的一些想法才得以变成现实。以下是部分节选：

- 我可以建造非常坚固但轻巧的桥梁，且易于运输。
- 我可以制造实用、易于运输的大炮，可以用来发射石头，看起来就像是石头从天而降。
- 我可以制造有壳的战车，安全、不易被攻击，自带大炮可以穿越敌阵，消灭最强大的军队。
- 和平时期，我可以设计私人或公共建筑，使身在其中的您与其他人都会有完美的体验。
- 我可以用大理石、青铜或黏土进行雕塑，在绘画中我可以做任何人可以做的任何事。

——《莱昂纳多的发明》（转载自 ©Photo SCALA，佛罗伦萨）

友波利齐亚诺和年长的克里斯托弗罗·兰迪诺（文艺复兴时期欧洲著名的语言学家、诗人）。孙子继承了爷爷对古籍的偏爱。洛伦佐从欧洲各地大肆搜集采购古代手稿典籍，使得佛罗伦萨图书馆声名远播。据传，当时的佛罗伦萨大学是全欧洲唯一可以正确教授希腊语的地方。阿尔吉罗波洛斯（Johannes Argyropoulos，希腊语学者和医学教师）曾于1439年从君士坦丁堡来到佛罗伦萨，参加宗教盛会。在君士坦丁堡于1453年沦陷后，他又来到佛罗伦萨，在佛罗伦萨大学主讲希腊文学、亚里士多德哲学等。洛伦佐召集了世界上许多杰出人物，例如，德美特里·卡尔孔狄利斯（Demetrius Chalcondylas，著名的希腊语学者），他不仅与洛伦佐成了好朋友，还帮助菲奇诺翻译柏拉图的著作。同时，他将荷马史诗从希腊语译成拉丁语，并于洛伦佐如日中天的1488年印刷出版。佛罗伦萨大学成了未来人才的摇篮，弗朗切斯科·吉恰尔迪尼（意大利历史学家、政治家）就是其中之一。不同国家的学生们以朝圣的心情来到这里学习，并以此为傲。佛罗伦萨成了欧洲的学术中心。波利齐亚诺称颂道："哦，参天大树一样的洛伦佐，在您的庇护下，佛罗伦萨幸福安详，既不惧风，也不怕雨。"当然，御用诗人高官厚禄，其内心的喜悦必是由衷而发。

洛伦佐呕心沥血十二年，佛罗伦萨的光芒穿透了黑暗的中世纪的迷雾，照亮了欧洲大地。乃至今天的我们依然感叹那点燃于黑暗的中世纪的火炬，感叹其光辉依旧照耀着今天的我们。他被尊称为辉煌二世。那他的银行呢？是否也走向了伟大？如果以现代的股票报价和季度报告体制来衡量，要对这个问题做出肯定的回答并不容易。祖父传给洛伦佐的金融资产盘根错节，某些分支机构难以为继，可憎的罗马分行负责人又贷出了太多的钱，银行的资本金已被全部花光了。洛伦佐甚至动用共和国财政资金来资助其政治活动以及开支巨大的文化项目。15世纪末的金融危机确实席卷了所有银

哲学之旅止于友谊

佛罗伦萨新柏拉图主义的发展以不同利益的强大组合为基础。所有参与其中的人都充满激情，秉持严肃认真的态度。正因如此，他们讨论问题时常常会产生很多分歧。学者、艺术家和商人们围坐在洛伦佐的餐桌旁，在热烈的气氛中阐述自己的观点，他们不仅经常聚会，面对面地讨论问题，同时也有大量的书信往来，以漂亮的文笔论述自己的思想。虽然争辩激烈，可一旦意识错误在于自己，他们也会慷慨致歉。辩论、申述、致歉激烈且频繁。

菲奇诺作为哲学家，对于人的善良有着永无止境的探索，也曾经经历过与洛伦佐的摩擦。当权斗加剧，领袖磨刀霍霍，友谊自然要经受考验。菲奇诺因其在帕齐阴谋期间的信件而接受公开调查，他是在暗杀行动发生前与大主教以及敌视佛罗伦萨共和国的那不勒斯国王有联系的人之一，在其往来信件中，他恳求各方保持克制，担心权力会被滥用。这究竟是一位沉迷于柏拉图式爱的哲学家的幼稚观察，还是间接批评洛伦佐和朱利亚诺走得太远？信件的信息指向不同的方向。菲奇诺在《论爱》（*De Amore*）中写道，有两个洛伦佐，一位是绅士，深情、魅力十足，是诗人、外交官与政治家，主持正义。而男人的另一边总是很难看，傲慢、野心勃勃且易于冲动。菲奇诺必须与冷酷、凶残且专断的领袖洛伦佐保持联系，尽管他们之间的友谊受到了严峻考验，但终究他们仍然能团结一致。不开放心扉的朋友，特别是那些手握重权且沉默寡言的朋友，才是最危险之所在，洛伦佐显然不在此列。

无论如何，生活总得继续，友谊的纽带也要保持。年轻哲学家皮科曾在巴黎、博洛尼亚、费拉拉和帕多瓦学习，他的到来对菲奇诺构成了明显的威胁。皮科首次来到佛罗伦萨是在帕齐阴谋的第二年，那是佛罗伦萨的艰难时期，当时的洛伦佐正在努力扭转局势。很快，皮科就开始从哲学领域发起了对菲奇诺的批评，并随即将矛头指向菲奇诺个人，认为他不可靠。而菲奇诺却将他自己和皮科视为追求同一个目标的两个灵魂。皮科的挑衅从未停止，在学术讨论过程中，他不断地表达对老一辈学术大师菲奇诺的强烈反对，他们二人从未在哲学问题上达成过共识。皮科声称，灵魂只能被束缚在大地上，菲奇诺相信灵魂不死是"严重错误"。而菲奇诺通常则是攻击皮科对于诗歌与神学的肤浅认知。是皮科太过偏向于亚里士多德吗？皮科以他一贯的自由意志与人的自由的言辞来反驳所有的批评："我不受任何他人学说的束缚！"——一个有力且实用的辩词！当皮科在罗马的活动闯下大祸，洛伦佐以强力的斡旋保护了他，皮科随即来到佛罗伦萨避难。后来，年轻的皮科偷走了另一个男人的妻子，而菲奇诺却站在了他一边，这是超越个人观念的爱使然。也正是在友谊护佑下，爱与人文主义理想的哲学得以簇放。诗人波利齐亚诺的境遇也是一样，他与洛伦佐的妻子发生争执，被送往菲耶索莱（Fiesole），因为他用《荷马史诗》和奥维德替换了《圣经》，作为洛伦佐孩子的教科书。当洛伦佐前往那不勒斯期间，波利齐亚诺感到自己被抛弃，离开了佛罗伦萨。但是他们最终找回了彼此，在洛伦佐的邀请下，波利齐亚诺以无限的忠诚回到了佛罗伦萨。哲学家菲奇诺将波利齐亚诺称为年轻的荷马、缪斯女神的首席牧师赫拉克勒斯（Hercules）。无奈波利齐亚诺不仅毫不领情，而且还与皮科一起谋划如何彻底驳倒菲奇诺有关灵魂永生的论点。他们中的许多人彼此不同意对方的观点，但却相互照应。他们一起讨论、争辩，但及时结账，只有友谊的纽带永存。

洛伦佐于1492年去世后，他身边的许多朋友选择了隐退，但在一封日期标注为1494年8月的信中，皮科和波利齐亚诺写道，菲奇诺必须尽快到菲耶索莱的山区来拜访他们，他们炫耀优美风景与日光，并许诺有优质的红酒。同年秋天晚些时候，皮科和波利齐亚诺相继去世了，当时他们两人仍然都还年轻，且间隔仅两个月，距洛伦佐去世也仅仅两年。他们被安葬在佛罗伦萨的圣马可教堂，共享一个坟墓。菲奇诺在后来的文章中提到过皮科，说他是学生、朋友和自己的另一个自我。他们持不同的哲学观点，但终究是朋友。这就像是我们所说的柏拉图式的爱，就像是说爱一个人是可能的，因为这是普遍的美好的、是护佑的真实的、是永恒的不朽的。你是否渴望友谊与爱？菲奇诺声称这并不奇怪，因为那是我们最需要找寻的、最基础的东西，没有它我们就无法应对自己的人生，那也就不是我们想要的人生。因为没有友谊与爱的人生既不健康，也不明智，更会错过生命给予我们的最重要的东西。爱，或者说是所有事物共同具有的所有的善，诸如对自己孩子的爱，作为哲学学说，是很多人共享的想法。柏拉图说，真理是我们每个人都希望企及的东西，因为每个人都想超越自我的狭隘境界和对事物的片面认识。也正如毕达哥拉斯（Pythagoras）所言，友谊是所有哲学的最终归宿。

行，美第奇银行也并不是唯一一家陷入困境的银行。从另一个角度可以说，洛伦佐并没有在他祖父打下的基础上继续向前，做大做强其金融帝国。相反，他浪费了太多的资源，从而走到了破产的边缘。事实上，洛伦佐的故事应当被作为反面教材，他的画像应该被挂在所有商学院，以警醒富二代。但又有谁能抗拒这样的诱惑？好吧，洛伦佐本人干脆评论道："我认为我们支持和保护的是社会运行体系的杰出代表，所以这些钱用得其所。"总而言之，钱用得其所！这是现代董事会绝对无法接受的辩解，至少，其可行性报告中忽略了数百年后旅游业带来的收益。因此，洛伦佐必须被作为下一位领袖的祭品！

批评家在洛伦佐的时代就已经出现。当时就有信件与诗词批评洛伦佐权力过大，也有人说他正在永远终结共和国体制，安全和政治性的考量压制了自由与正义。当时的一位批评家、政治家兼作家阿拉曼诺·鲁努奇尼（Alamanno Rinuccini）写道，有了洛伦佐，自由就离开了这座城市，而暴君则取代了自由。文艺复兴时期最重要的政治思想家、历史学家弗朗切斯科·吉恰尔迪尼也评论说，在洛伦佐的领导下，佛罗伦萨正在走向专制，但他也得出以下结论："假如佛罗伦萨要选择暴君，他们找不到比洛伦佐·德·美第奇更好、更帅的人了。"作为这座城市文化与政治力量的代表、强大的幕后领袖，洛伦佐必须防备政变、时刻准备粉碎敌人，他有能力，敢于尝试并成就大事。听到他去世的消息，教皇感叹道："和平即将结束！"但教皇本人都不知道他的话所涉及的深度与广度。随着洛伦佐的去世，佛罗伦萨和意大利半岛进入了动荡不安的时代，权力斗争与地区冲突此起彼伏。许多人称赞他的政治能力，但其实那不是他真正伟大之所在。洛伦佐并不是要操纵幻象与巫术，或是躲在幕后精心策划权力斗争。他是一位商人、一位领袖，他很注重并努力找寻自己，穿越黑暗旨在找寻自己以及自己的伟大，这使得他超越了所有《时代周刊》的年度封面人物，也少了几分刻板僵化，更像是一个有血有肉的人。真正的伟大不存在于表层，如同随风而逝的水中镜像，日常的观察与判断浮于表面，伟大不在于此。伟大存在于自己的内心旅程，存在于努力超越自我的过程。环绕在他周围的人与他志同道合。

无论是作为一位领袖或是一位普通人，洛伦佐都是个谜，令人难以琢磨。我们这个浮躁的时代期待完美的领袖形象，但洛伦佐会使你非常失望。他表现出许多弱点，但同时他身上有许多吸引人的东西。1492年，他去世了，享年43岁，死于高尿酸血症。人们涌向圣洛伦佐教堂以表达敬意。流言随之兴起：一颗彗星划过苍穹；闪电击中大穹顶以至于大理石板跌落下来；狼群在田野里哀嚎。临终之际，他召见了皮科，表示他再也不能帮助其收集图书资料。洛伦佐在卡雷吉自己的别墅里走到了生命的尽头，柏拉图学会向生命的伟大致以最高的敬意。那栋古老的别墅也许萦绕着死亡的光环。

那是一个黄金时代，高贵华丽；是魅影变幻的时代，也是经济的废墟。洛伦佐的伟大不仅仅局限于他的成就，更在于他在短暂而忙碌的一生所获得的智慧。成就不是一切，找寻更高、更好的东西似乎同样重要。在卡雷吉的乡间别墅，洛伦佐和他的朋友们一直在生命中找寻更多的东西，他意识到某些东西，比他自己更大的东西。寻求最大的善不能离开领袖的行为，相反，它贯穿于领袖日常所做的一切。从各方面讲，洛伦佐都是一个真正的文艺复兴时期的人。他的人生充满希望、爱与悲伤、激情与自责——源于生理与心理的全部；他的内心从不平静，早逝弟弟的阴影、失败与胜利、希望与幻影，总在交替出现。他是一位内心受伤的新柏拉图主义者，外在需求、机遇与挫折的解决之道不在自身之外，就在于自身，而对于自身的忧虑，使他得以独善其身。或许那就是为什么他被尊称为辉煌二世。

推荐读物

1.Allen, Michael J.B.& Rees,V (Eds.) (2002) . *Marsilio FiciNo:His theology, his philosophy, his legacy.* Brill: Leiden. Exciting academic articles about Ficino's legacy and relevance in different fields.

2.Cassirer, E., Kristeller, P.O. & Ran dall Jr,J.H. (Eds.) (1956). *The Renaissance Philosophy of man.* Chicago: The University of Chicago Press. Selected translations of texts and philosophers of the Renaissance. Good introductions and explanations by recognized scholars.

3.Marsilio, F. (1980). *The Book of Life.* University of Dallas,Texas: Spring Publications, Inc. Ficino's original ideas about the body and the soul.

4.Mirandola, P. (1956). Introduction by Russell Kirk. Washington DC: Regnery Publishing, Inc. This is the speech that Pico della MirandoIa planned to give in Rome in 1486, and his Apologia and account from 1487.

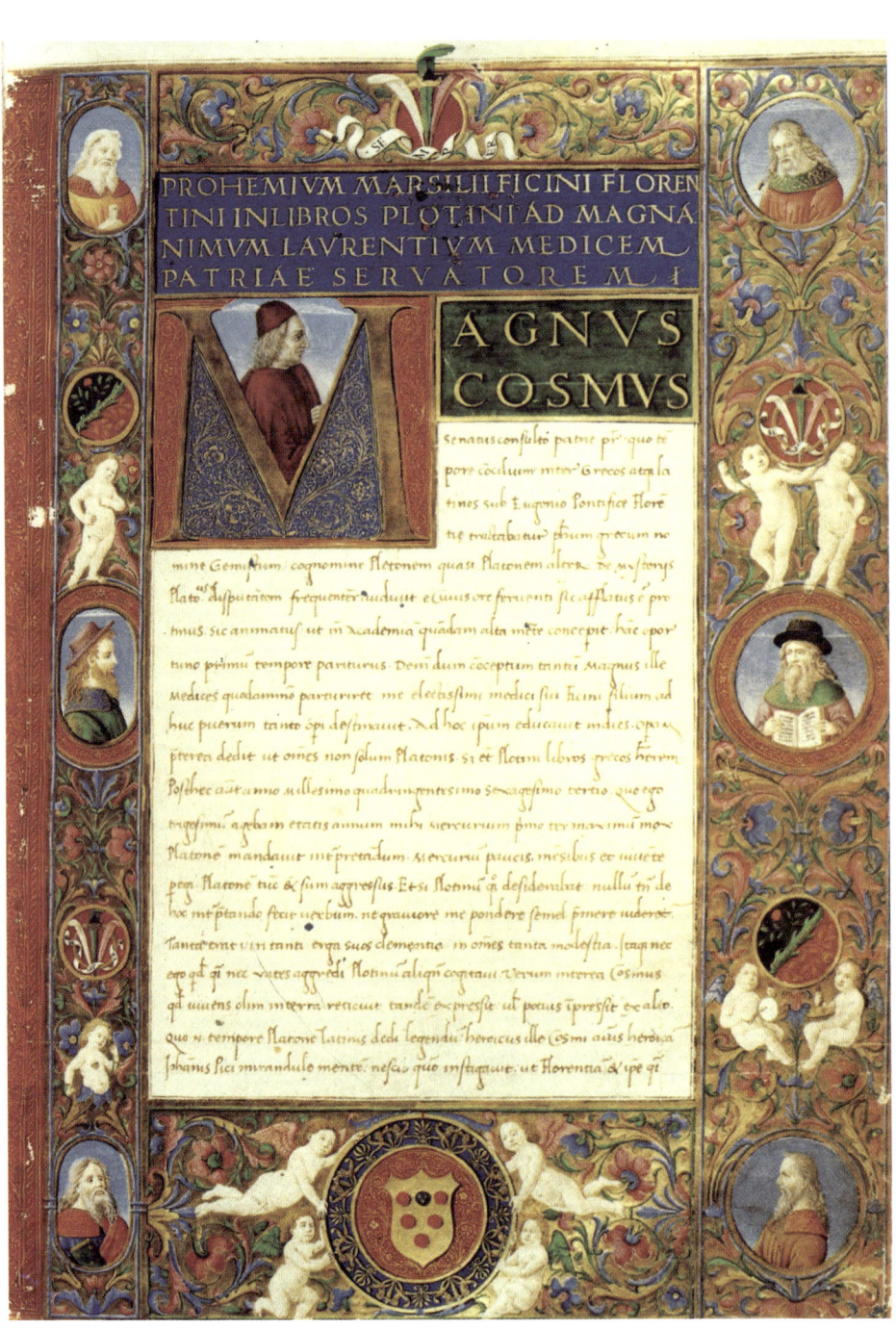

菲奇诺译作 15世纪出品 现存于佛罗伦萨洛伦佐图书馆
By Marsilio Ficino - 2d copy, Public Domain

第二部 声音
第五章 菲奇诺：赢在其魂

佛罗伦萨，1478 年 9 月

马西里奥·菲奇诺致亲爱的、尊贵的洛伦佐。
并以我全部的敬仰与尊重。

最可怕的事情发生在了我们身上！朱利亚诺被杀了，我们城市的光彩被蒙尘，洛伦佐，您也受到伤害且承受着巨大的压力。唉，深陷泥潭男人！

因此，在夏天来临之前，我伟大的保护者和监护人，我给您写下这封信。泪水从我的脸颊上流下，虽然未在纸上留痕，但直到现在，我内心的痛苦依旧非常强烈。这不是为我自己，而是因为您，我的好朋友，现在您的处境是多么艰难！我不由自主地提笔写下这封信，我善良的思绪萦绕着您，但却折磨着我，所以我要写，因为善良不会允许自己被邪恶所阻止，正如太阳的光辉终会刺破乌云。您还记得几年前您在比萨时我们的往来信件吗？您当时责怪我对您不理不睬。其实那时的我正经历着自己的一些麻烦，我的烦闷心情会使周围的人感到不快。事实就是这样，我们大家密切相关。亲爱的朋友，现在的您正处于艰难时期。

我写这封信，给身处困惑和绝望中的您，伟岸的洛伦佐。也许现在给您写信并不合时宜，因为这可能加重您的痛苦。因为和您一样，我知道怀疑本身就是欺骗的产物，没有人像您——我亲爱的朋友，那样渴求真相。真相本身就被爱所包裹，因为任何不诚实的人都无法发自内心地渴求真相，活在真相中就是要拥抱生活、欢迎生活。也只有这样才能努力向善，因为善良最终会战胜一切。而我亲爱的朋友，您现在是我们所有人的保护人。为此，我以真相的名义写信给您，出于对您的爱，最亲爱的洛伦佐，为真相，并以良好的意愿为前提。

我也准备了一封给教皇西克斯图斯的信，但不知道是否可以在不使所有的一切变得更糟的情况下发出。邪恶已经根深蒂固！领袖必须有能力驯服自己人性中恶的一面！所有的领袖都有自己内心的挣扎，普通人也是如此。作为知己，我帮不上太多，但可以与您分享我骨子里的想法。现在是我们求助于哲学的时候了。哲学，作为美丽女神，它明亮、清澈的光芒可以照亮我们暗淡了许久的心与灵。以前有人将她拒之门外，但是，您，我亲爱的洛伦佐，知道有人可以使她重登王座，您也知道，哲学是权力欲与邪恶唯一的救赎。

我亲爱的朋友，绝望中我同样写信给红衣主教里奥里奥：知识、尊严和正直可以驱除蔑视，纯真与人道可以弥合仇恨，慷慨的自由和行为的高尚可以缓和乃至消除嫉妒！我们都知道，当现实变得扑朔迷离、混沌模糊时，唯有清晰的哲学思维能帮助我们驱散迷雾。不要让糟糕的建议污了您的双耳。您要常常提示我们，真相比贪婪的暴君喜爱的贵重礼物更好、更受欢迎。对那些阿谀奉承的溢美之词应当充耳不闻，如同听到塞壬们诱惑水手的歌声。不要让愤怒征服你，在尊严与礼貌中保持谦卑。无须频繁开口，但一旦讲话，就是真话。宽厚待人，但不轻易承诺。既不轻信大家，也不轻易付出您的信任！暗杀事件之前，我为红衣主教提供过这些建议。现在是用哲学来捍卫我们自己的时候了。这就是为什么所有人都以期待的目光注视着您，伟岸的洛伦佐，你是哲学——美丽女神的终极保护者。

　　我试图自己说出来，但缺乏足够的力量，我要求里拉里奥远离阿谀奉承的小人。作为领袖须再三考证，因为心术不端的顾问甚至可以毁掉最好的青年。卑劣的忠告只会侵蚀并驻留在陷入困境中的灵魂。我警告他要保持警惕。至于教皇，此前他已被预先警示，出于纯粹的哲学缘故，我打算将我写的信寄给他。我很高兴地告诉您我打算对教皇说些什么：亲爱的西克斯图斯，您铸就了大错！您再次玷污了您纯洁的双手。我们亲爱的朱利亚诺——托斯卡纳的优雅与美丽、深情阳光与温暖的代表已经遭到毁坏。您怎么能做出这样的事？作为教皇，本质上应当是保护上帝的羊群，即使他们已误入歧途。对于您的追随者，您已失去了人性和同情心，从这个意义上讲，您也一定迷失了自己。在托斯卡纳的山野间，您试图寻找一只隐藏于虔诚的绵羊群中的野山羊。我可以向您保证，在这里您找不到这只山羊，因为那是您所害怕的邪恶本身！当我写下这段话时，我感到自己的愤怒，常常是导致最强大的人迷失自我的愤怒。所以我必须要求教皇您克制自己，就像我们所有人都必须做的那样。所以我会毫不犹豫地向教皇大声呼喊，而对于您，我亲爱的洛伦佐，同样的话，我只需在您耳边轻声细语：您是否想在各个方面都取得快速的胜利并获得圆满的结局？不要用战争征服人民，而是要征服战争本身！暴力已优先于智慧女神。唉，她经受了这么多的痛苦和伤害！但是洛伦佐是可以使她恢复荣誉的人，这一点我们确信无疑。因为没有人可以以您这样的天资敞开心扉，洛伦佐·德·美第奇：当我使用您的全名时，也是在提示着您，您所承载的遗产！记住您的祖父！

记住您的遗产！我亲爱的朋友，您了解过去他在我身边为我，现在我在您身边为您。值得信赖的顾问与真正的友谊从来都是来自领袖的祈祷。失去阳光，万物将不复存在！

那么，我亲爱的朋友、伟大的柏拉图主义者，您要走什么样的路？请允许我们重温有关柏拉图的对话。柏拉图在有关正义的对话的最后一本书中，讲述过一位潘菲利亚（Pamphylian）士兵尔（Er）的故事，您还记得吗？尔在战斗中受到重伤，十二天后，在自己的火葬前夕醒来。洛伦佐，让我们来回顾这个故事，正当其时。借此，我们可以寻求我们的朋友与指路明星柏拉图的帮助。但这次，我的重点不在占星术以及尔所描绘的美妙的灵魂永生的故事。我清楚地记得我们第一次谈论这个故事时，它给您留下了深刻的印象。因此，我不再重复故事本身，而是以哲学来诠释它。士兵尔误入来世十二天，他目睹了灵魂如何选择其来世，选择之前，生命的轮盘为我们所有人开放，我们都必须选择其中之一并终身与之为伴。灵魂就是这样选择自己来世的使命，也就是这样选择了自己来世的生活。尔谈到前世只经历过美好事物的灵魂更加容易做出错误的选择，因为他们还没有学会如何蔑视邪恶。而另一方面，那些遇到挫折、懂得如何欣赏生命的美好的灵魂，在做出选择时会非常的谨慎。阿伽门农（Agamemnon）的灵魂出于对人类的恐惧而选择了鹰，在焦躁不安与雄心勃勃的灵魂驱使下经历过苦难后的奥德修斯（Odysseus）最终选择了朴素宁静的简单生活。我们难以想象，即使是在这样的环节，为什么善良常常会误入歧途？那是因为他们没有邪恶的体验，从而对恐惧也没有足够的了解。所以，舍弃哲学意义上的明辨与奋争，当邪恶将自己包装成生活的礼物与诱惑降临时，善良将永远被抛在一边。同样，邪恶也可能唤醒人类的良知从而拒绝邪恶，特别是那些曾经受过伤害的灵魂，一定会毫不犹豫拒绝邪恶。暴力与恶行被不尽相同的方式抵抗,真正能够拒绝他们的是那些曾经直面过兽性的人,只有他们知道有更好的方法。

所以,是我们自己选择了自己的人生道路与生活。前世灵魂首先做出选择,随后,命运将其密封。所以,亲爱的洛伦佐,我们的命运都已注定,包括您的伟大与辉煌。士兵尔也说明了没有灵魂会感到失望,因为每个人都会得到一种满意的生命状态,可选项远远多于待选的灵魂。每一个生命都有灵魂,包括所有生物、动物与人类。所有这些个体在整体上都有自己的地位,唯独人很特别。我们已经明了我们在宇宙中的独特地位,并且知道我们不会满足于平凡。选择投胎为人的灵魂都旨在伟大,且以那些未能善用机遇的灵魂为耻!人非为平凡而生!我们所有人都拥有各自的伟大目标去追寻,我们生来就是要成就一些特别的、需要我们成就的事情。万物的显现总有其固有的形式,就像亚里士多德描述的那样:橡子必定孕育着橡树。您内心中的伟大或迟或早将成就伟大的您,想象一下,伟岸的洛伦佐!没有小事可以大到足以成就人的伟大。因此,与人相伴的责任大于任何其他生物。对于您,那意味着什么?扮演洛伦佐·德·美第奇是一种责任,在于您的伟大。那么,您灵魂的真髓是什么?您的使命又是什么?

最近,针对这个故事,我考虑了很多,以便理解您目前的状态。亲爱的洛伦佐,您是雄壮立体的,绝不仅仅是投射在地面上的一个影子!您的生命处于休眠状态,但您的灵魂却渴望着伟大,不要低头注视您的影子,要抬头眺望远方!您的快乐取决于您再次找回您自己,只有做自己的主人,才能掌控时局并为民做主。也就是说,我们必须首先掌控我们自己。因为即使我们的生活是趋于特定的目的,也时常被忘却。士兵尔描述了自己回归的过程,在前往地球的途中,灵魂们在莱斯河谷的低地上过夜,地狱中的健忘之河被躁动的灵魂所包围,他们喝下河水。唉,其中有些人喝得太多！从而导致了健忘、漠视与冷漠。总之，我们是在忘却的基础上出生的，几乎没有自己前世的记忆，我们就这样轻易地游离了自己，忘记了自己！就像《奥德赛》（*Odyssey*）中的食莲花者那样，食用了危险的健忘果的友好灵魂替代了船员的灵魂，使他们完全忘却了旅行的目的。同样，徒劳无功的琐事会陨灭我们于健忘之中。尽管如此，希望仍存。士兵尔还告诉我们，一旦选定了来世，就会有一个后台守护程序，或者叫作守护神，类似于陪伴者或是向导来引导、看护您的行为，拟人化守护神——区别于其他个体的精神与德行就是我们所说的命运！您注定拥有某些特别的东西，如果您要走好自己的路，那么必须听从您自己内在的声音，因为最终要靠您自己来自我实现，即赢得自己。您自身携带着生命奥秘的答案，那就是您内在的声音。我最深切的希望就是您重新发现您内在的伟大。我们被塑造成人以成就我们可以成就的一切，从而成就了我们内在的最好的东西。

那么，绝望之中的您应当关注什么呢？沉思会使您回归平和，在那里，您将重新发现自我。必须使灵魂超越身体以及所有外界事物，使之回归原始状态，以找回自己的尊严。这样，对邪恶的恐惧以及命运的随机性就不会伤害到您，我的朋友。如果要释放自我的潜能，首先必须要找到自我！节制与镇定是领袖给予自己的礼物——当需要压制、驱离邪恶时。士兵尔曾告诉过我们，那是明智的灵魂做出的选择。所以，您应该前往何方去忠告？回归！如果您想洞察人性，请回归天性，遵从直觉找寻完美，您将缓缓驶向安全的港湾！您将在自然状态中，在您自己的本真中找到答案，我亲爱的朋友。想象一下您自己的魅力与优雅！漫步于柏树和橄榄树的丛林，阳光在您眼睛中嬉戏，驱逐了阴影，如同您在找寻自然之美，而您也将再次找回您自己，真相也会在那里，对生命的热爱也在那里，我们亲爱的柏拉图的伟大保护人。永远不要忘记爱的力量——当您趋于自己的人格与魅力时，美是爱的客观显现。于是，您将拥有创造与宏伟的力量，亲爱的洛伦佐·德·美第奇，那时，您就是真实的自我。

尊严与尊重属于领袖，但一旦当权力变得邪恶，它们便随之灰飞烟灭！当邪恶显露出其丑陋面容时，爱也随之暗淡，而没有了爱，任何人都将无法生存，没有了爱，任何人也无法与自身共存。从而，您必须首先爱您自己，您才能感受到爱，只有再次学会了爱自己，您才能爱别人。真相于此，我的朋友，这不言而喻。同样的原则也适用于领袖的个人事务、家庭事务以及公共事务。因为即便是领袖，他们也无法掩饰对于权力的欲望、个人的愤怒以及贪婪。但只要能够控制恶的一面，我们就会渐渐驶出狂暴与叛逆的海洋。记住，洛伦佐，这场战役既是对自我的战役，也是对自我之外的战役，且同等重要！这就是真相，您所爱的真相。忘却自我或是外部环境会导致我们被自我的狂暴所驱动，被波涛汹涌的海洋所包围，被狂风、海浪和暴风雨所抛弃，所有这些都是由我们恶的一面所造就。只有培育自己善的一面，我们才能寄希望于阳光与美，驱除多刺的荆棘和我们体内的兽性与毒龙。没有人比您懂得更多，用您所拥有的智慧，赢得您最大的胜利。

领导力对于灵魂的健康有特别的要求，因为责任是一副沉重的重担。正如我们经常讨论的，人处于宇宙中心的关键位置。因此，亲爱的洛伦佐，我们还必须肩负起这个世界。财富本身从未使任何人幸福，这一点您是知道的！您可以从空洞华丽的言辞发现正确的东西，而强权人物则不断地炫耀自己，谈论他们的财富以及所购买的财产，希望借此来确保他们的声望、尊贵或幸福。但我们知道，亲爱的朋友，这不是正路。越是炫耀，就越会加剧他们的不安，并越加显示出他们的弱点。财富、资产、黄金以及漂亮的衣服、华丽影像，所有这些都可能致使灵魂快速误入歧途。将真相置于华丽的宫殿之中并不会产生更大的价值，相反，纯粹的真相更易在质朴而简洁居所找到最好的安息之处。盛大仪式、富丽堂皇、奢华富贵可以掩盖自然流露的真相。我发现这不仅是很奇怪，而且是愚蠢至极的直接证据。我们给兽性——身体，过量喂食，因为它总是祈求更多，而人自己——灵魂，则因饥饿与营养不良而消亡。我们为那些忘记了自己责任的人感到羞耻，为那些胃口不断膨胀而头脑却趋于荒芜的人感到羞耻。本质上，我们是最伟大的，您，我亲爱的，是为伟大而生。您的天赋无可争辩，但且不要以为那是由您而来！您拥有它们，但是它们应当被用来给他人带来欢乐，而不仅仅是您自己。因为它们不是来自您本人，它们被送给了您，您必须将自己的创作作为礼物予以回赠。

我们必须为自己承担责任，洛伦佐。在这个意义上，我们是孤独的。但是，作为一个灵魂的存在，您并不孤单，我们可以看到您。请允许您的祖父科西莫拥抱悲伤中的您，他深深地爱着您。您知道他是如何努力地寻找幸福、追寻幸福、渴望幸福。他依靠智慧来感受幸福。我与您亲爱的祖父曾经经常讨论幸福的话题，我希望以此作为您的救赎，以此结束，我以真相的名义，也以爱的名义。据说只有祈祷很多礼物的人才幸福，可是，只有当这些礼物发挥作用，并使得拥有者受益时，他们才会真正感到幸福。这就是使用的价值，拥有但不使其体现使用价值不会使任何人感到幸福。但仅仅使用本身也是不够的，因为在使用这些礼物时可能会出错，进而对所有者造成的伤害大于帮助。所以，如果必须将使用价值与所有权相结合，则我们必须引入明智的使用功效。唯有智慧才能确保如此。在艺术领域，这一点特别明显，唯有天资聪慧的人才能理解工具的正确用途。与此相对，只有智慧才能确保正确使用财富、健康、美丽、力量以及与美好事物相关的一切。不善于运用手头工具的人会造成更大的伤害，他拥有的工具越多、功效越大，可能造成的伤害也就越大。的确，一个无知的灵魂做得越少，他造成的伤害也就越小。

更少的伤害对于这个人意味着更少的不快乐。因此，我们感知的这些良好品性无一是良好的，因为一旦它们被无知与愚昧所支配，他们甚至比其对立面更糟。它们是邪恶领袖制造暴行的主要源泉。智慧是唯一天生固有的善，正如无知本身就是固有的恶。让智慧成为您的救赎，伟岸的洛伦佐，让您的祖父以其全心的爱意拥抱您。

振作起来，亲爱的洛伦佐，骄傲而坚定地站在托斯卡纳的土地上。不要惧怕让同情心和人性来主导您的选择。那些以言行拒绝爱的人，只有躲藏在坚硬的面具后面以掩盖自己的无能。我亲爱的朋友，您比这些人伟大，您是我们统一力量的代表。对人类的积极观点始于对自身和谐的观点。我们所有人都需要认可，但是在自我认可之前不可能认可他人。恐惧和权力的渴望已经横行了很长时间！只有您可以终结它，伟岸的洛伦佐，也务请照顾好您自己，亲爱的朋友。不要让别人的缺点破坏了您的生活。成为我们曾经认识的您，您一定行。

佛罗伦萨，1489年10月

马西里奥·菲奇诺致乔瓦尼·皮科·德拉·米兰多拉。
诚挚祝愿我们的青年奇才。

　　无可避免，他年轻的导师们将与之辩论。亲爱的朋友，让我们现在再次检验我们的差异。这非但未使我感到沮丧，相反我为之振奋。因为联合会使我们更加坚强，即使我们彼此有不同意见。我非常急迫地给您写信，因为我们的谈话非常具有启发性，以至于现在的我无法抑制自己兴奋的心情，我们是新的雅典！想想看波利齐亚诺那无与伦比的诗歌，再想想我们亲爱的波提切利，毫无疑问，他的画笔完美地诠释了美与爱，使得人们的想象力相形见绌！这就是理想！因此，艺术将个人与永恒相关联并证明了诗歌的力量。熠熠生辉的皮科，斯多葛派学者是错误的：让我们顺从天性对生命的欲望，在时代阳光的照耀下嬉戏。苍天护佑着我们，俯瞰着我们，唯有对善的趋向得以嘉许！这不同于宁静、舒适与明朗，我们与万里无云的天空失之交臂，但太阳的闪耀永远是那么的清澈！我爽朗的朋友，现在阳光明媚，让我们赞美生命的美好和欢乐，因为您就是您自己的太阳！自从您归来，我一直在欣赏您带刺的言辞与充沛的活力。我已经写完一本养身的书，我本可以留给自己，因为如果没了健康，一切都将无济于事！我期望着您擅长的批评与斧正。

　　可爱的年轻人，您很勇敢，也非常珍视自由！剔除万物纷繁的相互依存关系，您将人定位为一种独立的力量，这是对人享有的自由的新生敬意。您对权威的蔑视是人类自由地遵循自己的思想和行为的范例，但这并非没有方向！我担心您过于重视意愿，而对理想的关注度不够，正是对生命的渴望以及对善良的热爱使我们的目光投向光明，远离黑暗。人需要正确的方向以赢得自己！我的好朋友，在这一点上我们是一致的。祝福您富于诗意的哲学，相比于那些不能完全放下自我的学者，您想得更深、看得更远。在自负的背后，是他们自己的不安全感。您是知道的，我支持您为探求真理所做的一切努力。您对生命美德的感受同样也赋予我生命，这具有感染力！您走自己的路，您激励了我！您的机智和勇气展示了生命的追求，这也影响着我，我对此感到高兴。我们方法各异，但是正如您所说，真理的目标是相同的。荣耀归于您的思考，我的朋友，我敬佩您的决心。哲学并不无聊，也不仅仅是纸上谈兵，它是生命的赐予！亲爱的朋友，您的思想赋予我们所有人以生命。

您真是个奇才！但是，如果您真的相信灵魂会随着身体的死亡而死亡，那您将犯下严重的错误。永恒的真理与人类灵魂固有的美绝不会容许自己被世俗的肉体与血液禁锢于黑暗。这里您犯了致命的错误！只要有呼吸，人就不会死。亲爱的皮科，您的回答展示出对真理的永恒的爱：您多次声明他人的学说与真理并不能代表您，而您会依据真理的统一性来自由选择您自己的道路。对此，我们完全一致，我亲爱的朋友。如果要探寻真理，则必须考量所有理论和想法，尽管他们不尽相同，但他们仍然是真理在同一事物或是在善意观念的不同侧面。我们灵魂最核心的精髓在这一点上趋同。真理是我永恒的朋友，灵魂也是。为了理解其深度，您必须具有足够的想象力，对于您，这不是障碍！哲学被赋能，并不是通过系统与演绎，而是通过使人们认识到他们意味着某种东西，并有可能朝着完美的方向演进！灵魂当然明了这一点。它可以实现完美，因为它起源于完美，它不受身体的束缚，也不比您的思想更受束缚！因此，死亡不再是可怕的事情，对死亡的恐惧使我们开始了超越自身的思考。

还记得我们上次讨论但丁的时候吗？您强调了一个事实，即《神曲》的三大部分，地狱、炼狱与天堂均以"群星"来结尾。看，那就是我们不断回到的永恒之点。某些东西是永恒的，如但丁说，正是爱本身才能推动太阳和群星。在此领域您所做的努力非常富于想象力，您的演讲使我振奋，令我愉悦！亲爱的朋友，您必须更加努力！不要放弃！我们就是我们，我们的本意也并非要放弃在琐碎、日常事务上的机会，也不是要让我们的才华成为他人荣耀祭坛上的祭品。顺从您的星辰，这是但丁挚爱的老师布鲁内托（Brunetto）在地狱遇到但丁时所给予的忠告。让我来为您提供同样的服务，皮科，我对您的爱是基于此：您努力成为真实的自己，并找寻真理的统一与至高的善，我为您感到骄傲。我向您绮年的志向与对真理的追寻致敬，即使因为您的坚强而误解了我对您的爱，因为我们在寻求善的方面分享着共同的永恒的东西。亲爱的皮科，即使我们的身体寿终正寝，它也会继续下去！如果我们每个人都成为内在的最伟大、最美丽的人，那是可以肯定的，灵魂无疑就是人自己，而身体仅仅是自己的影子。

亲爱的朋友，我清楚地记得我们的第一次见面，您在一个特别的日子来到佛罗伦萨，那一天，我完成了所有柏拉图著作的翻译。就在我们见面之后，您就向我询问他——我们亲爱的共同朋友柏拉图。从那一刻起，论年纪，您就像是我的儿子；论友谊，您就像是我的兄弟；论爱，您就像是我自己的一部分。我们的讨论绝不可能破坏我们之间真正的友谊。我的内心充满了幸福！您知道，成为某些事物的一部分的那种真实感觉，那种对朋友的思念以及被他们所代表的幸福。人与人之间的联系就是爱本身。我们应培植它，因为它所包含的东西大于人类个体。即使是已知几个人分享真正的爱、共享牢固而健康的纽带，那也证明了爱与善源远比我们自己更大。亲爱的兄弟，我们将奋争。美处于以他人的目光凝视自己，爱知道我们分享相同的视角，因为我们同在一个旅程。设想一下某些人是多么的孤独与多疑，他们相信世界是孤独的，被非难所环绕，那些不信任他人的人首先伤害了他们自己，他们吝啬赋予他人以快乐，从而自己也无从享用。但是，如果您拒绝这些东西，他们也就无法伤害您。成长基于我们互相信任、相互启发的信念。

个人的完美之处可以共享，因为有共同的起源。善可以被甄别，因为它是永恒的。对于那些苦苦奋争的人，共同的纽带是自然，同样因为源头相同。这就是为什么友谊之船坚固，柏拉图之爱永恒。我希望您能够理解，这意味着灵魂中的某些东西可以幸免于身体的罹难，因为爱为之提供了庇护所。我离开罗马后并没有思念流亡中的您，因为您的思想与我同在，希望您能明白我所说的意思，亲爱的兄弟。另一种选择是，让身体消亡以展示灵魂的不朽，但我会等待直到我可以证明我是正确的，我的好朋友。也许我必须以死来证明你有关灵魂的观点是错误的，皮科，但也许我那苍老的肉体不足为此而献祭，但请记住，我灵魂的伴侣，我们不必因为争执和分歧而感到恐惧，因为对于人永恒的潜在的爱，我们共同的纽带存在着另一个基础，无论对自己还是对他人，直到我们再次说起，我亲爱的皮科。

POWER AND DIGNITY | 权力与尊严

卡雷吉，1492 年 4 月

马西里奥·菲奇诺致他的朋友、杰出的乔瓦尼·卡瓦尔坎蒂（Giovanni Cavalcanti）。

以所有的敬重致以最良好的祝愿。

亲爱的朋友，我必须请您原谅我不合礼仪的问候。此时的我悲痛欲绝，杰出的洛伦佐·德·美第奇安息了。天色已晚，我无法入眠，光线很弱，但我必须写下我内心的感受。如您所知，我将柏拉图的神学献给了洛伦佐，他拥有一个怎样的灵魂！就像我明确地记述过的那样，他将哲学研究与最高公权力的执行相结合。他天生具有宏大视野，对人生意义与人的定位有清醒的认识。同时，他也会努力抑制自己不恰当的一面，是的，甚至是他自己的外表。他真的好厉害！就像是古代的领袖，也和许多英雄一样，有时，他会发现身处自己造成的疾风暴雨与惊涛骇浪之中，被愤怒的风雨雷电所抛弃，而所有的这一切都源自他自己个性中不恰当的一面。洛伦佐是纵横捭阖的外交官，是才华横溢的诗人，也是慷慨的艺术赞助人。就像是我曾经写信告诉过他的那样，在他身上，总是同时存在着两个人，一个拥有美的灵魂，是个可爱的人，他崇尚善并爱周围的人。洛伦佐竭尽所能，给予三位女神应有之所得：维纳斯的诗歌和艺术、朱诺（Juno）的力量和操控以及密涅瓦（Minerva）本人的智慧等。而另一个拥有邪恶的灵魂，是领袖身上恶的一面，特别是对于权力与野心、毅力与狡诈。蛇的毒液可以破坏最好的原则，邪恶可以摧毁我们内在的最美的东西，荆棘多刺的森林里遍布野兽与毒蛇。当其不恰当的一面占据了优势地位，洛伦佐的生活便是如此。我曾经为此给他写过一封信，他并未因此而疏远我。

亲爱的乔瓦尼，我知道善是存在的，但我很难从现在发生的事情中找到它。难以克服的悲伤就像阴沉的乌云和寒冷的风，使我倍感压抑。对于我，洛伦佐的逝世带来的是双重打击，那是因为这勾起我对科西莫去世时的悲痛之感。唉，我是多么想念那位老人！他的内心从未平静；他从未有机会在专注于幸福的沉思中获得休息。他经常邀请我去见他，我们讨论内在固有的幸福与智慧，以及对它们的追求。我为他效力，乔瓦尼，想象一下！在俄耳普斯七弦琴的陪伴下，吟诵赞美诗，优美的旋律与诗歌使我们的理念比其他任何事物更接近于永恒。唉，我是多么想念他！我会永远铭记他们，亲爱的乔瓦尼，因为他们二位都将艺术和音乐融入了他们的心与灵。我向洛伦佐和科西莫致以我最高的敬意，为他们明亮的视野、遐听远闻的嗅觉以及清澈的思维。

我担心百年之后的人们会误解洛伦佐，也担心后世的学者会视他为暴君或是专制君主而忽略了探究他的灵魂。亲爱的乔瓦尼，您知道洛伦佐和科西莫是为什么而战吗？您知道他们的思想深度吗？让我来告诉您，我最亲密的朋友。我们讨论最多的神话是普罗米修斯的传说。您也许会记得，有一次我们讨论时您也在场。您已不再是我的学生，但请暂且原谅，首先我需要提供相关指导，以便您明了故事背景。正如柏拉图在与普罗塔哥拉斯（Protagoras）讨论人类特征时解释的那样，普罗米修斯的故事突显了人在宇宙中的核心地位。普罗米修斯是一位泰坦巨人，在神的世界，他站在人的一边，出于对人类的同情，他从众神的居所奥林匹斯山上盗取了象征着理性与创造力的火送给了人类。因此，在希腊神话中，普罗米修斯等同于人的创造者和最高保护者，是我们的守护天使！普罗米修斯是一位叛逆者，他勇敢地面对古老的众神，并且，出于对人类的爱而挺身保护我们，他盗取的火给我们以光明，使我们拥有了主宰自然的力量。但是众神之神宙斯要惩罚他，于是，普罗米修斯被绑在高加索山的岩石上，白天，一只神鹰吞噬他的肝脏，晚上肝脏生长复原，周而复始。这是普罗米修斯与宙斯之间的战斗，但源起人类。宙斯是因为什么而惩罚普罗米修斯？宙斯惧怕的到底是什么？宙斯坚持认为，理性和机敏必须与尊严和正义为伴，失去这一基础，人类将会在权力和创造的欲望中迷失方向。乔瓦尼，想必到此您已后背发凉不寒而栗。普罗米修斯必须为人类而承担无尽的痛苦，这又是为什么？我担心我们将永远无法摆脱普罗米修斯的神话，即永远无法解救普罗米修斯。我相信这个故事将在我们身后长久地作祟于人类的文明进程，因为这关乎我们如何运用我们拥有的能力，我们是否可以将其置于智慧与良好的理想之上。这则神话直击核心，洛伦佐深以为然！它是我们曾经多次深入探讨的主题！普罗米修斯是传统权威的反叛者，他为我们的自由而战。但是，不断折磨着他的到底又是什么？老鹰的折磨使得普罗米修斯处于苦难之中，因为只有自由本身是不够的！没有羞耻感与正义感，人将无法拥有与自由相伴的尊严。如果我们要纪念普罗米修斯，我们就必须铭记这一点！我亲爱的朋友，我们自身的行为是否基于良好的意愿？我们自身应当时刻被这一根本问题所质疑、所拷问、所折磨！事实上，折磨我们和泰坦巨人的是质疑，质疑我们继承与掌握的自由和理性是否具有足够的品质！我们是否赢得了真正的自由与理性？仅有机智或是能力是不够的，我们还必须努力向善！我亲爱的乔瓦尼，此时的我潸然泪下，因为洛伦佐本人比你我更加接近于普罗米修斯。质疑同样造就了洛伦佐的伟大，他像是泰坦巨人，与自己作战，以赢得他的尊严。卓越的天赋才能与丰富的可选性优势提供了无数的诱惑，欲使行者迷路！他明了这一切，我们亲爱的洛伦佐，他从未放弃这场斗争。一个不关心自己灵魂救赎的人、一个不容许质疑来折磨自己的人、一个不坚持自己理想的人，定会堕落。洛伦佐的伟大也就在于此！他真正的勇气，坚强而现实的勇气，是他愿意直面自己并与自己恶的一面相抗争。他的勇气并非能够免于不安与绝望，不能。因此，这使我确信他很勇敢！洛伦佐有克服自己的意志，他敢于面对自己所有的癖好与缺点，甚至敢于以其勇气创造出一些东西，即使是并不难避免出错。乔瓦尼，我对此敬佩之至，我的哀伤与爱也在于此，彼此相伴知音再难觅，我以此铭记洛伦佐和科西莫。

与科西莫和洛伦佐一同逝去的是伟大的人格，虽然他们的灵魂不死。这对于周围的朋友们意味着什么呢？亲爱的乔瓦尼，恐怕很多人会迷失方向或是倍感孤独。我想到了年轻的米开朗基罗，那可爱的年轻美丽的灵魂，我非常担心，他会怎样？他永远都不会忘记洛伦佐，但他永远也不会感到满足，他非常努力，但也需要有人来照顾他。他已经开始写作，他说他的眼睛渴望着美的事物。他是个坚强的男孩。他以粗糙的双手与坚强的意志敲打着石头，令人钦佩，震人心魄。我想他处于痛苦之中，也许是因为理想对于他是如此的清晰可见，他需要朋友，我希望他的内心得以安定，只是担心他永不满足于他自己，他渴求美与真实，以至于使得他自己疲惫不堪！我能感受到他已不再年轻。唉，最亲爱的米开朗基罗！照顾好您自己，您的灵魂非常奇幻，您对创意与完美的热爱无比强烈。但是现在，没有了洛伦佐，您必须独自一人继续前行。

我就此搁笔，乔瓦尼，只想说我对我们的亲密友谊感到非常高兴，也感谢您允许我与您，我杰出的朋友，分享我的想法。

POWER AND DIGNITY | 权力与尊严

卡雷吉，1496 年 12 月

马西里奥·菲奇诺致他杰出的乔瓦尼·卡瓦尔坎蒂。
最好的祝愿。

我亲爱的朋友，我已经习惯于将您视作我灵魂的声音，您在我的内心占据了一个活跃的位置，使得我更容易理解我自己。接近您，使我可以由外而内地理解我自己，正如我可以由内而外地了解您，希望您也有同样的感觉，即我们在彼此的内心中占据同样活跃的位置，由此而使得我们可以更加人性化。为此，我感谢您，为了我们的友谊和亲密关系。我的想法与您息息相关，我已经发表了我的信，并将继续写下去，就是这样，反正我也停不下来。占星术显示，我的先祖来自土星，因而易受抑郁情绪的困扰。我可以告诉您，我杰出的朋友，许多事不容易，但我仍然有我的活力。

亲爱的朋友，我们的时间已经不多了。前几天我在佛罗伦萨，想起了从前的日子，但今天的我已失去了对这座城市的感觉。皮科和波利齐亚诺死后，这座城市就没有给我带来过快乐，再也无法收到那两位年轻人发自菲耶索莱的邀请。他们两人倾心于美酒，我早就应该接受他们的美意。多么典型！善良就在那里，就在你的嗅觉之中，但我们在忧虑之中与之擦肩而过。我一直都想着他们，无时无刻。

这是一个艰难的秋天，最寒冷的冬季也即将到来。多明哥修会的修道士更是令我倍感寒意，我担心他带来的霜冻将破坏这座美丽的城市。萨沃纳罗拉（Savonarola）谈到上帝之剑，他到处煽风点火，简明直接、富有诗意和令人振奋的词语被生硬、单调的语气所取代，他激起了恐惧与愤怒，而非智慧，他将宗教与哲学分离、信仰与理念分离，他缺乏人性，在耻辱与愤怒中咆哮，那很容易导致憎恨与邪恶。我们是如此污秽且富于原罪吗？他的怒气从何而来？他自己？有人称他为费拉拉的苏格拉底。我担心这是一个糟糕的类比，因为他会杀死寻求他帮助的人，即便是机体已经开始腐烂，但这种药物根本无效。毫无疑问，他擅长于演讲。目前这种倾向会使我们偏离思维的正轨与内在的起点而误入歧途，当正常的思维被非理性的狂热所淹没时，鲜血就会沸腾。我担心这座城市将会遭受无法弥补的损失。亲爱的乔瓦尼，伟大的爱情诗人波利齐亚诺被埋葬于圣马可，却在可恶的萨沃纳罗拉教士的命令下被披上多明哥修会的长袍，这真是可悲。我不知道这是否已成为过去。

回顾过去、活在过去，这是老年人的特权。我多次说过：本世纪是黄金时代，语法、文学、修辞、绘画、雕塑、建筑、音乐等自由艺术重新焕发出夺目的光芒。我们的时代曾经拥有完美的占星术！文学在修辞与诗意的文化中绽放！盛开过后难免褪色与遗忘，但群芳依旧争艳，我们为此而欢喜。想想看诗人波利齐亚诺以及他的文学与语言才能，他异常地机敏、锐利，凝视如清澈的阳光。我和克里斯托福罗·兰迪诺经常谈论他，他是我们年轻的荷马，看看他的《斯坦兹》！那是一部怎样的关于爱情的作品！爱是个人与社会文化之间的纽带，正是爱将人类潜能转化为人文主义，因为爱是巨大的，无法独自占有，需要回馈其本源，回馈他人。我将爱的花园描述为波提切利的花园。我写信给年轻的洛伦佐·迪·皮埃尔弗朗西斯科·德·美第奇，讲述维纳斯与美，原来那是一幅多么奇妙的画！艺术是在活生生的灵魂中，个人与永恒的相遇，而波提切利则描绘了这一切！荣耀归于他！源自《斯坦兹》，他同样描绘了美。想想我们所企及的一切！而现在，愤怒和心怀恨意的修士燃起了怒火，波提切利只能将其画作投入其中。乔瓦尼，我宁愿活在过去。

他们将皮科葬于波利齐亚诺旁边，他们享年分别是31岁和40岁。热爱生命的年轻灵魂过早地被带走了，这使人痛苦，但至少他们可以一起休息了。我现在要对他们说些什么呢？亲爱的乔瓦尼，我的灵魂恳求我向他们说些什么。唉，亲爱的皮科！论友谊，您是我的兄弟；论爱，您是我自己的一部分；论年龄，您就像是我的儿子。我担心我们之间的学术争论会留给人们以口实，虽然我们已超越了争论本身。现在让我来拥抱您，皮科，并在您身后来告诉您，亚里士多德和柏拉图是亲密无间的好朋友，并且在真理的统一性上比您的思想更深一层，您对于意志和自由的坚持是有代价的，但是我非常高兴地认同您对意志的力量及其在生命中的重要性的见解，您是个奇才，尽管有时候您的生活有些艰难，我亲爱的朋友。而您，波利齐亚诺，曾经与洛伦佐斗争，就像我一样，然而爱最终取胜，因为爱比沮丧、嫉妒和愤怒更加强大。我也有自己的另一面，皮科，您可以借此来激怒我！但是我们的友谊从来没有经历过真正的危险。你们两个既年轻又勇敢！但年轻人的力量和勇气并不总适合于老年人。我没有见到病床上的洛伦佐，兰迪诺也没有，亲爱的朋友，不要相信我们为此而受到了伤害，友谊的纽带非常之强，而爱也并不依赖于无时无刻的表白。就像我和乔瓦尼·卡瓦尔坎蒂彼此常说的那样，亲密的友谊充满着深深的尊重和关切，超越了自身利益或是突然发生的变故，它纯洁神圣，着意于爱的深沉，这是永恒的！我们以力量与同情展示出善的含义，对我们所有的人来说都是一样，并且强于个人的变化。因此，亲爱的朋友，我没有失去您，您也没有失去我，战胜自我也意味着要接受一个人并不孤独的观念。我诚挚地感谢您，皮科和波利齐亚诺。

我确信这就是生命的高贵！支撑这些卓越灵魂的是生命的强大意志以及追寻伟大过程中的谦卑之心，他们的事业与生活密切相关、相互支撑。

如果聚焦于普遍与永恒，那么没有人会感到孤独，我们都有我们自己的位置。亲爱的乔瓦尼，我的大多数朋友都先于我离开了，当重温我们之间的信件往来时，我不禁老泪纵横心如鼓擂，他们的音容笑貌浮现眼前，令我感叹神伤备感失落，但我同时也感受幸福的光芒，它使我从卑微的座位上升起，并将我包裹在一个美妙而柔软的穹顶之下。谢谢你们，我亲爱的朋友们，谢谢，因为你们！就像是彼此相爱一生的一对老人，轻轻的抚摸代表了全部；相互的一瞥折射出生活所赋予的一切；微微的一笑更是涵盖了今生所有的爱。当爱首次被植入人类，既成永恒，无论付出多么巨大的努力、痛苦、仇恨或是明辨，都无法使人忘记。以这种方式去爱别人，去爱人而不是人的身体，将会体验到超然的美。人类聚集于真理的祭坛，那是每一个个人的终极之处，为此他必须使他自己从狭隘自我的状态中得以升华。谢谢你我的朋友们！如果我们的思想得以存续，那么它们就归属于自然与人类的宇宙历史，并将不朽。显而易见，亲爱的乔瓦尼，以我们有限的生命很难证明灵魂的永生，乔瓦尼，直到我们来世再聚首。谢谢你在我身边，我的好朋友。

POWER AND DIGNITY 权力与尊严

卡雷吉，1499 年 9 月

马西里奥·菲奇诺致人类。
以全部的敬意与尊重致以最美好的祝愿。

  幸福绝不可能出现在人生的下一站，事实上，它一直与您如影随形，行者，要关注您自己！为探求宝藏，您奔向远方，而真正的宝藏就在这里，就在你的内心。我叹服于我们是如此惧怕死亡，死亡，显然只是向死状态的终结，但我们并没有惧怕在这个持续的向死过程中我们每天都会死去一点点这个事实。我记得我以前曾经给亲爱的老师，年长的兰迪诺写过同样的感想，但对于我，这仍然是个未解之谜。当我们还无法真正成为自己的主人时，为什么要努力成为别人的主人？为什么在实施控制的努力中，我们每天都屈服于对自己的奴役？为什么我们为荣誉而拼搏，而非为荣誉所代表的价值？是什么使我们对许多人充满抵触，当他们需要的是同情而非压制时？为什么我们看不到别人的善，而总是看到恶？既然品行总会被它们的另一面所平衡，为什么我们总要寻求以恶制恶？我们总为别人的错误而感到沮丧，但很少关注如何避免使我们自己和他人感到沮丧；我们不听真相，却对谎言和虚假敞开大门；由于对自己的爱胜过一切，因此人们永远不会被自己所吸引。

第六章 米开朗基罗：赢在其名

佛罗伦萨，1494年10月

我觉得很空虚，在短短的一个小时内，一个人就只剩下了怨气和哀伤。我曾经被包裹在一个名门望族的荣光之中，而那曾经的一切瞬间消失得无影无踪。阳光之下没有什么是永恒的，更没有人能够战胜死亡或是命运之神福图娜（Fortuna）。

洛伦佐离世已有两年，佛罗伦萨失去了灵魂，所有的欢乐不见了踪影。他的离去影响了我们所有人，不仅仅是我。波利齐亚诺最近也去世了，皮科又得了重病，随着洛伦佐的离世，赋予他们激情与能量的生命力似乎也消失了。马西里奥·菲奇诺也非常虚弱，最近很少有人看到他，他将自己关在卡雷吉的别墅里。想象一下，这位可爱的老人必须历经朋友们逐个地离他而去，也必须面对由朋友的离去而带来的火一般的炙烤，这座城市正在发生着可怕的事情。

洛伦佐的长子皮耶罗前几天给我送来口信，一场暴风雪覆盖了整个佛罗伦萨，他想起了我，所以召唤我，为什么呢？他要我在美第奇宫里堆个

大卫 米开朗基罗

By Maksim Sokolov (maxergon.com) - Own work, CC BY-SA 4.0

雪人，为了大家的情趣。一个雪人！我，米开朗基罗·布纳罗蒂！哦，我们已经没落到了什么地步。儿子和父亲差得太多了，不是一点点。也难怪，洛伦佐自己就曾说过，我有三个儿子：一个愚蠢，一个狡诈，只有老三单纯善良，他们分别是皮耶罗、乔瓦尼和朱利亚诺，他们都是我的兄弟，至少洛伦佐是这么看的。人们也许已经忘记了，对于一个人来讲，两年是很长的，我曾经居住在那所房子里，就像是洛伦佐的儿子，和佛罗伦萨的天潢贵胄以及最伟大的基督教学者们同桌进餐，我见到过那所房子里收藏的所有宝藏，并受到房子的主人及其朋友们悉心地指导和照顾。

我的父亲和叔叔都不希望我走这条路，他们一直照料着我和我的兄弟们。我对母亲没什么印象，但是我仍然记得她脸颊上的气味，我还可以隐约地回忆起她那美丽的双眸。很长一段时间我们都很孤独，我父亲和叔叔很想让我在有公信力的行会中发展，以拥有一个安定的未来。他们从不重视我的才华，也不喜欢我的画，他们更不理解我对塞蒂尼亚诺（Settignano）采石场的喜爱。当我还是婴儿的时候，我被送到塞蒂尼亚诺的一位奶妈家里抚养，她是石匠的女儿，后来也嫁给了石匠。她的乳汁融入了我的血液，所以我一直擅长用锤子和凿子。每当我鼓起勇气暗示我想从事雕塑或是艺术工作时，我父亲的脸就会变红：当然有比这更好的选择！这就是他向我传达的信息。画家生活贫苦且社会地位低下，但是我没有放弃。最终，他允许我遂了自己的愿望。

在十二岁那年，我在吉兰达约（Ghirlandaio）的艺术家工作室得到一个工作机会，那个工作室被富人们所喜爱。那真是开心的一天，但很快我就失望了，吉兰达约根本不会注意到我，我也学不到什么。对他来说，我和许多其他年轻男孩一样，只是他创作的伟大作品的廉价劳动力。他在绘制新圣母玛利亚教堂圣坛后面的壁画时，我们混合油漆、涂抹灰泥，然后就是等待其他人完成下一道工序，有时也会得到许可在壁画最不显眼的位置上绘制一些单调的小景观。天才就在眼前，而老师却视而不见，更谈不上培养，还有什么能比这更糟糕呢？我知道，那是个嫉妒自己学生的老师。终于有一天，我厌倦了吉兰达约，和其他不喜欢奉承老师的同学形成了一个小团伙。我秘密地临摹了大师的一幅作品，那是一幅要求我们反复临摹以学习大师技巧的作品。其实我和他画得一样好。于是我用我的作品代替了原件，就是想看看主人是否会注意到，那个学生真的可以画得和他一样好。吉兰达约非常生气，围绕在他周围的人更是愤怒，甚至不再跟我说话。而另一些人却感到这很有趣，其中包括弗朗切斯科·格拉纳奇（Francesco Granacci），他觉得我的绘画值得称赞，几乎没有人能够看出我的作品和吉兰达约的画之间的区别。我不再在乎他们的抱怨。他们总是在乎别人怎么看，根本无法理解我心头燃烧的火焰。

感谢上帝的眷顾，我的航船一帆风顺。绘画不是我真正的才能所在，绘画本质上是一种自然的幻象，是浅层的外在形式，是真实事物的外在表象。多年来塞蒂尼亚诺采石场的石匠工作告诉我，雕塑才是真正的艺术。吉兰达约会雕刻吗？他懂雕塑吗？但佛罗伦萨的君王明白，洛伦佐·德·美第奇意识到这个城市的伟大雕塑家后继无人，我们引以为傲的多纳泰罗和吉伯蒂的遗产处于危险之中。于是，他开放了圣马可旁边的一个花园，并请所有著名的艺术家工作室将他们最好的学生送到这所新的雕塑家学校。吉兰达约选送了我。一些阿谀奉承者声称他看到了摆脱我的机会，而弗朗切斯科坚持认为，他终于意识到我是多么的出色。

吉兰达约就像是包裹在沉重的披风里的伪善修道士，不值得我去关注。就像但丁一样，我一直在寻找我的坦途，就是它。我如同火中之冰，被粉碎、被消融，但从未被理解。我相信即便是我的父亲，他的确是为他的儿子而自豪，但自豪的原因也仅仅是因为他的儿子被洛伦佐亲自选中而进入了一所伟大的学校。但对于他而言，雕塑家就是四肢发达头脑简单的熟练石匠，他无法理解我的才能意味着什么。

我仍然清楚地记得那一天。洛伦佐将他收藏的几座古董雕像借给雕刻学校，以供我们临摹学习。我当时正在临摹其中一座，那是希腊神话中的福恩（Faun）形象，是老人与山羊的合体，也是肉体与精神、冲动与理性、山羊与人类的合体。我已经为此工作了几个星期，在此期间，其他学生经常公开或是私下里来观摩。那是不经意的一天，没有任何预兆，辉煌二世来到我们学校参观。当来到我身边时，他停了下来，平和、随意地看着我的作品，并和原件相比较，但渐渐地，你可以察觉到他的目光变得越来越炽烈。他就一直站在那儿聊天，还对我微笑，对着我——米开朗基罗·布纳罗蒂，但我并不知道该说些什么或是做些什么。辉煌二世对我的偏爱不仅仅是点头微笑，更有大大的赞美以及他个人的考虑。这个人，这个完美的圣人，在向我致敬！随后，他微笑着，狡黠地斜瞥了一眼我的作品，然后说道："哦，你做了个老福恩，却给了他一副完美的牙齿，你不知道老人总是牙口不好吗？"可以肯定这一定是个赞美！辉煌二世不仅看着我，还和我像老熟人一样开玩笑。但其他同学却没有听懂，他们爆发出一阵笑声，就像是佛罗伦萨的君王要用他的脚跟把我踩进泥里。而他却一直看着我，他的目光落在我的身上，他的眼里并没有嘲笑，以前从没有人这样注视过我，那是关爱，是的，是爱，在他凝视中，然后，是转瞬即逝的醒悟，一瞥之间涵盖万千，任何言辞无以表达。

他一离开，我就抓起了锤子和凿子。我听到其他人窃窃地讥讽："石匠！""长不大孩子！"我要配得上洛伦佐赐予我的荣誉，我将我的老福恩上颚的一颗牙齿去除，然后用钻头，仔细地在牙龈上刻出皱纹和折痕，以突显牙齿确实是因衰老而脱落。整个晚上，应当是一整夜，我边琢磨边雕琢，我要的是完美。因为透过洛伦佐的眼神我知道将要发生什么，他告诉了我而没有告诉其他人，他随后要做某些事。我必须完成我的作品。

第二天，晨光熹微，我翘首以盼。其他的学生们则继续着昨天无聊的笑话，并且继续添油加醋。托里贾诺（Pietro Torrigiano）充分发挥着他的小聪明，借题发挥是他的强项。可恶的他对我充满敌意，他后来打断了我的鼻梁骨，破坏了我的容貌。但当时我并没有留意他们，因为他们的讥讽将永远沉寂，甚至是我们的老师贝尔托·迪·乔瓦尼（Bertoldo di Giovanni），他本应意识到什么，但却也在嘲笑我。我就站在那里，浑身发抖，我的内心燃烧着炙热的火，猛然间，我僵住了，是因为激动，是看到他出现了，如他许诺的那样。他来了，径直朝我走来，掠过被惊得目瞪口呆的所有人，他微笑着，什么也没说，唯有他的目光依旧。他大步来到我身边，俯身凝视我的老福恩，然后他笑了。但这一次的笑是本真的笑，是大声的、气出丹田的、爽朗的大笑。于是，所有的人，包括他的陪同和学校所有的人，也都一起笑了起来。我永远记得他那天的笑，多年以后我还常常和朋友们提起。那是我最幸福的一刻。然后，他，所有智慧与尊严之父，问了我的名字，并轻轻地对我说："请转告你的父亲，我想和他谈谈。"

突然间，我父亲被置于慌乱与矛盾之中。一方面他感到非常荣幸，另一方面却是心烦意乱，他在二者之间摇摆，困惑的是这样做的后果是什么。他的儿子将不会成为文人，而是要和锤子打一辈子交道。弗朗切斯科整个晚上都陪着他，向他解释石匠和雕刻家之间的区别。我认为我父亲没有被说服，但他还是出现在了美第奇宫，因为他无法谢绝洛伦佐的提议，谁都不能。辉煌二世认可我的天资，他请求我父亲的允许，以便我可以和他住在一起，就像我是他自己的儿子那样，他会在美第奇宫为我安排独立的卧室，并提供我需要的一切，他会亲自监护我并确保我的潜能得以充分发展。于是我父亲谦卑地鞠躬致谢："不仅是米开朗基罗，而是我们所有人，我们的生活和工作都在您的安排之下，殿下。"洛伦佐甚至还为我父亲在共和国海关办公室安排了一份高薪的工作。对于我的父亲，把我养到15岁不易，但突然之间，以一种奇特的方式，他得到了回报。我尊重我的父亲，可我从未真正了解他，但这已无关紧要了。我搬进了美第奇宫，进入了洛伦佐的家。

洛伦佐凝视的目光中有些特别的东西，那是有关他的双眸。我非常怀念它们，清楚地记得它们，祈望着它们，只要有可能，就期待着见到它们。洛伦佐的眼球微微鼓起，略有斜视，好像动物一样，他目光犀利，会使某些人感到惧怕。但没有丑陋的眼睛，只有美丽双眸！未能从双眸中获得生命的人还没有出生，没有人不爱美丽的眼睛。于此，我发现了自己，并从具有独特美感的双眸中发现了所有的死亡和生命。但爱是多刺的，恩泽多刺，这种折磨是多么奇异和不解！

洛伦佐对我就像是对自己的儿子。他向我展示他收藏的艺术珍品和珠宝，罗马纪念章和珍贵的镶嵌宝石。后来有人告诉我，一颗这样的珍贵宝石的价值可以抵十幅波提切利的画作。他有时一天可以召见我几次，以分享他的知识与爱。家里用餐时，一般都没有预先分配的座位，先到先坐。我受到的礼遇与他的儿子和最高阶公民一样。我们这个时代最伟大的思想家与我比肩而坐，我有机会亲耳聆听波利齐亚诺和菲奇诺以及他们之间的对话。每个人都以和蔼与尊重的态度对待我。以爱为武装的全部的愤怒、全部的苦楚、全部的力量战胜了命运之神福图娜。

我在美第奇宫的第一件作品是一幅青铜浮雕。我从未与洛伦佐讨论过创作主题，但从一开始我就很清楚，唯一适合的主题是圣母玛利亚和圣婴耶稣。他明白那是为什么。我的作品描绘的是一个传统场景：圣婴耶稣坐在圣母玛利亚的膝盖上，而施洗者约翰（John Baptist）则是一个小男孩形象，正在后面的楼梯上玩耍。我想要展示自己的才能，超越传统的限制。显然，一个平淡的麦当娜（Madonna）的形象无法承载我要表达的主题。我铸造了一位母亲哺育婴儿的画面，麦当娜正在以自己的乳汁喂养圣婴耶稣，给予他爱与生命。有多少以这种方式代表圣母玛利亚的麦当娜呢？在这幅作品中，我创作的圣婴耶稣转身背对着观众，浮雕的焦点是他的母亲。没有人能拥有比这更伟大的爱。洛伦佐赞扬了这幅浮雕，但对于主题的诠释，他从不发表评论。

最近，我重新审视了这幅浮雕，我仍然喜欢它，但以我现在的目光，它似乎是一幅未完成的作品，略显僵硬，像是个孩子的作品。但我制作的下一件作品却是完美的，它彰显了雕刻才是我最擅长的艺术形式，而其他艺术形式对于我，都处于从属地位。波利齐亚诺将我置于他的羽翼之下，他是洛伦佐身边令人愉悦的诗人朋友，也是美第奇宫的私人家庭教师，他像我的主人一样，非常理解我的内心世界。他大声朗读奥维德的诗篇，讲述希腊众神和英雄的故事，其中一个是希波达米亚（Hippodamia）和皮瑞提斯（Pirithous）婚礼的故事。在他引领下，我进入了古代神话世界：在婚礼庆典中，来访的人头马喝得酩酊大醉，并试图恶意绑架凌辱新娘和其他女性，皮瑞提斯和拉皮斯（Lapithes）击退了他们，随后人类与人头马之间展开了一场激烈的大战。由此你可以发现雕刻的主题吗？我用大理石雕刻了一座半浮雕，弯曲的手臂、动物的身体、交错的头部，突显着痛苦、愤怒、绝望。我不想自我吹嘘，但它确实非常好。波利齐亚诺也特别认可，他对这件作品充满了热情。

此后不久，欢乐时光结束了。我在洛伦佐家里住了两年，日月如梭，每一个小时都像是生命的毒药，我们又像是稻草，而时间就是镰刀，信心在流逝，美再也无法持续，洛伦佐病了。他非常喜欢我的作品《人头马之战》（La Battaglia），但很明显，他的健康出了问题，而且在很短的时间内恶化了，甚至影响到了他的视力。哦不，有几次他把我叫到身边，一如既往地给我看他收藏的纪念章和珠宝，并赞叹它们的美丽。他仍然能够像以前一样照顾我，很显然，他需要休息。他们将他带去了我去不了的卡雷吉别墅，就此他从我身边消失了，他永远离开了我，我和他一起消失了吗？他突然过世了。在卡雷吉，洛伦佐身边的朋友悲痛之至乃至失去了理智，他们迁怒于洛伦佐的医生，质问他为佛罗伦萨最显赫的公民做了什么。在他们看来，洛伦佐的生命本应被挽救。最终，愤怒的人们将可怜的医生投进了卡雷吉的水井。

佛罗伦萨悲痛欲绝，不，那不是真的。许多人私下议论说洛伦佐之死将拯救共和国。他们低声抱怨，辉煌二世已变成了暴君，并且他们越来越公开地议论，美第奇控制了共和国，并导致这座城市走向毁灭。他们是多么的无知！如果只有一个人为我们的城市带来荣誉，那就是洛伦佐。他们巧舌如簧，过去的恭维现在都变成了不满，城市的富裕家族联合起来想取代辉煌二世的位置。一座妒忌的城市，但丁这样说。

有人声称洛伦佐受到了上帝的惩罚，他偏离传统，走得太远，太过宽容。来自圣马可修道院的修道士萨沃纳罗拉最近进行了几次公开的布道，并宣称他要代佛罗伦萨接受上帝的惩罚。他认为这个城市过于放纵、堕落，神的惩罚一定会降临，并预言上帝之剑将从北方而来，以惩戒意大利人。市民们被他所吸引，涌向他的道场。我知道洛伦佐觉得这个人很危险，但他的一些朋友却被修道士所蛊惑。皮科，毫无疑问，我相信波利齐亚诺也是如此。但是萨沃纳罗拉懂什么呢？他根本不是佛罗伦萨人，他来自费拉拉。人们说，教皇本人，即亚历山大六世，甚至认为萨沃纳罗拉对教义的解读和预言带有明显的错误。至于妖魔化洛伦佐的坊间流言，人们应该知道，是萨沃纳罗拉本人亲自前往卡雷吉为洛伦佐做临终忏悔，并为他献上上帝的祝福！无论如何，波利齐亚诺就是这样说的。

洛伦佐走后，一切都变了，我在家庭中的地位也随之改变，继续住在那里不再有任何意义。我怎么可能放弃对自己命运的主宰？哦，天哪！是谁从我心里抢走了我？我绝不只是一个工匠，我必须继续前进，在内心的引领下去追寻伟大。我不像其他人，我一定要请人为我占卦，我出生时的星座是否有特殊排列？我能感觉得到。我的雕塑就像是我身体的一部分，就像是我的孩子。但我必须继续学习，我所掌握的知识还很不够。《人头马之战》并不完美，人头马的身体应当类似于人的身体，但我的作品还远没有做到。还需要多长时间以古代雕像作为临摹自然的模型？古代的大师们懂得很多，他们明了人体的构造，而我们只能分辨人体的轮廓。我想创造真实的东西，而不仅仅是描绘自然。由此，基于我自己的自由意志，我进入了未知的疆域。

圣灵大教堂（Santa Spirito）的主教找到我，想请我为教堂制作耶稣受难像。他在美第奇宫与我相识，甚至还听说过我在吉兰达约工作室的恶作剧。他理解我，事实上，他很欣赏我的作品。我不仅拿到了很好的报酬，更重要的是他给了我至关重要的东西——一把钥匙，一把修道院里停放穷人尸体太平间的钥匙。于是我做了本不应该做的事，我越过了边界，超越了传统的道德规范，就像但丁对奥德修斯的叙述。但不论如何，我生来就不应当是蛮荒世界的动物，我要探索未知世界，就如同奥德修斯越过大力神赫拉克勒斯之柱以探索未知世界。我违背上帝的旨意了吗？但假如我不知道那些秘密，我又怎能重现那奇妙的天性？主教知道我在做什么,他就是给我钥匙的那个人。仿佛但丁进入了未知的领域,他无视权威。我所获得的知识,就是雕刻十字架上的基督所需要的知识,因为他是人,而不仅仅是偶像。菲奇诺应当会说我是对的。

皮耶罗对雪人感到高兴,现在他要我搬回美第奇宫。洛伦佐去世后,我已和父亲住了两年。皮耶罗告诉我,我原来的房间已经为我准备好了,并向我保证他们会像以前一样对待我,但是我不确定。皮耶罗大声宣布只有两位原来的人住在他家里:他自己,以及强壮的西班牙男孩。这指的是我,强壮的男孩米开朗基罗。房子已经变了,主人已经不在了,波利齐亚诺和皮科也已不在了,而菲奇诺一直待在卡雷吉。皮耶罗的兄弟们也离开了家,去了罗马。洛伦佐在去世前做了最后的安排,他的另一个儿子乔瓦尼被任命为红衣主教,历史上最年轻的红衣主教,当时的乔瓦尼只有16岁。这对于美第奇宫以及我们的城市是何等的荣耀!即便是教皇亚历山大六世的儿子切萨雷·波吉亚,在这个年纪也没有成为红衣主教。乔瓦尼随即启程前往罗马,并带走了他的弟弟朱利亚诺,他们的堂兄朱利奥,即在教堂里被谋杀的洛伦佐弟弟的儿子。尽管朱利奥是洛伦佐弟弟的非婚生儿子,洛伦佐一直都在照顾他,把他当成自己的儿子。我和他们都很熟悉,他们都是我的兄弟。但现在除了皮耶罗和一个强壮的西班牙男孩,房子空了。

皮耶罗一直在坚持,这使我很难拒绝。父亲也在旁边不停地唠叨,他不理解我为什么会犹豫,认为我疯了。毕竟皮耶罗是洛伦佐的继承人,身处佛罗伦萨的顶层,与这座城市所有头面人物都有交往。我父亲唱着不同的调子,他甚至为我买了新衣服,以便我在新的场合有得体的装束,沾满石灰的石匠服装显然不适合君王的宫殿。但是我的心被一个不会回来的人偷走了,曾经经历了火一样的热情,而现在却充满了悲伤。皮耶罗不像他父亲。洛伦佐谦卑处世,他却傲慢自大;洛伦佐看到人性,他却只看到客体。他有他自己的小朝堂，其间充斥着恭维、权斗和奸笑。我，米开朗基罗，是君王小朝堂里的强壮男孩还是小丑？他惹人讨厌。这个城市爱他的父亲，却不喜欢这个儿子。现在法国人已经越过了阿尔卑斯山，并威胁要入侵意大利，而萨沃纳罗拉则在后台蠢蠢欲动。

有天晚上我做了一个噩梦，我几乎不敢谈论它，或许没有发生，或许不是我。那是一个奇怪而可怕的梦。我梦到洛伦佐，他来找我，我见到他的喜悦顷刻间被残酷的景象所吞没。他看上去很糟糕，他的黑斗篷被撕成碎片，掩盖着一个赤裸的身体，他的面部因痛苦而变得非常狰狞，和过去一样，他凝视着我，并对我说："米开朗基罗，你去告诉皮耶罗，他的做派将导致美第奇家族的垮台。"我没敢去见皮耶罗。他的性情众所周知，我被恐惧和胆怯所征服。过了两天，洛伦佐再次来找我，就像是个贫穷、寒酸的流浪汉，他拍了我一巴掌，但没有用力，他的眼里满含着泪水，充满了悲伤和绝望。"你为什么不按照我的要求做？"他恳求道，"去传递我的信息，你必须这样做，米开朗基罗。"

现在我该怎么办？我能拒绝父亲的旨意吗？我知道皮耶罗会如何回答，我知道他的朋友会如何以指责、诽谤来攻击我，但是我也知道为什么洛伦佐给我托梦，没有任何可能的攻击可以改变我的决定。我也知道，从此以后，我在美第奇宫没有未来，我必须离开那所房子，不，是这个城市，我在佛罗伦萨将不再有任何安身立命之处。我知道这一切，但我也必须这么做，淬火才能成钢，凤凰须经涅槃而重生。

佛罗伦萨，1504 年 1 月

我回到了佛罗伦萨。自从我逃离这座城市，十年过去了，斗转星移，世事变迁，这里又燃起了新的希望之火，共和国被唤醒了。

所有的诽谤者和施暴者都垮台了，皮耶罗也死于自己的秉性与傲慢，佛罗伦萨恢复了往日的平静。当法国军队在国王查理八世（Charles VIII）的带领下入侵意大利并接近佛罗伦萨时，皮耶罗摇摆不定惊慌失措，他绕过共和国直接与法国国王谈判。与洛伦佐及其在帕齐阴谋期间表现出的镇定自若相比，皮耶罗的表现令人极度失望。大家都知道法国人的真正目标是那不勒斯，佛罗伦萨完全可以通过明智的外交手段避害趋利，但皮耶罗却试图与法国人达成他自己的协议。就像洛伦佐在我梦中所预言的那样，人们再也无法容忍，皮耶罗被逐出了佛罗伦萨。流亡期间，他招募雇佣军，并用很长时间谋划以武力夺回佛罗伦萨，但这一次，命运之神福图娜没有站在皮耶罗的一边。在作战时，他从马上摔到了河里，河水湍急，沉重的铠甲将他拖到了水底，他雇佣的军队和讨好他的朋友未能及时挽救他的生命。伟人洛伦佐的后裔如此轻易地背叛了我们，真是令人费解，万般不幸，人们抛弃了背叛他们的人。当皮耶罗被赶出佛罗伦萨时，人们疯狂了，就像被剑激怒的怪物九头蛇，愤怒横扫了一切。人们冲进美第奇宫并洗劫了它。父亲洛伦佐及其祖父多年收集的宝藏被抢劫一空，艺术品也受到践踏，甚至城市的部分公职人员也参与了劫掠活动，并盗取了珍贵的艺术品。多纳泰罗的青铜大卫以及《朱迪思和霍洛弗内斯》现在位于市政厅帕拉佐·德拉·西格尼亚宫（Palazzo della Signoria）。一位挚爱而又高贵的君王可以这么轻易地被忘却吗？愤怒的盲目性和群众的疯狂会不会给予他痛苦的记忆？正如洛伦佐所希望的那样，我曾经警告过皮耶罗，但我被报以愤怒和轻蔑。他的一位朋友挑战我，并怀疑我的真实性，为什么洛伦佐托梦给我而不是给皮耶罗？如果辉煌二世对自己的儿子有话要说，他为什么要来找我？但是洛伦佐确实是来找过我。

萨沃纳罗拉也罪有应得。他巧妙利用了皮耶罗的垮台，渐渐控制了这座城市，并以上帝的名义，胁迫这座城市走进一个新的时代。他拥有很多追随者，其中不乏洛伦佐的老朋友。市政厅前的西格尼亚广场上燃起了大火，佛罗伦萨优秀的艺术作品与书籍被投入其中。因为他们认为书中的知识与绘画的主题和手法有悖传统。但佛罗伦萨毕竟是佛罗伦萨，它无法容忍这样的领袖。最终，这座城市回归了它本来的氛围。而萨沃纳罗拉，这位古怪的狂热分子与他最亲密的支持者一起受到审判，就在西奥尼亚广场上，就在绘画与书籍的灰烬中，萨沃纳罗拉本人被处以火刑。这是命运之神福图娜病态的幽默感，她以此恣意奖励或惩罚自己的孩子。

甚至意大利的灾星，即法国国王查理八世，也输了。在进军那不勒斯之前，他入侵了佛罗伦萨。在强敌面前，佛罗伦萨屈膝求和，躲过了灭顶之灾，最终只是失去了比萨及其一小部分领土。而由于成功预言了这场来自北方的灾祸，萨沃纳罗拉声名鹊起。佛罗伦萨共和国在恐怖中颤抖：法国国王似乎就是上帝之鞭，恐慌的人们纷纷寻求多明哥僧侣的庇护。但是来自阿尔卑斯山北部的上帝之鞭却失败了。如果说查理八世代表着上帝的惩罚，那么上帝则以更大的愤怒惩罚了自己的工具。查理八世最终被迫撤回法国，并于此后不久离世，就像萨沃纳罗拉一样，其雄心壮志与宏伟蓝图随之烟消云散。上帝保佑了佛罗伦萨和我们的共和国。即使被饥肠辘辘的敌人和贪婪的暴力团伙所环绕，我们这座城市最终得以幸存并赢得了新的荣誉。而现在，在这个黄金时代，我将与佛罗伦萨一起赢得我自己的荣耀。

巨人（Il Gigante，大卫）即将完工。在两年多的时间里，我用大理石雕刻了一件巨大的杰作。自罗马帝国以来，还没有人创造过这样的作品。起初是受佛罗伦萨主教堂的委托，后来它被变成了整座城市关注的焦点。其原材料是一块完整的五米多长的大理石，由于其巨大的尺寸与过往艺术家们错误的处理，它被弃之一隅已有四十年，而我现在正在创作的是 ex uno lapide（拉丁语，意即单体大理石雕像）。就像古代的作品那样，不存在任何拼接部件。巨人是一个完美单一的整体，前人的错误成就了我的成功。

我之所以能赢得这项委托，不是因为他们想起了洛伦佐对我的评价，更不是因为他们欣赏我青年时期的作品。我之所以能够赢得这一殊荣，靠的是我的声誉，也是十年前逃离佛罗伦萨以来，持续的努力、缓慢而艰苦地积累的结果。我到过很多地方，并留下了自己的印记。在博洛尼亚，你可以借助圣多明哥纪念碑（San Domenico Monument）来欣赏我的成就。我以一位天使以及两位圣徒来构建了这座纪念碑，其中一位圣徒圣·普罗库鲁斯（San Proculus）是按照我二十年前年轻的我的模样雕琢的。我还给罗马红衣主教拉斐尔·里拉里奥（Raffaele Riario）送过一尊睡觉的丘比特。作为一个玩笑，我把它装扮得好像是地下挖出来的古代杰作。红衣主教不高兴了，他确信我是用自己的作品冒充古董来哄骗他。但那绝不是我的本意，我只是想借机炫耀一下我的雕刻技巧与伟大的古罗马雕刻家不相上下。红衣主教拉斐尔·里拉里奥究竟知道些什么，这个问题至今是个谜。他是教皇西克斯图斯四世的大侄子，而西克斯图斯四世是暗杀洛伦佐和朱利亚诺阴谋的幕后支持者。当暗杀发生时，里拉里奥恰恰就在佛罗伦萨。当时许多人都确信他知晓并参与了暗杀阴谋，但他坚称自己是清白的。洛伦佐和菲奇诺选择相信他，并庇护他免遭大众的报复。直到今天，他仍然对1478年发生的事情心有余悸。无论怎样，他不想要我的小男孩——丘比特。最终，教皇亚历山大六世的儿子、大权在握的司令官切萨雷·波吉亚将其收入囊中。他非常喜欢它，并以此作为礼物来讨好意大利最有权势的女性之一。于是，曼托瓦侯爵夫人（the Marquise of Mantua）伊莎贝拉·德·埃斯特（Isabella d'Este）现在是雕像的拥有者。然而，红衣主教里拉里奥确实想要我的酒神巴克斯（Bacchus）雕像。为此，我为他创作了一尊年轻的、胖乎乎的且呈醉态的葡萄酒神。它与放纵贪吃的高级别教会人士形象非常契合。其结果是里拉里奥不但讨厌我，也讨厌我的作品。他这个人根本不懂得美，只对纸牌和美食感兴趣。后来，里拉里奥卖掉了巴克斯。现在，巴克斯站在雅科波·加利（Jacopo Galli）的花园里，挺好，他至少了解艺术。

我的作品遍布整个意大利，我的名字被频繁提及，但对于《哀悼基督》，我的名字是刻在上面的。红衣主教、法国驻罗马大使圣·迪奥尼基（San Dionigi）给了我一项委托，使我回到了我最初的主题，即耶稣与玛利亚。但是这一次，要表现的是故事的结尾。我为洛伦佐创作过一幅青铜浮雕，表现的是圣母玛利亚哺育她的儿子圣婴耶稣，她知道他会死去，她知道她最终会失去他。而现在，我要用一整块大理石来表现玛丽亚及其怀抱中已死去的儿子，一位母亲与我们的救世主，她自己的孩子，在她的怀中，《哀悼基督》——美德与哀伤交互。我毕生积累的全部的有关人体的知识都被用来刻画我主留下的身体，肌肉、肌腱与骨骼组成了离我们而去的耶稣，亦人亦神。冷冰冰的大理石体现出的生命力超越了鲜活的人体。玛丽亚坐在那里，俯身于她的儿子，凝重中透着哀伤与尊严，美与永恒的青春定格在那一瞬间。但凡夫俗子们永远无法理解，他们抱怨说，耶稣殉难时的玛丽亚已年过中年，你从哪里找来一位这么年轻的麦当娜？"从天堂，从属于她的地方。"我回答道，一群无知的傻瓜，他们怎能理解美丽与永恒？玛丽亚超越人类的时间与困苦，侵蚀人间的万象与她无缘。现在，她被雕琢成大理石雕像，安放在圣彼得罗妮拉（Santa Petronilla）法国人的墓葬礼拜堂，即圣彼得教堂旁边的老皇帝陵墓。由此我赢得了很多人的赞美，但并不是每个人都知道我是谁。之后不久，雕像被安放到壁龛中。有一天，我碰巧路过教堂，并听到一群来访的银行家对我的作品赞不绝口，他们中的一个想知道谁是创作者，他的一位同伴非常肯定地说，是来自米兰的哥布（Gobbo）。这怎么可以？如果你了解大师的手法，那么你也应该能够辨识他的作品。而且我绝对不同于米兰的哥布。那天晚上，我带着锤子和凿子回到教堂，在玛丽亚胸前的绶带上用拉丁文雕刻了以下几个字：MICHELAGELVS.BVONAROTVS.FLORENT.FACIEBA（意即米开朗基罗·布纳罗蒂，佛罗伦萨公民正在制作本作品）。这些字会留在那，直到永远，再也没有人会有疑惑，这是我的作品。

对于行家，或是博闻多见的人，都知道这样的行规。我是从波利齐亚诺那里学来的。古代伟大的雕塑家，诸如阿佩莱斯（Apelles）和波留克列特斯（Polyclitus），都以这样的方式签注他们的作品：Faciebat（拉丁语），意即创作进行中，并有意以不完美的时态书写，以表示作品还没有完成。一件艺术品永远不会完成，总是在不断地被完善中，作品想表达的主题也一直尚未能最终达到。"我完成了创作"，某些艺术家这样傲慢地宣称，其实他们并不理解自己的工作与作品。作为艺术家，你可以不时地修改完善你的作品，使其变得更好或是更加与众不同，你应当在创作方面永远保持谦逊。我将我的名字刻在玛丽亚的胸前，并将 FACIEBAT 雕成 FACIEBA，刻意少了一个字母 T，以更加强调未完成的意思。我想我表达得很清楚：你永远处在过程之中，艺术之路永远没有尽头。

哀悼基督 米开朗基罗
By Juan M Romero - Own work, CC BY-SA 4.0

但我真正想赢得名誉的地方是我的家乡。在那里要有我的杰作,而不是在罗马(Rome)、曼托瓦(Mentova)或博洛尼亚。佛罗伦萨的朋友向身处罗马的我发来信息,这里即将举行一场新的比赛。巨人是产自卡拉拉(Carrara)的一块巨大的、神奇的大理石,它已被人遗忘了很久,现在希望用它来塑造一座巨型雕像。那真是一块无与伦比的大理石,它纯洁、优雅、纤细,就像方尖碑一样,光线更折射出它的美丽。多纳泰罗的学生阿戈斯蒂诺·迪·杜乔(Agostino di Duccio)曾受邀雕琢巨人,但他不仅未能完成任务,还给巨人留下了雕琢过的洞和刻痕。从那以后,就没有人再敢触碰它。在佛罗伦萨,在我的青年时代,我就对它充满了发自内心的、深深的渴望。在那个时候,我已经感觉到它身上某些特别的东西。雕刻大师们都哀叹阿戈斯蒂诺(Agostino)毁了巨人,只有我意识到它内在蕴藏着什么,并自信可以使其显露出来。那就是,你必须懂得如何进行艺术创作。要创作一尊大理石作品,你只需要找出蕴藏在大理石内部的形体,透过去除冗余的石料,使得被禁锢的灵魂得以释放。雕刻作品的创作就是这么简单。但这也就是那些尝试过巨人但无法成功的人失败的原因之所在。他们总是试图将自己的想法和设计强加于石材,而非服从于大理石自身,服从于其内部业已存在的形体。骄傲与不可谅解的傲慢是其分水岭。伟大的作品业已存在于大理石之中,而非产生于艺术家的头脑。我看到了巨人内在蕴含着什么,机会就此垂青于我。

我的朋友警告我，许多知名人物都希望将巨人收入麾下。达·芬奇刚回到佛罗伦萨，在市民中引起不小的骚动。于是我也回到了佛罗伦萨，我要赢得我一直想要的那块大理石。在与大教堂建设委员会和商人行会的领导人会面时，我打消了他们的疑虑。他们想要一座大卫雕像，但没有人想象得出我在那块大理石中发现的大卫是什么样子。那将完全不同于现在矗立于市政厅院子里、由多纳泰罗完成的精细的略带女性娇柔气质的胜利者大卫形象，也不同于吉伯蒂（Ghibert）在洗礼堂青铜门的底部刻画的勤奋的小男孩大卫形象。他将是一个巨人，一个献给人类与佛罗伦萨共和国的贡品。我向他们保证，对这项不可完成的任务我已胸有成竹，我知道如何避开阿戈斯蒂诺造成的破坏，前任大师的错误并不会妨碍我，因为那些损伤并未破坏我在石头中发现的大卫。整体大理石都会被充分利用，除了这块大理石，我不再需要其他任何材料。于是，我赢得了巨人。

大卫，《圣经》中记载的伟大胜利者。但为什么总是要强调他的胜利呢？大卫真正的伟大之处不是他最终获得的胜利，而是他决定战斗本身。《圣经》中讲述了在以色列扫罗（Saul）国王的朝廷里，有一个年轻男孩，一个游唱诗人，以及与菲利士人（the Philistines）的战争。菲利士人最伟大的战士，巨人歌利亚（Goliath）向以色列人发出决斗邀请，其结果将决定战争的胜负。但是扫罗的以色列王国无人敢于应战。大卫闻讯前来，但大家都认为他太年轻且经验不足，国王本人也劝大卫好好放牧并坚持他的竖琴吟唱。大卫说："我为父亲放牧，如果狮子或熊胆敢来叼我的羊，我就会追赶它、殴打它，直到从他们嘴里夺回我的羊。"于是，国王允许他应战歌利亚。大卫没有选择战士的盔甲与剑，只带了掷石器以及他选的几块石头。大卫独自一人，他勇敢但不鲁莽、紧张但不怯懦，最重要的是，他意志坚定，毫不犹豫。没有人可以回避自身的命运，大卫面对的是一场令太阳驻足的搏杀。这不仅仅是关乎他的生命与以色列的未来，胜利也将为他昭告神的旨意并将他引向以色列的王座。那一刻昭示了大卫的伟大以及他真正的胜利。这就是巨人中所蕴藏的，是这块大理石中的秘密。

大卫带着抛石器，我带着规尺，我们共同定义了雕塑中的所有比例与尺寸。我们俩都面对着自己的巨人，我们都将以新的方式发动一场战争，完成各自的伟业。他的命运与我的命运交织在了一起。我将我的灵魂附着于此，他将得以复活，而我将得以永生。我的锤打使得石头显现人形，并非出于我的匠心或是意愿，我只是在去除束缚他的石头。随着每一次的击打，巨人渐渐显现，最终他将挣脱大理石的束缚，以其本来面目进入我们的眼帘。别人的失败并没有阻止我。我将多纳泰罗的学生雕琢的洞置于巨人的两腿之间，大卫的躯体侧立于石块的中间，他的手臂与膝盖间的空白避开了原来的划痕，每条肌肉都被拉紧，那是临战状态，握住石块的手臂上的血管清晰可见，而皮肤只是覆盖人体的面纱。焦点是大卫的凝视！他的眼睛！展示出了那一刻大卫全部的伟大。后无来者，可以创造出这样的眼睛！

过去两年时间，我一直在不公开的状态下工作，没有人了解雕像的进展。直到去年夏天，我开放了我的工作室，允许人们进来参观。几乎所有的佛罗伦萨市民，包括熟悉的和不熟悉的，都来了。天哪，他们来做什么呢？是谁告诉了他们巨人的事情呢？雕像还远未完成。但人们非常期盼，并夸赞我的技能与大卫释放出的张力。共和国的领导人皮耶罗·索德里尼（Piero Soderini）特别赞扬我的能力，他称我为圣人，圣人米开朗基罗神，就像是大天使的名字。城市为此兴奋异常。可我还在工作，雕像还没有完成。

大教堂建设委员会的领导人和羊毛制造商行会召集了一次会议，讨论巨人的安置地点。原来的选择是在主教堂的前面。但很显然，雕像昭示出的东西已大大超越了最初的预期，它的名字在每个人的唇齿间传颂。巨人已超越了圣经故事，更多地代表了共和制与我们的城市。因此，它也许应当被置于一个更为重要的位置。几乎所有在世的伟大艺术家都出席了会议：莱昂纳多（达·芬奇）、波提切利、桑迦洛（Sangallo）以及菲利皮诺·利皮等。他们要为我的作品选择一个恰当的安置地点。天哪！甚至有人提议，应当用巨人取代西格尼亚宫入口处多纳泰罗的青铜雕像《朱迪思和霍洛弗内斯》。上帝啊，我到底做了什么？巨人将矗立在那里，就像我们的守护神，时刻警告那些胆敢在这个美好而艰难的时刻威胁佛罗伦萨的人。如同大卫一样，佛罗伦萨也不可以被小觑。大卫将矗立在那里，面向罗马，凝视着南方。不论是教皇，还是美第奇（洛伦佐）在罗马两个儿子乔瓦尼和朱利亚诺都不能反对这座城市。

但不幸的是，这引起了佛罗伦萨美第奇家族及其朋友与支持者的抱怨，他们认为巨人是对美第奇的攻击，并公开侮辱我。他们指责我背叛我的养父。但是巨人并不是在批评洛伦佐的后代或是照顾我的家庭。它是对佛罗伦萨的礼赞，是对大卫、洛伦佐和波利齐亚诺的礼赞。菲奇诺应当会理解。终将成就一棵参天大树的小橡果早已存在于橡子壳中，上帝造人旨在不凡。对冰冷石材的热爱源自内在的激情，我就是烈火之中的冰块，被粉碎、被消亡，但不妥协。我是米开朗基罗·布纳罗蒂。

推荐读物

1.Gill, A. (2002). *II Gigante. Michelangelo, Florence and the David.* London: Review. This book tells the story of how Michelangelo created the statue of David.

2.Stone, I. (1961). *The Agony and the Ecstacy.* New York: Signet. The most famous novel about Michelangelo, compellingly well written.

3.Condivi, A. (1999). *The Life of Michelangelo.* 2nd edition. University Park, PA: Pennsylvania State University Press. The Renaissance's biography of Michelangelo, written under the careful guidance of Michelangelo himself.

4.Goffen, R. (2002). *Renaissance Rivals. Michelangelo, Leonardo, Raphael, Titian.* New Haven: Yale University Press. One of our age's foremost experts writes profoundly and well about the rivals of Renaissance art.

佛罗伦萨西格尼亚广场全景　By MatthiasKabel - Own work, CC BY-SA 3.0

第七章 马基雅维利：赢在现实

珀库西纳的圣安德里亚（Sant' Andrea in Percussina）

1513 年 4 月

但丁穿越地狱之旅发生于 1300 年的复活节期间。而我是否也正在经历着自己的地狱之旅呢？一个月以前，他们从巴杰罗监狱里释放了我。我

相信在那里我经历了地狱里最严酷的惩罚，但也许我是被冤枉了。我的信仰与我的能力之间不存在必然的关联，由此而产生的对我的怀疑几乎是无法容忍的。但丁迷失在黑暗的树林中，我现在也已被黑暗所吞没。但丁以一周时间走过死亡王国，他目睹了人类的命运和王国的毁灭，而我脑海里储存的记忆也纷纷浮现在我的眼前，面容、事件的碎片、谈话的片段，他们好像都在跟我谈话，但我不能确定这些是问题还是对我的侮辱。一周的旅行之后，但丁赢得了胜利的曙光，而我呢？

我在巴杰罗监狱里被关了四个星期。这座堡垒就位于共和国权力中心西格尼亚宫的后面。从权力的宫殿到监狱距离很短，那里是被判有罪和失势的人待的地方。帕齐阴谋失败后，他的许多同谋被带到这里并受到酷刑，其中一些人被吊在窗户外面处死。莱昂纳多曾经给我看过一幅他绘的草图，画的是谋杀朱利亚诺·德·美第奇（Giuliano de Medici）的凶手贝纳尔多·班迪尼（Bernardo Bandini）被吊在巴杰罗的窗户外面。后来，波提切利用以政变阴谋为内容的壁画装饰了从西格尼亚宫到巴杰罗监狱道路上的墙壁。对于那些反对美第奇家族的人来说，这是个可怕的结果和永恒的警告。1494年美第奇家族逃离佛罗伦萨以后，我们覆盖了原来的壁画，以弱化对其他家族的威胁并使人们慢慢忘记过去的不快。但事情往往不像表面看到的那么简单，在新的油漆下面，原来的壁画依旧存在，警告依旧有效，作为美第奇家族的敌人，我被判有罪并受到惩罚。

他们像普通的罪犯一样把我捆起来，并将我双臂置于背后，再用绳子捆在手腕上，使我遭受一种被称为斯帕帕多（the strappado）的酷刑。一根绳子穿过天花板上的钩子，我被从后面吊起来，然后被拉向天花板，紧接着松开绳子，这样我眼看着自己飞快地砸向地面，就在我即将坠地的那一刻，他们用强烈的冲击力拉住绳索，我的肩膀和手臂撕裂般疼痛。他们一次又一次地重复这个过程。在房间里坐着我认识并与之共事过的人，他们目睹着这一切，并同时向我提出了问题和指责。就好像我根本不存在，他们什么都没看见一样，尼古拉·马基雅维利，他们从前的同僚，甚至他们某些人从前的老板。我似乎不再是个人，只是一个需要被榨干信息、需要祷告的生物。他们怎么可以忘记？我是共和国第二大臣（the Second Chancellor）以及自由与和平十人理事会（the Ten of Liberty and Peace）的秘书！他们不记得我为佛罗伦萨所做出的伟大成就吗？他们忘记了比萨是如何收复的吗？这就是人类的健忘症。但是我什么也没有说。我应该告诉他们什么？我遭受了不公正的伤害：心理的侮辱、不实的指控、身体的伤害，所有这些都对我造成了影响。我是无辜的。我几乎是不可思议地承受了酷刑斯帕帕多。我不知道自己还有什么，但仍然能感觉到疼痛，在我的肩膀以及内心的疼痛。我仍然无法与他人谈论发生的事情。为了使自己感觉还活着，在老朋友的陪伴下，我从一家旅馆到另一家旅馆，从一个女孩到另一个女孩。但是，一切都不再如以前，我变了。屈辱的经历在我身上留下了印记。我的朋友们似乎也有所不同。但我有时也会笑或者唱歌，那是因为我没有其他办法为痛苦的眼泪找到出路。

我退出江湖，回到了位于佛罗伦萨郊外珀库西纳的圣安德里亚（Sant' Andrea in Percussina）家族的老宅。从这里的山顶上，可以俯瞰佛罗伦萨，在春光下，大穹顶清晰可见。我怀念这座城市及其过去的生活，但与此同时，这座城市现在让我感到恐惧，走在曾经熟悉的街道上，在曾经与朋友聚会交谈的地方，现在只有沮丧与恐惧。我必须忘掉过去、忘掉政治、忘掉争论，我要摆脱这一切，我必须梳理自己的思绪。

经此一劫，我至少看清楚了一件事，即人对他人的敬佩与依附是脆弱的。他们可以轻率地向你的成就致敬，但风向一变，他们随即可以指责你。

我之所以这样说并不是因为我对所发生的一切怀恨在心。这是我一直以来的观察。佛罗伦萨的人文主义研究和马西里奥·菲奇诺的柏拉图学会所推崇的思想是错误的。对此，我本应明了，因为那就是与生俱来的传统。但是，人不是天生向善的动物，我们并不努力追求最高标准、实现最好的自我。恰恰相反，我们被自己的野心以及低级猥琐的欲望所驱使。天国的力量恣意地支配着我们，愤怒被播撒到地球，唤醒人类的欲望，泯灭感恩之心。其结果是人屈服于自我的贪欲与嫉妒。

在这种可悲的情况下，邪恶的本性支配着我们。《圣经》一开始就预言到了这一点。亚当（Adam）和夏娃（Eve）为什么被逐出天堂？区别流亡人类与神性最原始的行为是什么？兄弟反目，该隐（Cain）杀死亚伯（Abel），是什么原因？是嫉妒上帝对亚伯的爱。我们的主偏爱亚伯的祭品，这就是该隐谋杀自己血亲兄弟的全部原因。让菲奇诺的追随者们在他们的城堡见鬼去吧，爱也许可以统治天堂，但绝不是统治地球的力量，也绝不是地球上的居民。

佛罗伦萨承载着自己厚重的历史。洛伦佐·德·美第奇备受市民的尊重与爱戴。但在他离世仅仅两年后，他的儿子皮耶罗却被这座城市所驱逐。多明哥修会的修道士萨沃纳罗拉与许多丑陋的勾当都有关联，但这位修道士也做过许多好事，是他为后世奠定了佛罗伦萨共和制的基础。他曾经一度被视为上帝的使者，但在西格尼亚广场上，上帝却抛弃了他，最终他被投入大火之中烧死。事情起因于佛罗伦萨的方济各修会向他提出的挑战，要他证明他与上帝的特殊关系。为此，方济各修会中最显赫的修道士之一向萨沃纳罗拉发出邀请，邀请萨沃纳罗拉与他一起步行穿越三十米长的火墙，谁能活着走出来就说明谁真正拥有上帝的祝福。萨沃纳罗拉明智地拒绝了，因为这有损他的尊严。但他最亲近的随从之一自愿站出来代表萨沃纳罗拉接受这一挑战。于是，方济各修会的挑战者也派出了他的一位属下。这是王公贵族乃至教会之间盛行的解决争端的方式。到了约定的日子，万人空巷，大家都汇聚到了西格尼亚广场，期待那神奇的一幕。熊熊大火燃起，但两位代表却裹足不前，不敢执行他们的神圣使命。人们在亢奋中期待着，但两位可怜的修道士却像秋风中的树叶一样颤抖不止。代表萨沃纳罗拉的修道士甚至从圣马可教堂（San Marco）带来了圣杯。此刻，只见他紧紧地抓着圣杯瑟瑟发抖，似乎这是他生存下来的唯一希望。这激怒了方济各修会的修道士们。数分钟过去了，人们渐渐失去了耐心，整个广场变得躁动不安。但就在此时，电闪雷鸣狂风大作，一场瓢泼大雨倾泻而下，广场上躁动的人群及修道士们随即风流云散——真应当为此写一部喜剧。可那时的人们确实已经受够了，到了夜晚，他们闯入圣马可修道院，绑架了萨沃纳罗拉以及他的同伴，随即对他施以斯帕帕多（the spappado）酷刑，迫使他供认他策划从事了异端活动，他的惨叫声传得很远。简易的审判产生了致命的判决。最终，来自费拉拉的修道士不得不自行穿越烈火以自证清白，无论他是否愿意。

　　人的本性是多变的，爱是脆弱的。当一个人面对两个人，一个是他爱的，另一个是他怕的，他会更加顾及他怕的那个人。卑鄙的人少有爱，而爱作为人与人之间联系的纽带，时常被利益冲突所打破。从而，爱或是钦佩与赞赏都无法作为稳定关系的基础。无论是公国还是共和国的治理，都是一样。对于领袖，必须了解人的本性并据此行事。否则，他将会失去他的公国或城市。

　　在过去的几周中，我多次暗下决心，永远不再讨论政治或分析领导人的行为。像但丁一样，我被放逐到位于圣安德烈的庄园，我将在此虚度光阴。我的生命将聚焦于检查防鸟类网以及对林木工人的密切监督。和但丁一样，我也会被自己所经营公司的愚蠢所激怒。就我的具体情况而言，可能会是当地小旅馆的老板与其合伙人。其实我也就是想和他们一起玩纸牌。我生于贫穷，也将归于贫穷。Quondam segretario（意大利语，前任秘书）——一位已过气的秘书。我将不再期待激情，但为什么我的内心依然无法平静呢？我无法摆脱对政治的思考，命运既没有赋予我处理丝绸或羊毛贸易的能力，也没有使我具备控制损益的能力。我只懂得政治，就算是空中楼阁，那也只能如此。

之所以像萨沃纳罗拉这样的领袖无法成功，那是因为他们没有真正理解人的本性。他们将原则基于理想的概念之上，并想当然地认为人会团结起来形成一个强大的群体。以这样的方式方法，你永远不可能成功。你没有将人的阴暗面纳入考量范围。教会相信，我们可以通过仁慈、沉思和良好的基督徒生活来教化人。他们错了，一个一心向善的人，必然会被恶人所击败。现实社会与理想社会之间的距离非常之大，放弃理想的任何人都会加速自己的堕落，无法做到独善其身。如果你能认真审视所有影响历史进程的真实因素，你将会得到完全不同的答案。真正成功的君王首先要看穿人性，并以勇气与智慧利用之。

君王之所以失败，是因为他们没有看懂现实世界，未能透过表象看到隐藏在其背后的本质。通常人们很容易接受事物的外在表象，轻易地相信所看到、听到的内容，而疏于做进一步的调查，进而并不了解事物的真实状态，所以很容易被蒙蔽。正因如此，诈骗与作弊者在人类社会有广阔的生存空间。庄严的仪式与盛大的庆典令我们热血沸腾，但常常被忽略的是其所隐含的内容。我们常常依据产地而非口味来选择葡萄酒。你必须通过触觉、嗅觉等来感知事物，应该更多地依赖双手，而不仅仅是眼睛来做判断。只有综合考量全部的线索，你才能得出正确的答案。只有认真调查研究，才可能逼近事物的真实状态。但是可惜啊，人很容易被骗！

西班牙国王费尔南多（Ferdinand）历来都是一个谜。弗朗切斯科·维托里（Francesco Vettori）绞尽脑汁也无法解释他的动因。毋庸置疑，费尔南多是西班牙历史上一位了不起的君王，他完成了许多伟大的事业，包括联合阿拉贡（Aragon）和卡斯蒂利亚（Castilla），将撒拉逊人（Saracens）赶出格拉纳达（Granada），并入侵那不勒斯（Naples）。他启动了大航海时代，西班牙船队成功抵达大西洋的另一侧，后来那里被命名为美洲。这个名字来源于著名探险家和制图师阿梅里戈·韦斯普奇，也是我前同僚的兄弟。费尔南多国王忙个不停，一个行动紧接着另一个行动。他的很多行动都令人难以理解，更有甚者，有些行动是相互矛盾的。尽管如此，他所推动的事业都取得了成功。那这到底是什么原因呢？一个可能的解释：国王拥有胆识与决心，但缺乏智慧，更无理性的谋划，总是靠运气取胜。因此，他所有的成就都来自命运之神的眷顾。第二种解释相对易于理解：国王聪明异常，而极端聪明的人绝对不会将自己的命运置于对他人的依赖之上，国王似乎一直在有意识地摆脱这种依赖，他从事的多项事业都将他置于非常困难的境地，而这也许是他有意为之。但是还有第三种可能性，也是我认为最合理的一种：那就是他如何理解并操纵，以使其臣民保持对他的忠诚和奉献精神。这位天主教国王使他的臣民始终处于巨大的困惑之中，始终对他充满了期待，因为他是不可预测的。以此，他为他自己以及自己的蓝图烘托出一种巨大的氛围。尽管他以谦卑示人，但却已冉冉升起，成为基督教最伟大的国王之一。耀眼的光晕蒙蔽了人们的双眼，罗马竞技场中市民的狂欢无法与西班牙的大型探险活动相提并论。真实与幻象之间存在着清晰的差别。

在担任共和国秘书期间，我见到过许多领导人。现在想来似乎有点奇怪，因为最能体现这些特征的人是切萨雷·波吉亚。他在佛罗伦萨名声不好，人们把他看作是一头不可理喻的怪兽，对这座城市构成了极大的威胁。人们知道他是教皇亚历山大六世的私生子、梵蒂冈军队的司令官。这些都是事实。亚历山大六世是一位工于心计冷酷无情但颇具魅力的教会领袖，他喜好女色，就非婚生子女人数而言，在历任教皇中的排名绝对领先。同时，他也是狡猾的外交官与权谋大师，那正是因为他非常了解这个世界。切萨雷·波吉亚作为亚历山大六世的儿子青出于蓝，超越了父亲。1502—1503年，我见过他几次。其后不久，他达到了他权力的顶峰。正是在他的营地，我遇到了莱昂纳多·达·芬奇，作为切萨雷·波吉亚任命的总工程师和建筑师，为其部队服务。尽管切萨雷·波吉亚有过种种恶行，但我发现他确实是新君王的榜样。

切萨雷·波吉亚在罗马涅地区（相当于现今的艾米利—罗马涅大区）负责教皇运动，该运动旨在收复梵蒂冈的失地，并增强教会对世俗社会的管控权力。他足智多谋，精力充沛，赢得了士兵们的喜爱；他从不休息，危险与疲劳都被他甩到身后，在征服新疆域的旅途上马不停蹄。对他而言，伟大的功绩与日常的工作并无差异。谁会相信呢？教皇的儿子，原本是为文职工作而培养的。18岁时，他被父亲任命为红衣主教，但他并未留恋教职，而是转而担任梵蒂冈武装部队总司令。正因如此，我对他非常钦佩。

佛罗伦萨的自由与和平十人理事会（the Ten of Liberty and Peace）不喜欢我发回的报告。我的朋友提醒我要控制自己的热情，已经有流言说我接受了塞萨尔·波吉亚的贿赂。但是他确实与众不同，这不仅仅是因为他的成就，而且因为他了解这个世界并且知道如何推动它，他的行为值得关注并效仿。

可以体现塞萨尔·波吉亚智慧的经典案例之一发生于1502年。塞萨尔·波吉亚蒙骗了乌尔比诺公爵（Durb of Urbino）——意大利最精明、最可怕的雇佣军将领之一，以计谋与诡诈夺取了他的城市。故事的基本情节非常简单，梵蒂冈派遣了一名使节，前往乌尔比诺拜会公爵，希望公爵容许梵蒂冈的部队及其火炮借道乌尔比诺。切萨雷·波吉亚率领的部队似乎忙于征服乌尔比诺以外的地区。公爵有些犹豫，但最终同意了梵蒂冈的请求。于是，塞萨尔·波吉亚率领的部队毫无阻拦地从三个方向进入大公国，他们在乌尔比诺的城堡前停了下来，士兵们包围了城堡，大炮炮口也对准了城堡。此时的公爵没有任何选择的余地，只能投降。也是在同一年秋天，切萨雷·波吉亚还以计谋铲除了背叛他的属下。他手下最强悍、也最危险的四位将领密谋反对切萨雷·波吉亚，以瓜分其领土。政变的阴谋被曝光了，可四位悍将手握兵权，切萨雷·波吉亚无力对抗。因此，切萨雷·波吉亚提议召开和解会议，并许诺他们继续执掌军队。由于计划的提前曝光，四位将领认为这应当是个不错的解决方案。于是，高兴地接受了他的提议，并在中立地塞尼加利亚（Senigaglia）召开会议，以庆祝新的友谊。但他们不知道的是，切萨雷·波吉亚在此期间已召集了新的武装力量，所谓的和解方案与新的友谊只是个幌子。四位将领被请进了他们无力自卫的塞尼加利亚城堡的宴会厅，在那里见到了他们的上级、他们的君王。接下来发生的事情顺理成章，忠于切萨雷·波吉亚的士兵随即将四位将领投入了城堡的地牢，而他们驻扎在城外的军队也被切萨雷·波吉亚的士兵所摧毁。最终，四位谋逆的将领被两两一组背靠背地吊死在城堡。

是的，他很残酷！但是他时刻准备着去做该做的事情。他了解人和这个世界的真实本质。佛罗伦萨此时正在与他进行谈判。他令我们难以捉摸，无法预测，也很难理解。前一分钟还在威胁我们，紧接着却是尽显友谊的画面。他的所有行动都是为最终目标服务，其结果不证自明。他不仅是策划者，也是毫不犹豫的行动者。他无惧危险且乐于冒险。像戏剧艺术家，他设法使人们对他产生很高的期望，但靠的并不是舞台烟火与魔镜。他非常了解哪些是人民需要的、必须要满足的东西。当他任命的罗马涅（Romagna）州长拉米罗·德·洛夸（Ramiro de Lorqua）的残酷行径招致了人们的怨恨，切萨雷·波吉亚做了一次短暂的祷告，为了消除仇恨、撇清关系并赢得人民的爱戴，他以行动证明其残酷行径并非自己的过错，而是州长自己残酷无情的个性使然。一天早晨，人们在城镇广场上发现了被切成两半的州长，旁边还有木棍和沾满鲜血的刀子。多么精彩的剧情！于是人们疯狂地爱上了切萨雷·波吉亚。很少能有君王可以与他比肩，比肩他的才能与美德。

　　从巴杰罗监狱获释后，我收到了弗朗切斯科·维托里的来信。他是我在西格尼亚宫中为数不多的朋友之一，他不仅保住了自己的位置，甚至还被提升了。他来自一个具有老好人名声的富裕家庭，他的父亲被称为老好人弗朗切斯科，风尘女子和酒是他的最爱！弗朗切斯科是一位很好的听众和辩论伙伴，这不仅仅是因为他总能抓住问题的核心并使辩论得以保持清晰的主线与逻辑关系，更重要的是他的问题与陈述常常引发我的思考。在某些情况下，他可以促使我以全新的角度来看待事物。事实上，我们两个能成为好朋友实属奇特。许多年前，佛罗伦萨要向马克西米利安大帝的哈布斯堡王朝（the Emperor of Habsburg, Maximillian）派出一名使节，而我并不在考虑之列。佛罗伦萨的上层社会希望从拥有丰富遗产的、有名望的家族中选派使节，于是他们任命了弗朗切斯科·维托里。那些个穿梭于美第奇家族与上层社会的嫖客们不会喜欢我。佛罗伦萨一个普通人的儿子会对他们构成威胁，尤其是当我能证明自己能力的时候。然而，弗朗切斯科明智地意识到他需要帮助，于是索德里尼派我去协助他。最终，那些原本可能导致相互猜疑、彼此拆台的关系变成了持久的友谊。我从来就不会怀恨在心，除了上述提到的那几个嫖客。

弗朗切斯科的来信使我感到自己还活着。在但丁的地狱之旅中，维吉尔一直伴随其左右并提供指导。而弗朗切斯科就像是我的维吉尔。但他从罗马的一封来信吓坏了我，因为他写的东西事实上反映了我的思想和绝望：不考虑社会的现实性，只基于理性的推理与分析，其意义何在？这使我浑身一震。无论你同意与否，不争的事实是，现实社会的运行是非理性的。我们人民的共和国是如何沦陷的？首先被剥夺公职，然后遭受酷刑，我怎么会受到如此不公正的待遇？但是我不能屈服，我必须继续发声，继续谈论政治和领导才能。我誓言要么沉默要么继续。我随即回复弗朗切斯科，并想象着他就是我的维吉尔。我引用了但丁所说的话，但丁注意到维吉尔犹豫着是否要下到地狱，但丁说："你是我绝望时的慰藉，如果你现在都感到恐惧，那我该如何继续？"我要穿越地狱，这是我的一周。但最令我感到不适的景象是阴影下的感觉，因为那里的一切都是随机的，没有可预知的模型。在现实世界，因果关系被抛弃，人类行为随意且邪恶，我担心这就是我堕入地狱深渊的绊马索。

世事难料！命运之神鼓动着她的轮盘，时而把你推上巅峰，时而把你堕入深渊。现实世界中的每个人早晚都会臣服于她的强大。她就像一条狂野的大河，肆虐泛滥，所到之处摧毁一切，没有人能够阻止她。她可以恣意推翻帝国、颠覆皇权，她似乎特别乐于加害诚实善良的人。看看她如何对待恺撒和亚历山大！她不仅将正义偷走，更将不公正播撒于人间。无论你取得了怎样的成就，你都无法控制自己的命运。即便是切萨雷·波吉亚，最终也成了命运的受害者。在塞尼加利亚平叛仅仅半年后，他不仅失去自己的父亲，即罗马教皇亚历山大六世，也无力阻止他父亲最大的对手尤利西斯二世成为下一任教皇。新任教会领袖上任后的第一件事就是没收了切萨雷·波吉亚的领地并下令抓捕他。切萨雷·波吉亚随即逃离意大利,从此销声匿迹。基于管控与秩序的设想,我们可以使自己沉醉于虚幻的安全感,但是不期而至的变化会摧毁我们所有的计划与成就。我们自己拥有的技能和力量只能为我们的成功贡献一半,而另一半由命运主宰。

以我为例,我给共和国的建议是佛罗伦萨应该武装自己的人民,建立自己的民兵组织。过往的历史经验告诉我们这是正确的选择。我们现在过于依赖雇佣军及其将领,对他们抱有太多的幻想。这真是太天真了!怎么可以将自己城市的命运交付到外来人手中?对于这些外来人,那不过是他们所接受的众多的外包项目之一,而他们所关心的只是他们自己以及他们的钱包。所以,不难理解,背叛就像是家常便饭,同样也不难理解,他们会尽力避免激烈的战斗,以免受到伤害而无法接受下一个订单。在极端情况下,他们甚至会背叛自己的雇主而与雇主的敌人联手。不可以再这样下去了。基于对自己城市的忠诚与服从,公民必须自己来保卫自己的城市。我负责招募、训练我们的民兵部队。他们列队进入西格尼亚广场的那一天是我最骄傲的日子之一,而他们最伟大的壮举则是围困比萨。自从查理八世入侵佛罗伦萨,比萨独立以来,我们就一直试图夺回那座城市。我们尝试过所有办法,都没有成功。我和达·芬奇曾经有个疯狂的计划,将阿诺河分流到比萨附近的一条运河中,以切断比萨的补给路线。达·芬奇勾勒的草图显示了他神一般的想象力。我当然知道他在切萨雷·波吉亚麾下所做的工作。但很不幸,我们的伟大计划被洪水冲走了。河流绝不允许外力轻易控制自己。达·芬奇设计的所有堤防和水坝都被冲垮了,阿诺河恢复了往常壮丽雄伟的身姿。无论怎样,在攻城的最后阶段，我承担了巨大的压力。我的朋友称我为将军。事实上，对于1509年比萨的最终投降，我起了决定性的作用。我的民兵在那里作为后盾，使得我最终取得了谈判桌上的胜利。后来人们对我说是我使得这一切成为可能，是我的队伍赢回了比萨。佛罗伦萨的所有人都在庆祝我们的胜利。但命运之神发现摧毁我的时候到了。

我耳朵里充斥着我自己的声音，听起来就像《圣经》中的约伯（Job），像所有的失败者那样呼喊着："为什么是我？"又像是沉迷于自怜与反思的波伊修斯（Boethius）。我无意以这种方式就此退隐。命运之神永远不会被击败，但可以被影响。与其抗争的人，诸如切萨雷·波吉亚，都是获益者。审时度势，你就是强者，反之，你将折戟沉沙，而智者可以以谋虑施以影响。因此，不存在简单的模式可循，必须紧随事态的发展。因地制宜、因人制宜可以殊途同归，但与时俱进并不是人人都可以做到的。很少有人可以真正拥有这样高度的智慧。这就是为什么命运之神可以轻易地将身处巅峰的胜利者推落深渊。

尽管如此，我相信命运之神偏爱勇敢且无情的人。也许她的最爱是年轻人，是那些敢于承担风险并行事大胆的人。对于他们，命运之神会昭示伟大的机遇。那些富于美德的人会抓住命运之神赋予的机遇，并基于自己的意志成就一番事业。我对怯懦的领导人感到厌倦，可他们并不少见，看看那些着眼于自己的琐碎利益，在机遇面前裹足不前的人；那些对失败的恐惧大于对荣耀的渴望的人；那些萎靡不振，时机成熟却不敢采取果断行动的人。

我就有过这样一位领导——共和国的领导人皮耶罗·索德里尼，他是终身贡法洛涅尔（Gonfaloniere）。那是一个善良的人，对我非常信任。多年以来，我们密切配合，保持了良好的合作关系。他的兄弟，红衣主教弗朗切斯科·索德里尼（Francesco Soderini）是我的好朋友，作为佛罗伦萨的使节，我们一起去过很多地方，包括在1502年的多事之秋去拜会切萨雷·波吉亚。皮耶罗·索德里尼支持我的想法和行动，并一直为我谋求更高的职务。这引起了许多人的不满。他们认为，就我的背景而言，不应担任重要职务，甚至有传言说，我们俩有共同的野心，那就是推翻共和制，使索德里尼成为佛罗伦萨的君王——索德里尼是主谋，而我本人是他的幕后帮凶。人的善良是谣言的沃土！不论是作为人还是领袖，索德里尼都不成功，尽管我们共享着过去以及他对我的荫泽。但对于他，我已无话可说，除了蔑视，就只剩下同情。他被他自己及其助手所蒙蔽。他太天真，不懂得关键节点的谋划与行动。

他总是很自负。1504年夏天，米开朗基罗将他的大卫雕像放到了西格尼亚宫前的广场上，除了少数几个愚蠢的美第奇家族的支持者以外，人们欢欣鼓舞。而索德里尼做了什么呢？他感到有必要展示一下自己与众不同的艺术品位。于是，他声称大卫的鼻子太大了！共和国首脑的评论莫名其妙，也使得沉浸于巨大喜悦之中的米开朗基罗感到非常尴尬。米开朗基罗向来独来独往，对自己的天才以及作品相当自信，此时的他眼睛发黑，脸涨得通红。接下来发生的一幕令人难以置信！只见他一言不发，在大卫面前搭起了梯子，并弯腰拿起了锤子和凿子。但我们中的一些人还是看到了他的另一个动作：他收集了少量的大理石粉尘。接着他爬上梯子的顶部，对着大卫的鼻子开始敲击。锤子击打凿子，凿子头部并未碰到大卫的鼻子，但有不少大理石粉尘从米开朗基罗握着凿子的手心里纷纷飘落。然后，米开朗基罗转过身来，带着好奇的眼神望向索德里尼，而我的伟大的领袖得意地说道："瞧，现在好多了！"

某些领导人最适应的场景是庆典及仪式。1512年夏季，佛罗伦萨进入了自己真实的时刻。自从1494年查理八世穿越阿尔卑斯山以来，意大利就一直饱受战争与劫掠，西班牙趁机入侵那不勒斯，其他君王则紧随其后。近二十年来，法国人、西班牙人、德国人和瑞士人在我们美丽的国家肆虐，掠夺了欧洲最富有的珠宝柜。而意大利各国则是一盘散沙，且愚蠢至极。他们只注重眼前利益，避免自己被贪婪的邻国加害。威尼斯和梵蒂冈是罪魁祸首。半岛政治生态极为混乱，各方频频结盟，又轻易地背信弃义，昨天的死敌可能是明天的挚爱，阴谋诡计充斥于政治领域。最大的受害者就是意大利半岛各国，强大的君王何时再现？以赶走蛮族为半岛带来和平。

多年以来，佛罗伦萨一直努力维系着与法国的长期盟友关系。这有效地保护了我们。但这需要高超的外交手段来避免他人的愤怒并维护我们的独立。作为使节和谈判代表，我穿梭于王公贵族和教皇之间，进入他们的世界，推断他们言行背后隐藏的真正动因，并向佛罗伦萨引以为傲的自由与和平十人理事会报告我的评估和建议。他们相信我的观察和结论。我知道1512年的夏季将会发生什么。教皇尤利西斯二世，即亚历山大六世的继任者，将切萨雷·波吉亚赶出意大利，挑起了争端。与其说尤利西斯二世是个神父，倒不如说他更像是个司令官。他是个大个子，留着浓密的胡须，有着传奇般的气质。关于他，最值得一提的也许就是在他的要求下，米开朗基罗绘制了西斯廷教堂的天顶。与其他伟大的领导者一样，他具有领导者所特有的胆量与进取精神。一旦他决心要做什么，所有人都尽力避开以免自己遭受损失。威尼斯人尝试过，但在1509年，他们被教皇及其神圣同盟彻底摧毁，在一天之内威尼斯失去了他们几个世纪以来所建立起来的一切。事实上，威尼斯人应当感谢神圣同盟，因为他们在威尼斯的外围停了下来，并没有占领威尼斯城。在这场胜利之后，尤利西斯二世势不可挡，他的下一个主要目标是法国。这使我们不由自主地被卷了进来。我们竭尽全力试图使梵蒂冈与法国达成和平协议，但没有成功。教皇决心已定，我们该怎么办？于是我们试图在即将发生的冲突中保持中立。但尤利西斯非常愤怒，他不止一次地暗示佛罗伦萨要承担相应的后果。随即，教皇的神圣同盟与法国人在拉文纳进行了一场可怕战斗，双方损失惨重。但令我们感到绝望的是法国人失去了斗志，退回到了阿尔卑斯山以北。于是，佛罗伦萨成了孤家寡人。

尤利西斯二世打定主意要进行彻底的改变。他将从拉文纳战场撤出的西班牙军队派往佛罗伦萨，其图谋昭然若揭。红衣主教乔瓦尼·德·美第奇，即洛伦佐·德·美第奇的次子与尤利西斯二世是多年的好朋友。现在，教皇要进行报复，而他将获益。教皇要消灭他眼中的邪恶共和国，并扶植一个可靠的盟友。洛伦佐的儿子们看到了回家的希望，其家族的支持者也纷纷从隐藏的角落里爬了出来，显露出了他们的真实面孔。而索德里尼做了什么呢？没有。他只是要求我尽力而为！他将自己的信心建立在人民的爱与支持之上。当西班牙人渐渐逼近佛罗伦萨时，他手足无措且不愿面对市民的恐慌。更糟糕的是，对于我们所面临的现实情况，他显然缺乏明智的判断。刚刚经历了一场恶战的西班牙人疲惫不堪，他们在拉文纳幸存下来已属不易，与其说他们愿意立刻投入另一场战斗，不如说他们更愿意违背教皇的意愿进行谈判以寻求妥协。于是他们在距佛罗伦萨二十公里的小城市普拉托（Prato）外停了下来，然后派遣了一个使者向我们传递他们的要求。千载难逢的机会啊！如果我们有效地部署部队；如果我们坚决镇压城市中的美第奇支持者，那么我们的力量与智慧将挽救我们的城市。但皮耶罗·索德里尼既不坚强也不果断，更没有足够的智慧判断局势，他拒绝了西班牙人的和解方案。于是普拉托遭受了袭击，这座小城受到了前所未有的破坏。噩耗传来，佛罗伦萨陷入了恐慌，索德里尼更是不知所措。此时，对西班牙人的恐惧窒息了所有的理性思维。而索德里尼最关心的只有他自己，他自己的性命。美第奇的支持者看准时机，他们闯进索德里尼的办公室勒令他辞职，并许诺他可以安全地离开佛罗伦萨。惊恐的皮耶罗·索德里尼在午夜逃走了。如此的领袖！想必皮耶罗·索德里尼离世之后，当其灵魂抵达地狱的入口时，冥王会鄙视地告诉他："你有什么资格下地狱？你应当和那些从未接受洗礼的婴儿一起待在地狱的外缘！"

美第奇家族终于如愿以偿地回归了佛罗伦萨，他们掌控了权力。多年以来，佛罗伦萨两种潜在的治理形式处于平衡状态：一个是人民共和国，另一个是美第奇王国。而现在我们转向了后者。洛伦佐最小的儿子朱利亚诺成了佛罗伦萨美第奇家族的首领，得到了他周围的贵族阶层的大力支持。而红衣主教乔瓦尼·德·美第奇则留在罗马，紧贴尤利西斯二世。对于朱利亚诺，我没有什么微词，我们认识很多年了，年轻时我们曾以诗歌相互交流。朱利亚诺回归后，试图以温和的手段来统治佛罗伦萨，对于1494年家族被流放时期的叛逆者，他并没有采取报复行动。一些贵族人士试图说服朱利亚诺采取更加严厉的措施，但他非常明智，他知道那样会导致强烈的反弹。我写信表示支持他采取的温和态度，但同时也告知他要警惕上层社会对私利的追求。其实我不应该这样，因为这导致了他们可怕的报复。他们解散了我的民兵武装，免去了我的一切职务，并禁止我进入西格尼亚宫。最过分的是，我被看作是罪犯，禁止离开佛罗伦萨一年。他们为了防止我逃离，强制我缴纳几千弗林作为保证金。逃跑！我为什么要逃跑呢？即便是在美第奇家族的统治下，我仍然希望能够继续我的公职。佛罗伦萨的市民也非常希望他们能够像他们的父亲洛伦佐·德·美第奇那样，给这座城市带来荣耀和欢喜。但是我从来都不擅长阿谀奉承。我的几个朋友劝告我要加强练习以提高这项技能。我不确定朱利亚诺是否具备管理这座城市所需的实力，是否拥有他父亲那样的能力。

更糟糕的事情接踵而至。美第奇家族回归之后，这座城市处于失衡的状态。许多人摇摆不定，不知如何与新政权相处。人们无法忘记近年来佛罗伦萨共和国的骄傲，牢骚与不满充斥于民间。几位头脑发热的年轻人试图谋划一场政变，以恢复共和体制。但那是需要相当的智谋才能完成的，而他们太年轻、太天真，既不懂政治也不懂谋略。他们简单地梳理了可能的支持者并列出了一份名单。真是无能、该死！更令人难以置信的是，这份名单居然被他们丢失在了佛罗伦萨的大街上！当然，统治者得到了它，而我的名字赫然在目。

所有的希望都破灭了。我被扔进了巴杰罗监狱，受到酷刑的折磨，前途一片漆黑，死刑似乎是我最终的归宿。在监狱里，我写信给朱利亚诺，以诗歌的形式，试图使他想起我们过去的交往："朱利亚诺，一对镣铐锁住了我的双腿，肩上的六条绳索将我吊起，我不用多说其他的苦楚，因为这是对待诗人的方式！墙上满是虱子，大如苍蝇，朗斯瓦勒（Roncesvalles）从未有过如此不祥的气味。"我感到我被遗弃了，就像在朗斯瓦勒的罗兰（Roland）骑士，在那里，他作为查理曼大帝的后卫，阻击撒拉逊人。然而，朱利亚诺并没有回答。

我对即将发生的事情感到非常恐惧。一天早晨，牢房外面的歌声将我唤醒，那是赞美兄弟情谊的歌，它安慰、陪伴着慷慨赴死的兄弟：Per voi s'ora——为你祈祷。被带走的是那几个年轻人，他们策划政变，并写下了可能的支持者的名单。他们的歌声感人至深，但我是无辜的！到了夜晚，我在自己的牢房里看到幻影，既有凡间尘寰也有阴间鬼蜮，身处其中的我哭求帮助，他们其中一位，看不清是哪位女神，对我说道："你是谁？你怎敢叫我？"我告诉她我的名字，但她打我的脸，让我闭嘴。"你不是马基雅维利，因为你的手脚被捆住了，像一个被捆起来的疯子。"我试图解释，但她说："将你的喜剧献给魔鬼吧！"作为最高的神的见证，我就是我！

一个月后，问题解决了。教皇尤利西斯二世死了。这位被称为斗士的教皇给我个人和佛罗伦萨带来了无尽的苦难。出乎所有人的预料，乔瓦尼·德·美第奇被任命为新一任教皇。谁能想到洛伦佐的二儿子会成为教皇？后来有人告诉我，甚至乔瓦尼本人也倍感意外。他欣喜若狂，对他弟弟朱利亚诺说："上帝赐予我们教皇的权力，让我们尽情享受吧！"乔瓦尼选择尊号为利奥十世。佛罗伦萨人成了牧师王国的君主，使得脆弱且易受攻击的佛罗伦萨在今后很长一段时间内有了安全感，并为其商业的扩张铺平了道路，佛罗伦萨全城同庆。美第奇家族一年以来带给佛罗伦萨的所有苦痛都被忘在了脑后。人民是如此健忘！共和国很快也将被遗忘。由于美第奇家族在圣·彼得大教堂的宝座，使得其家族在佛罗伦萨的地位也相应得到了保障。美第奇家族明了这一点，在狂欢的氛围中，他们释放了巴杰罗监狱里所有的囚犯，以示宽容和善意。我依然想知道朱利亚诺是否给予了我特别照顾，因为他确实知道我在寻求他的帮助。

我会回归吗？我恳请弗朗切斯科·维托里务必尽力，或许他的兄弟可以帮上忙？或是红衣主教索德里尼（Soderini）？他是贡法洛涅尔的兄弟，和新任教皇保持着良好的沟通渠道。我期待着，但期待会导致更多的痛苦；我哭泣着，泪水却滋润了我疲倦的心田；我笑了，但我现在不能容忍任何笑声；我燃烧着，但没人能看到燃烧的刺痛；因此，我希望，我燃烧，我大笑，我哭泣，我为自己的生命而感到恐惧。我不想给弗朗切斯科太大压力，也不想给他带来麻烦。他的来信及其信中的谈话意义重大，我不能冒险，他们是我的慰藉。我将以我固有的方式生活下去。

但丁真的做过地狱之旅吗？无论怎样，他都未能返回佛罗伦萨，因为他被判处永远流放。我会追寻他的脚步吗？也许我不会像他那样，也许我只会下到地狱的第一层，而不会被降到第二层。但丁告诉我们，地狱的第一层是古代圣贤们的居所，他们没有做错任何事，只是出生在了基督之前，因此无法得到救赎，最终只能待在地狱，被判流放。但丁说，那些都是非常卓越的历史人物，诸如荷马、贺拉斯、奥维德、维吉尔等。他们将永远待在那里继续他们的讨论和推演。也许我就属于那里，属于那些在地狱中被判处永远流放的无辜者。与其跟随天使们的唱诗班前往天堂，我更愿与古代伟大的思想家们待在一起，参加他们的讨论。

夜幕将至。我蹉跎于圣安德里亚。我并非为此而生。玛丽埃塔（Marietta）和孩子们似乎更习惯这里。玛丽埃塔甚至期待能在夏天再生个孩子。而我的心情却日益恶化，日子漫长且无边无际。但每到傍晚时分，我会复活，我走到书房门口，脱下污垢不洁的工作服，身着法庭中的华丽衣服和古典饰物，进入庄重的古典大师们的殿堂。在那里，他们以他们的仁慈来欢迎我；在那里，我以我生来唯一所求的食物来滋养我；在那里，我不耻下问，探寻他们的动因与仁慈。每天四小时飞逝而过，我会忘记我所有的忧虑，我也无惧贫困与死亡，因为我已与他们为伴。就像但丁所说，知识将不复存在除非你记下你之所悟。于是我要写下他们之所赐。

我就是我，在地狱。

推荐读物

1.Najemy, J.M. (1993). *Between Friends. Discourses of Power and Desire in the Machiavelli- Vettori Letters of 1513—1515.* Princeton, NJ: Princeton University Press. An exciting and in-depth study of Machiavelli's correspondence during the period addressed by this chapter, written by one of the foremost international Renaissance scholars.

2.Machiavelli, N. (2004). *The Prince.* London: Penguin Books. Machiavelli's most famous work, which is based on his ideas and reflection s in Sant' Andrea in Percussina, after his fall from grace in Florence.

3.Viroli, M. (2000). *Niccolo Smile. A Biography of Machiavelli.* New York: Farrar, Straus and Giroux. An easy-to-read biography written by a well-known Italian scholar with a great appreciation for Machiavelli.

囚徒 米开朗基罗　By Jörg Bittner Unna - Own work, CC BY-SA 3.0

第三部 透视
第八章 囚徒

>……记着,在此类的危机过程中,基于你的理解,应遵循最高尚原则处事,注重共同价值而非特殊利益。
>
> ——洛伦佐给长子的临终劝告

看看洛伦佐给皮耶罗的忠告。不幸的是,智慧不可能像文字那样易于传承,个人经验自然会居于主导地位;领导艺术也不会自动遗传,一纸正式的任命远远不足以转移权力。总而言之,显赫的背景与光鲜的外表是远远不够的。领导力不可能通过握手或任命来传递,它是你个人境遇的结晶,也是你一生经验的总结。无论你是否喜欢,领导力都与作为个人的你密切相关,责任也完全属于你自己。

一、高阶雇佣兵的诅咒

文艺复兴时期的思想家和历史学家所做的判断是清晰准确的。马基雅维利和弗朗切斯科·吉恰尔迪尼是洛伦佐时期佛罗伦萨的政治评论家,他们两人都非常敬佩洛伦佐,将洛伦佐看作意大利政治罗盘上的指南针,是隐于幕后的力量。洛伦佐是艺术家和学者的赞助人,他将大笔资金投入对社会发展具有重大意义的项目,同时也资助各类机构,使其得到更好的发展。资本的力量对社团以及整个社会有着重要意义。但相比个人投资与倡议,权力在佛罗伦萨产生的影响更强大、更深刻。要透彻理解这样的繁荣,只有设身处地参与其中,而非仅仅作为旁观者与见证者。你是否乐于从事某些直到后世方被认可的事业,某些大于我们自己的东西,无论我们是谁。如果这样做,很显然,你不会是受益者,因为其结果只能在遥远的未来得以证实。简言之,即便荣耀不归你所有,甚至被上帝所禁止,你是否也勇于尝试?这需要耐心与远大的眼光。马西里奥·菲奇诺警告人们不要短视,必须要有长远的眼光,必须要超越世事变幻潮起潮落的现实社会。如果想要创造出超越时空的经典,你就必须要放眼未来,要忍耐周期轮回。但知易行难,环境的变化将消磨你的耐心。如果我的成就在未来不能获得称颂该怎么办?如果我营造了某些巨大的东西但无法获得回报又该怎么办?长远的眼光与宽泛的视角并不是现代社会、官僚体系或是特定组织的特征。从某种意义上讲,在现实社会,领导力会受到一定的制约。因为对于现代组织,若时间刻度超出下一个季度或是接下来的四个月将是无法接受的!而在文艺复兴时期,人们聚焦的重点是可以经受时间考验的卓越,对领导力的认可也是基于历史观与价值因素。

　　短期心态对我们今天是个挑战,大局观和长期目标并不卖座,新鲜出炉的规划才受追捧。很多因素使我们聚焦于短期行为,而长周期的大型项目则少有问津。利润预警和季度报告不可遏制地警示着即期目标的进程。一方面,追求公司的盈利与满足投资人对短期回报的要求成了管理层的首要目标;而另一方面,建立可持续的东西需要时间。通过严厉的措施和削减成本,可以增加利润,但代价是迟早要付出的。作为行业的领导者,其思维框架必须要超越短期资本回报率的制约。相比于当代对效率的关注、对时间的即期回报期望（或更确切地说是时间消耗），其时间轴是令人兴奋的，这显而易见。对经济学家而言，今天的钱比明天的钱更有价值，当期价值的计算是所有经济学家的基本常识。经通货膨胀调整后，资本在今天的价值依然大于明天的价值。因此，大家合理地推论：这样的观念是否会导致更为偏颇的后果？因为从本质上讲，短期财务表现只是竞争中的次要因素。这很容易理解，因为它本身并不对结果产生直接作用。为实现宏伟目标，为追求高品质与完美表现，多年艰苦的付出是必要的代价。伟大需要等待的勇气。设定正确的前进方向是一切的基础，或者说，只有愿意鞭策自己、愿意等待、不服从于自己的即期需求，才能保持正确的航向。作为领导者，需要从更大的空间来看待自己。相比于那些以自我为中心或是自我欣赏的领导者，真正的领袖关注的是组织与社会。因此，他们的格局不同于芸芸众生。

此类问题不只限于当代。菲奇诺告诫人们要注意那个时代盛行的雇佣军现象。马基雅维利也做过此类研究。雇佣军的将领都是军阀，如乌尔比诺公爵，他以佛罗伦萨的名义对沃尔泰拉进行了残忍的屠城，后来他本人又被切萨雷·波吉亚所蒙骗。他们是外乡人，是基于合约的领导者。他们的特点是其领导力以职业化为基础：他们向某些国家或组织设定的特定任务兜售其领导力，获取领导职务，以换取大量现金报酬。但是他们忠诚吗？他们能否专注于他们的使命？使命对于他们有什么意义吗？答案当然是否定的，这是问题的关键所在。频繁地改换门庭是常有的事。马拉泰斯塔（Malatesta）就是个典型，他受雇于那不勒斯，为那不勒斯获得了新的领地，但为了更高的报酬，他又很快与那不勒斯的敌人达成交易，随即掉转枪口对付自己的前雇主。菲奇诺警告他的同代人，这样的雇佣军只会掠夺社会的财富，充裕他们自己的口袋。今天的社会存在这样的群体吗？这取决于我们如何定义他们。从一个组织跳槽到另一个组织的领导者多如牛毛。他们常常宣称自己忠诚于所服务的组织而不是自己的钱包，他们被授予完全独立的奖金计划甚至财务保护伞协议。但他们声称，他们不是财务保护伞的追逐者，他们的专业精神和领导才能远在这些俗务之上，他们的职业就是做领导，他们接受的培训使他们确信他们只适合做领导，并应当获得正式授权。

新领袖的出现总是伴随着耀眼的光芒。在媒体的烘托下，他们似乎带着超自然的力量闪亮登场，时而是救世主，时而是英俊潇洒的白衣骑士，时而又是训练有素的圣斗士。他们无惧风险突入旧有的组织机构，设定全新前进的航线。而整个旧有组织就像是被魔法所震慑，翘首以盼法师的点化与奇迹的出现。突然之间，组织流程中高度专业化的知识与宝贵经验被抛在一边，代之以孩子般天真无邪的凝视与无限的期待。世界仿佛停顿了，那一刻，似乎万事皆有可能！拉克什·库拉纳（Rakesh Khurana）将这称为困扰职业生涯的现代诅咒：我们期盼能够创造奇迹的超级英雄、期待新任领袖身上那近乎神圣的魅力、期待奇迹降临凡间。马克斯·韦伯（Max Weber）曾经宣称这是对宏伟前景的预判和归因。我们收窄自己的视线，将一切归因于个人素质。库拉纳指出，我们宗教般地笃信来自外太空的救世主与拯救者，期盼他们的降临，并带领我们的组织走向未来。这常常导致内部候选人不能得到足够的重视。如果是这样，那将是非常严重的问题。因为正如库拉纳指出的那样，新任命的关键职位的领导者对组织的绩效真正能有多大程度的影响？目前对这个问题的研究非常有限。频繁地更换领导者并进行新的重组并不能很好地支持组织的长远发展，实际情况恰恰相反。库拉纳与许多其他学者都支持这样的观点，即内部的候选人通常会更好，他们更加忠诚于组织，并且可以有效地避免削足适履，因为他们在组织中的亲身经历为其提供了很好的经验。领导力涉及专业知识及行业经验，如果对给定组织所面对的独特挑战有丰富的经验，那么驾轻就熟就是领导者的优势。而外来的候选人在其特定的圈子中被认可、被证明是强大无敌的，也就是说，雇佣他们代表着低风险。因为他们的过去，他们被颂扬，而我们则需要相信他们。这样，责任就可以落在他们的肩上，而其余的人则可以摆脱困境。在此刻，他们受到欢呼与称赞，但很可能在下一刻即受到谴责。死神将会降临，组织将会付出高昂的代价，即所谓的转换成本。他们是来去匆匆的外来者，如同一个异教团体，这与当年的雇佣军将领如出一辙。

二、运营管理者的阴影

文艺复兴时期的人们没有等待救世主。追求创新的信念使人们确信自己可以创造出与众不同的成就，可以做得比自己的祖先或是比自己的同代人更好。在文艺复兴时期的文化氛围中，对卓越的渴望根深蒂固。他们任由自己被公民的自豪感所驱动，认为这就是使人走向伟大的原因。而在我们这个时代，这实际上是个禁忌。在现实导向中，某些祈望是不被允许的。放弃自豪感是个明智的选择，因为与之相伴的是潜在的但非常可能的失望。在逃避风险和人人平等的文化氛围中，我们所有人都乐于从事比较有意义的但又不具挑战性的活动。但文艺复兴时期人们对此持积极的观点，他们偏爱机会，不喜欢被限制。对于社会共识与最佳人类天性的表述与称颂，存在着合乎正统的观点。而对于社会组织，这将产生直接的后果。这些问题必然与我们将时间投入到什么方面有关吗？我们将要完成什么任务呢？

领导者还是管理者？

扎莱兹尼克（Zaleznik）认为，管理者专注于纠正差异，执行例行的程序与流程，并确保各职能部门均按照规定的规程运行。而领导者则基于市场的变化调整方向，制定新的战略目标。这也许就是稳定性与不确定性之间最重要的差异。约翰·P·科特（John P Kotter）以及许多学者都对二者的角色有明确的区分。扎莱兹尼克很清楚一个组织需要这两个角色同时存在。但问题是，许多管理神话虚夸了管理者的价值。亨利·明茨伯格将之称为类似迷信般的坊间故事。事实上，管理者很少能像人们想象的那样做出基于理性的思考与分析。他们依据口头的信息采取行动，对关联与直觉的依赖大于图表与项目计划书所允许的程度。这一切就像是皇帝展示其新衣。尽管如此，我们依旧认为它有其存在的价值。扎莱兹尼克忧心的是大企业中的官僚主义现象及其外在的虚假光环，并确信它将干扰真正的领导者的成长，阻碍现代组织的变革。明茨伯格和扎莱兹尼克都认为，一旦组织摆脱了企业家精神和变革意愿，保守主义不可能应对市场的变化。管理者的价值是与现有的组织或市场相对应，并依据现有的条件做出决策。但领导者会尽其所能改变其所处的环境。

领导者所关心的是自己所做的事情的意义及其身处变局之中的人们的影响。与目标之间，他们倾注了更多的个人情感。他们探寻潜力与机会，培育创造机制，并容忍错误与风险。扎莱兹尼克怀疑现代企业的问题是管理人员过剩而真正的领导力不足。管理者只顾"低头拉车"。他们被动且

今天的员工希望得到这些问题的答案，这并不难理解。领导是一种产生意义的活动，在目标、方向和企业管理方面，共享意义是非常重要的。领导者应该有超前的思维，应当激励、诱发他人所长，并指明方向。领导者要设立目标、构筑框架，做出自己的承诺并对未来充满信心。但是他们从哪里得到他们对自己的承诺呢？

不寻求新的挑战，短期的回报和流程控制是他们的目标。因而他们更关心组织结构，注重平衡而非变通之计。管理可以被无限扩展、无限细化与显性，甚至能生成有关偏差报告的不够出色的偏差报告。这就如同一个梦幻般的大都市，或者就像是特里·吉利厄姆（Terry Gilliam）的反乌托邦科幻电影《妙想天开》（Brazil）里的场景：大楼里有一层专有的楼层，在那里保存着一批文件，他们是其他文件的管理文件。层级可以无限扩展，管理可以孕育管理，而真正的领导力却被淹没其中。

当领导者或管理者承担同一个角色，或是一个人承担两个角色，只有一个结果会产生，那就是管理者最终会战胜领导者。因为在时间和业务的压力下，管理相对容易！从词源上来讲，这两个角色也有根本的区别。管理"Manage"源自意大利语"Maneggiare"，随后法国人接受为"Managere"。这是个古老的词，最初与马的盛装舞步有关。想象一下入场亮相的骑士与骏马，他们从头到脚的每一个细节，包括控制马匹行进的声音指令，当然最亮眼的还是制服、皮靴以及手中的马鞭。这就是管理的原意。毕竟，我们大部分人都不应当期待将这些置于我们的核心业务之上。挪威语"Ledelse"意即领导力"leadership"，它源自中世纪的挪威。它与雷达"Leida"和带领"led"这两个词联系在一起，意思是指路、陪伴，即指导某人通过平静的水域驶向目的地，或是远方的指明灯，如同指引方向的北极星。也有另一层意思，即向前看，不要纠缠于细节。但这需要勇气，自己要笃定自己确定的方向。

作为领导者，只需要授权他人并避免关注细节，就可以使自己的工作变得简单轻松。想象一下这是多么的诱人！你是一位颇具美德的领导者，领导着一个业务部门或是一个大型企业集团，你乐于倾听员工的声音，并特别注重劳资协同机制，这真是太棒了！如此这样，你几乎可以不必自己动手做任何事情，这也是完全可能的领导方式。如果有人就此请教你的管理哲学，你可以充满自信地、简洁简单地回答说："参与"与"授权"。讨教者此刻顿悟一般，并提及一系列的教练理论，最后总结说："是的，这才是真正的教练型领导风格"，然后摆出一副虚心倾听的样子，此时的你可以随意抛出几个案例以加深讨教者的印象。大量的管理理论与论述支持着你的风格，你的案头随意摆放的是彼得·圣吉（Peter Senge）或罗伯特·格林里夫（Robert Greenleaf）讲述"仆人"型领导者的DVD。他们强调服务员工的重要性。你非常乐于适应他人，给予大家支持。但就个人而言，你是超然的。因为领导力与友谊或私人生活的亲密感不是一回事。为避免鲁莽、令人尴尬的要求的出现，领导者要保持超然状态。而员工则会在行使其基层权力的同时抱怨缺乏支持、理解与关注。到此为止，这变成了一个情感敲诈的故事。相互推诿大大消耗了所有利益相关者的精力。在文艺复兴时期，人们推崇的是全力开发自己的潜力，努力做最好的自己，无论是员工还是领导，所有各方都必须尽力促使自己与他人得到最佳的发展。在此，自己与他人之间最直接的关联是勇气。作为个人，你必须因某种使命而存在。

现今大型现代组织中的问题之一不是领导太多，而是缺乏领导。缺乏领导是个巨大的问题。团队组织和团队领导被当作组织扁平化的手段，而实际上是责任被扁平化。一些领导者认为，他们应当避免去直接领导，而将一切留给他们的团队做主。但问题是这样不会起作用。因为员工期待着有抱负有责任心的领导。如果你要灌输一种责任感，并且要员工感受到他们是事业的一部分，那么你就必须以身作则，担当自己的责任。问题是，你自己的责任在哪里呢？在哪里你需要展现你的存在呢？

大多数人都认为要给出书面结论会很困难，因为答案并不是清晰可见的。同样，现代组织的架构使得这种性质的问题很容易被个性化。领导所扮演的角色是专业化与官僚机制的合体，凭借着这个位置的属性，你就是领导者。但这是不对的。所谓领导，绝不是仅仅依据已有规则行事的角色。领导力与职位无关——相反，它是关系的集合。许多人认为是头衔与组织结构图定义了领导者，但这是不正确的，领导力不在这里。长期忠实服务的员工所渴望的不再是金表，而是想献身于某些有特别意义的工作。而领导者的首要任务是基于共同的取向来阐明这些东西。在进行重组时，这点尤其重要，因为重组会侵害忠诚度，领导者必须以易于理解的方式来解释其必要性。每个人都需要对所处的环境有基本的了解，并认可自己在其中的角色。

早在1977年，哈佛商学院的亚伯拉罕·扎莱兹尼克（Abraham Zaleznik）教授就基于结构与流程的领导力——角色与其所处职位密切相关，给出了明确警示：并非每个担任领导角色的人都是领导者，领导者和运营管理者之间是有区别的。运营管理者关注的是以正确的方式做事，而领导者关注的是做正确的事。最容易做到的是什么？大多数领导者都知道，日常工作充斥着运营事务、邮件、会议、反馈以及报告。系统就是陷阱。他们易于处理且永无止境，但与领导力无关。

这可不是个好消息，是因为我们没有分层级的领导吗？领导位置不是由具有适当专业知识的人担任的职位吗？是的，确实如此，你可以申请。你可以通过教育使自己成为领导者。有关领导力的知识可以通过专业教育、商学院的实战训练以及众多的领导力课程来获得。市场上有丰富的课程与研讨班可供你选择，你可以在那里学习一项又一项的技能，如风险分析、战略工具和员工辅导，等等。你甚至可以累计获得领导力学分，科目一目了然，并依据最终成功获得的学分取得文凭。这已变成了普及教育。商学院以及大学不断培养出一批又一批以领导作为终生职业的优秀候选人，他

时势造就英雄？

扎莱兹尼克受到了广泛的关注，因为他断言，在很大程度上领袖都是"后天"造就的，即时势造英雄。"先天论"与"后天论"之间的差异与威廉·詹姆斯（William James）在19世纪末的心理学中引入的两种人格类型有关。"先天论"的特征是对生活的适应性相对没有问题。身份在很大程度上是稳定和持久环境中社会化过程的结果。

而被"后天论"造就的人则不同，这些人出生之后先是顺理成章地进入"先天"为其确定的生活轨道，但他不得不为生活去奋斗以建立清晰的秩序与可靠性。这些人不可能像"先天论"那样理所当然地获取优势，但他们有可能依靠自身的生活经验以及团队合作来应对变化与逆境，从而使得自己获得重生。这意味着他们需要团结起来以增强个体的力量来应对他们所面临的挑战。这些个人在其生存环境中，在很大程度上，其身份是无形的限制，是个人所面临的问题，也是努力的动因之所在。作为一位领导者，必须要证明自己的责任与诚信，不论是对自己还是对他人。

们已做好了充分的准备来执掌私营企业以及公共领域。不要误会，如今的运营管理者不是隐藏在各部门深处无聊的灰色官僚，他们也可以像春天晨雾中的太阳一样闪耀。你会在新闻节目和脱口秀中看到他们的身影，他们的伶牙俐齿无比锋利。但对于他们，最棘手的问题也许是你为什么要成为领导者？答案往往晦涩摇摆，辅之以公司责任、提高股东价值以及任何其他政治正确的观点。但问题是为什么你要成为领导者？为什么有人应当被你来领导？这类尴尬的问题促使那些寻求确定性答案的人产生了某种流动性。运营管理者经常流动，在不同的组织之间，但他们是领导者吗？就领导的范畴而言，对角色的承诺有完全不同的要求。这并不意味着领导者是一个心不在焉的、在我们的视野中渐渐下沉的运营管理者。恰恰相反！大量证据表明，组织化的才能是成功所必需的。真正的领导者所拥有的远不止于运营管理者，他们拥有成就大事的意愿。在他们成功地爬升到职业生涯的下一个阶梯之前，他们不会被雇佣。领导创造意义。更明确地讲，领导者有清晰的使命，清楚地理解为什么要由他们来领导，并最终能够创造出不同的结果。就像在文艺复兴时期的佛罗伦萨那样，观念、思想的形成与非凡成果的实现携手并进。

罗伯·戈菲（Rob Goffee）和加雷斯·琼斯（Gareth Jones）认为，我们混淆了层级职位与真正的领导这两个不同的概念。这可能会影响我们对领导与其他概念的不同之处的理解。这太糟糕了，因为它会导致你依赖的头衔、简历或组织结构图失去价值。运营管理不能代表一切。可以设想一下是否如此——你不会仅仅因为接受了某个职位就自动变成一位优秀的好领导。这不难理解，它不会自动发生。但这的确是个令人尴尬的发现。虽然"领导者的外套"之类的东西本不存在，但是，它确实非常具有吸引力，就像医生穿的白大褂一样。关上门，溜到衣柜里，拿出一件穿好——一个优秀的好领导就此诞生！不幸的是，这样的童话在现实社会中不存在，任凭你在办公室里如何搜索，它就是不存在。不仅在你的办公室里找不到，在董事长的办公室里也找不到，更不要说在存放商学院毕业礼服的后备箱中。但问题依旧存在：你的执着与专注来自何处？你相信什么？假如经历了漫长且辛苦的努力之后，你发现自己的信仰已经动摇，那该怎么办？

三、内在的生命

科西莫和洛伦佐都确保自己有足够的时间与空间进行自我审视。生活会留下自己的印迹，而你的生活经历则作用于你。科西莫曾经被流放到了威尼斯，而洛伦佐也曾是一次暗杀行动的受害者。商业活动并不能独立于政治进程。成功不仅会带来钦佩与赞赏，还会引起嫉妒与怀疑。公众的聚光灯很容易灼伤你的皮肤并使你感到焦虑，也很容易使你迷失方向。科西莫在圣马可修道院中拥有自己的房间，房间的墙壁上有戈佐利（Gozzoli）绘制的壁画《三圣来朝》，该壁画绘制于1446—1447年，比美第奇宫的壁画还早了12年。这里的科西莫应当是孤独的。洛伦佐也曾退隐以便沉思，他曾前往波焦阿卡亚诺并留下了自己的感言："没有人满足于自己的生活——每个人都认为别人更幸运，无论处于什么地位，都认为命运对自己不公。"没有人满意，每个人都认为栅栏另一侧的草坪更绿。如果想破解生活的难题，左顾右盼是没有用的，你的目光必须向内，你必须审视你自己，唯一值得你专注的真实的感受只能在那里寻获。对幸福与喜悦的找寻无须舍本求末、舍近求远，因为它就在你的内心，心灵的幸福之路是朝内的。洛伦佐的生活以对意义的追寻为特征，自我审视与思虑是其至关重要的思维方式。领导者需要有内在的力量，因为这是勇气之所在，要敢于拷问自己的信仰为何物。同样，在很大程度上，领导者必须要有能力来解决自己的疑问。

"对于我，领导力意味着什么？"此类问题映射出了由文艺复兴引发的强调个人生活体验及遵循自己内在声音的需求。积极的一面是，领导者不必左顾右盼来寻求外在的因素以佐证其领导力。但也有消极的一面，或者更准确地说，麻烦的是他们必须在内心找寻意义之所在。从外在导向到内在导向的转变是现代领导力研究的特征。丰富的领导力理论研究已经充分揭示了运营管理者的虚伪，甚至将其描绘成了一个肮脏的角色。领导者的角色正在发生变化。但这也是易于受到攻击的概念——因为你无法直观地演示什么是领导力，因为领导力不是外在的东西，没有"领袖牌"大衣。

自信心

丹尼尔·戈尔曼（Daniel Goleman）通过研究出版有关情商的畅销书而名声大振。他坚信，作为领导者必须高度关注其自身，领导力即意味着自我意识。这种自我意识与情商有直接关联。因为在本质上，它关乎一个人的价值观和对生活目的的理解。显然这是一个重大话题。

领导者的自我意识直接影响着他们的自我感受与感知他人的能力，也是衡量他们成熟度的标志。不仅仅是自我意识，领导力也还意味着自我规范、自我驱动、同理心以及社交技能。自我意识意味着对自己的感受、自己的优缺点、自己的需求与动机的理解，也涉及对自我的真诚与开放。而自我规范常常体现为与自我的对话，它可以使我们免于被自己的情感所奴役。自我对话有助于自我控制，有助于发展出一种机制使我们能够管理自己的情感并增强正义感。如果没有反省式的自我对话，与自我和他人的关系就会被置于风险之中。如果你不了解你自己，作为社会的一分子，在心理上你将会处于一种危险的、不稳定的状态。这种内在的成长与成熟一定基于其生命体验，而这样的体验来自领导者的自我修正以及对他所代表的东西的认知。因此，重要的是，领导者应尽力使自己感到从容不迫，必须植根于他们自己，必须稳住自己的双脚，在情感上自给自足。他们必须冷静，必须拥有与其身份相匹配的内在的自信。

众所周知，这些都是非常困难的问题。说起来容易做起来难，真正的领导者都会独自面对、深思——因为这并不适合在脸书上发布，也不适合在咖啡厅中讨论。但这确实很重要，因为这是自我提升的必由之路。

在当今的领导力研究领域中，发现了越来越多的真实存在的有关领导力的范例。真实性意味着真实的客观存在，并且由于相反的观点无法回避，因此假设前提成为每个人都可以接受的东西。但是，真实性是一个具有重要意义的哲学和心理学术语。它与你的抉择与责任浑然一体，关乎你对自己的信念以及与周边互动关系中的信誉。亚里士多德（Aristotle）在希腊哲学中强调了这一点，认为这是每个试图施展影响力的人所必不可少的："演讲者本人就是所有争论的焦点。"如果你要创立某种深度交融的关系并耕耘其中，那么你个人必须代表着某种立场。我们所探讨的不是浅显的领导力，对于领导者，真实是基本要求，更是信赖的基础，也是骄傲之所在。你应当被"完整呈现"，你的双脚应当坚实地站在大地上。领导者要发挥自己的优势，敢于做你自己，重要的是要遵循你自己拥有的内在信念，坚守你的自我身份认同。身份认同一词来自拉丁词 idem，意为"相同"。拥有一个认同的身份就意味着相同，也就是取之所长、顺之所长、依之所长，总是如此！

领导者必须对自己、自己的价值观以及自己的响应机制有透彻的了解。面对任何情况，他们必须一以贯之。领导力中一个最基本的要素就是稳定性。日复一日，领导者必须适配自己的表现与角色，保持稳定，避免摇摆，就像是风力发电机的叶片转动那样，适应不同的气象变化。不论他或她是谁，领导者必须表现出稳定的形象，可信赖的形象。戈菲（Goffee）和琼斯（Jones）都确信，老辣的领导者会有选择性地展现他们的人性化的一面，不掩饰自己的弱点，以使他们自己变得平易近人。在保持定力的同时，他们相信自己的判断力和直觉。通过"同理心"，他们引导、关注员工，并使其专注于需要改进的地方。他们致力于充分发挥自己的独特优势。

通过文学与哲学，洛伦佐找到了自己的路。因为搞不懂迈克尔·波特的钻石或亨利·明茨伯格（Henry Mintzberg）的研究水准能有多大帮助，洛伦佐与志同道合的人一起研究古代著作，讨论人类的奋斗历程。他们阅读柏拉图、荷马以及其他的伟大作品。他们感兴趣的是人如何成长，质疑上帝创造人的目的。但这会如何启发领导者、助力其驾驭生活呢？

与新思想和新探讨并行的是耕耘。耕耘是个持续的、永不停止的过程，是持续地提升自我修养、更新自我，是保持对未知领域的兴趣、保持谦卑的心态，是对新事物秉持开放的态度并时时准备修正自己的观点。通过持续地检视我们自己的假设，生活变得不再平庸，而是更加直接，我们也就会摆脱老套的口号和鸡汤类真理的包围。苏格拉底说，没有反思的生活是不值得生活的。洛伦佐借助阅读来探寻生命的宏观意义。也只有这样，我们才是真正的人，同时也规划了与他人的关系。

修养不是自我认知与认同。文学并不等同于为个人的兴趣爱好而读书。自我反思也并不仅仅是为了愉悦自己，或许它会起到这样的作用，或许这是你所体验的，但这绝不是实际发生的全部过程！当我们与不同的思想相碰撞，或是被文学唤起思绪，或是进行自我反省时，真正所发生的是我们对自我的审视。以文字形式来表达，就是我们思考的空间超越了我们自己，我们自己只是这个空间中的一小部分，并与这个空间中的他人有着相互作用关系。这就是修养之所在。能够在整体空间中定位、了解我们自己，理解我们只是整体的一小部分，当然是有意义的一小部分。事实上，对于傲慢自大或是趋炎附势者，这有一定的治愈效果，因为你观察的是所有人，而不仅仅是你自己。修养无法从自我解放过程中获取，也无法随自身奋斗过程而提升，也不存在于个人独自发展的道路上。通过与文化和文学的交融，你自己与周边的人会融为一体,相互共同承担责任。你自己被明确警示，个人自由不仅只是一种利益，与之相伴的还有责任与义务。18 世纪末的歌德在其小说《威廉·梅斯特的学徒岁月》中记述了这一点。只关心自己自由的人已经忘记了周围的人，他一定是个趋炎附势的生物，且并不是具有真正意义上的自由。智慧存在于对自由的享用，当然，这里所说的自由一定包括群体和他人的自由。通过文学以及与同行者的思想交流，最终我们没有人会孤灯夜行。在传奇的风云际会中，洛伦佐渐渐回归于本真的人。

四、火的礼赞

自我膨胀与自欺欺人是人类常见的谬误。但不论如何，当人类被创造出的那一刻，我们就是最强壮、最具适应性的生物。因为异类只能识别它们自己。作为群体，我们的思维超越了我们自身，作为个体也是一样，只是程度有所差异而已。所有自我呈现的过程都是我们与他人的同步互动，当然这也意味着相互责任的同步。对于领导者，意识到这一点尤为重要。如同普罗米修斯神话中所蕴含的哲理，它贯穿于人类的整个历史，虽然解读版本众多，但其核心都是我们如何管理自我，以证明我们值得拥有自由、拥有创造力，懂得界定权力、界定所拥有的资源。在这里，领导者肩负着更大的责任。

普罗米修斯的神话是西方文化中最古老、最伟大的故事之一。许多古典希腊文学著作都记述了这则上古神话。古希腊诗人赫西奥德（Hesiod）、古希腊悲剧作家埃斯库罗斯（Aeschylus）以及后来的柏拉图等古希腊著名学者、思想家们都研究过普罗米修斯的神话，版本随着时代进步而演进，后来又被歌德、拜伦和雪莱进一步升华演绎。它一直与人类的进步如影随形，呈现着人的奋争与特质，表述着我们到底是谁、又代表着什么。其中最为核心的是普罗米修斯将理性与文明带给了人类，作为反抗专制与众神、富于同情心与勇气的完美叛逆者，普罗米修斯受到了惩罚。歌德因此特别为其鸣不平。与人类站在一起的普罗米修斯付出了自己的代价。数百年来，普罗米修斯的神话一直在演变，他在某种程度上已被看成了人类的一分子，在各方面都体现出了人类的特征。

在宙斯与奥林匹亚十二众神之前，普罗米修斯是古希腊神话中最古老的神祇之一。他协助宙斯打败了宙斯的父亲，宙斯的神力得以提升并攫取了王位。据赫西奥德记述，起初，人类与众神共享家园，共同生活，没有人需要辛勤劳作。但是到了神与人分离的时候，发生了希腊神话中著名的麦康尼（Mecone）事件。因为人不再与神同住，人也要结束与神一起的生活，因而食物将在人与神之间分配，并从此确立相应的习俗。普罗米修斯将一头被宰杀的牛分成两部分呈给宙斯，一部分包含了大部分牛肉，但上面覆盖着牛胃和碎肉，而另一部分是隐藏在发亮的脂肪下的牛骨头。普罗米修斯要求宙斯首先做出选择："宙斯，您是众神之中最光荣、最伟大的不朽神灵，现在请依您所见、顺您之心做出您的选择。"宙斯当然选择了发亮的脂肪而不是牛胃和碎肉，谁又不会呢？油腻的食物总好过牛胃和碎肉！但是宙斯被骗了，脂肪下面藏着的是骨头，普罗米修斯把最好的肉块给了人类。这个故事解释了献祭的习俗，即为什么我们将骨头献给神，而将肉留给我们自己。是宙斯自己选择了骨头，当然也是普罗米修斯愚弄了他。

宙斯很生气。但赫西奥德认为宙斯是无所不知的，所以他实际上并不是真的被欺骗，而是故意所为。无论如何，必须有人要因此而受到惩罚。最容易成为替罪羊的当然是人类，因为他们是最大的受益者。于是，宙斯宣布人类永远不能拥有火，必须像其他动物一样永远吃生食。宙斯保有火，人类的生活将永远无异于飞禽走兽。关键时刻，普罗米修斯再次出手对抗强大的宙斯，他偷偷溜到奥林匹斯山上，为人类盗取了火种。宙斯终于被彻底激怒了，即使身为最古老的神祇，普罗米修斯的行为也无法被宙斯所容忍。宙斯再次迁怒于人类，掌管邪恶魔盒的潘多拉在宙斯的指派下来到了地球。

这次受到惩罚的不只是人类。普罗米修斯被拴在高加索山脉的一块岩石上，一只拥有巨大羽翼的食腐老鹰每天都来啄食他的肝脏，到了夜晚，肝脏生长复原，而当太阳升起，老鹰又回来并再次啄食。日复一日，痛苦永无止境，终极惩罚永无止境。在赫西奥德的版本中，普罗米修斯不是一个光明正大的人，这让人联想到了北欧神话中的洛克（Loke）。他为自己的利益精于算计，人类却遭受了不公正的对待。普罗米修斯的形象代表了人类投机取巧、哗众取宠、诡计多端的天性。人企图对抗神和全能的先知，注定是徒劳的。那些企图以他人的利益为代价进行欺骗的人最终将会受到惩罚。

古希腊悲剧诗人埃斯库罗斯的版本则不同，他重点描绘了普罗米修斯所经受的苦难。在埃斯库罗斯的笔下，普罗米修斯是一位悲剧式的英雄，是人中豪杰，他代表着人类的创造力与奋斗精神，这与赫西奥德的观点完全相反。埃斯库罗斯认为，我们人类固守己见，但我们自豪并为捍卫自己的地位而战。而这场战斗的领导者正是普罗米修斯，他是人类奋斗的象征，但最终被囚禁在了高加索山上。他说："宙斯登上了他父亲的宝座，成为众神之神，随即论功行赏笼络众神。但对于不幸的凡人，他不仅未加关注，反而企图就此灭绝他们，并希望创造出一个新的种族取而代之。除了我，没有人胆敢站出来反对他，唯一有勇气对宙斯说不的人是我，我救了凡人，使他们免于被无情地堕入冥王的地界。这就是为什么我会躬身接受酷刑、承担痛苦并忍受悲悯的目光。但将凡人的权力置于首位的我，不会在意我自己的悲悯。"

请注意他的陈述，普罗米修斯非常有智慧、有先见之明。但他受到的惩罚很重，或者可以说是太重了。这公平吗？实际上，普罗米修斯所做的唯一一件事就是同人类一样，对于某些伤感和缺憾的事物表示了同情。但是他就不值得我们人类同情吗？他牺牲自己是为了人类盗取火种，他接受惩罚是为了拯救人类，他被拴在岩石上，遭受折磨直到永远。以现在的观念，那样的惩罚显然是不公平的。普罗米修斯并不是一个哗众取宠的人，而是一位真正的人道主义者，他忠实于自己的时代，被束缚在广阔的蓝天下，只是为了一份善的契约。普罗米修斯是在自由意志下牺牲了自我。他可以预知未来，知道将要发生的一切，但他依然坚守自己的选择。这既是戏剧性的，也是悲剧性的，因为普罗米修斯所承受的苦难与不公深深地冲击着每一个生命的内心："依己所愿，是的，我会犯错——但我不会否认！我帮助了凡人，并将自己置于苦难的境地。"鹰从天而降，啄食他的肝脏后离开。不是每天晚上，而是隔天晚上，如此，希望就不会彻底消失。这个夜晚它还会来吗？即便对于神，这也是可怕的痛苦。命运是可怕的，但他必须忍受。爱马仕（Hermes）曾经来到他身边，要求他承认自己的错误，即：向人类提供火种是错误的，希望以此来获得与宙斯的和解。但普罗米修斯宁愿受苦！这是一种自我选择的惩罚，是勇气和正直的表现，是使众神感到恐惧的东西。正因如此，普罗米修斯没有希望获得任何帮助，也没有被救赎的可能，他是无助的。"这就是现实，而非仅仅言辞所能陈述。大地在颤抖，低沉的轰鸣从地壳深处响起；电闪雷鸣，暴风雨吹卷一切；硝烟弥漫，狂暴的大气与大海相交融。这是宙斯的怒气，这是我必接受的惩罚与恐惧。众目睽睽之下，啊，圣母啊！啊，以光普照大地的上苍，你看到了我遭受的不公！"

世风不古。普罗米修斯牺牲了自己，为的是人类的进步、创造力与理性——被禁止赋予人类的火种代表着文明的理念，是因我们而受苦的巨人所赐予我们的礼物。

但纵观历史，普罗米修斯最终还是战胜了宙斯。普罗米修斯备受赞誉，他已成为真理、独立以及未来的使者。面对暴政与独裁专制，普罗米修斯是自由的擎旗手，是自由斗士们最伟大的精神领袖，他是革命的呐喊。卡尔·马克思（Karl Marx）于1841年在柏林将他比作第一世俗圣徒，哲学历程上的首位圣人和殉道者——这是马克思对普罗米修斯的评价。

歌德（Goethe）是向普罗米修斯致以最崇高敬意的人之一。在歌德笔下，普罗米修斯是宙斯之子，是神的儿子，却是通过其反叛精神获得了自己的地位。歌德进一步演绎说，普罗米修斯原本就不是神，也不是巨人，但作为一个榜样，普罗米修斯代表着人类的一切。他是人类的象征，是人类的创造力和奋斗精神的象征，他被囚禁于隔绝与孤独，但依然为其所代表的理念而奋争。普罗米修斯因人类而遭难，经受痛苦、不公正与伤害——这是人类存在的支柱。对于他的世界，普罗米修斯对宙斯说，"看看吧宙斯，在我的世界里：它活着。"

普罗米修斯被囚于孤独，他接受命运，选择自由而不是屈服。基础的生存环境遥远贫瘠，人是孤独的、不完美的，但生存了下来。即便宙斯对此也无能为力："但你必须让我的世界继续存在。"在所有的挑战、所有的失败、所有的痛苦中，有生命和不屈，有蔑视暴君与苛政的自由："阳光下，我知道没有什么比你的众神更加可悲，我应当将荣耀赐予你吗？为了什么？你认为我应该憎恨生命吗？远遁沙漠，因为不是我梦中的所有花朵都可以结出硕果？我坐在这里，依我的形象创造了人类，一个像我一样的种族，去遭受痛苦与哭泣，去享受生活与享受快乐，就像我一样，并不尊重所有的你们！"

这是对人类自由的致敬，是所有自由斗士对另类信条与胁迫的蔑视。能够意识到存在的不公、拥有动物所不具备的自我意识并有义务去承受痛苦与不公，这就是人类的命运。以火为媒，自由如同一个巨大的礼物为我们所继承，欢乐与悲伤一样如此。

普罗米修斯为我们所做的一切使我们有别于动物与众神，拜伦勋爵（Lord Byron）和英国浪漫主义者受此启发。自由来之不易，与其相伴的是人类自我实现的自由以及创造世界的自由。荣耀归于普罗米修斯。拜伦勋爵坚持认为，我们人类的每一个分子都应该有意愿取代普罗米修斯在高加索山脉岩石上的地位："或者，就像从天堂里盗取火种的小偷——你会愿意承受这样的冲击吗？或者陪伴他——他的不可宽恕、他的秃鹰与他的岩石吗？"

这就是有关普罗米修斯的神话，与文艺复兴时期的理念非常契合！它是一个有关反叛的故事、有关为人类盗火的英雄故事。普罗米修斯挺身反抗专制政权，为后世树立了丰碑。人拥有理性思维能力与求知欲望，人可以征服自然。但是，盛大的奥林匹克火炬传递活动并不能代表一切，不同的国家、不同的文化、不同的时代对奥林匹亚之火的理解也不尽相同。因此，有必要进一步讨论以下内容：宙斯为什么如此暴怒？为什么如此严厉地惩罚普罗米修斯？事件的表面是宙斯被欺骗、被嘲笑，进而引发激烈的暴力反应。但盗取火种有其特有的道德隐喻。即：火本身意味着理性与创造力，是否有可能我们被容许使用火。我们可以明智地使用火吗？我们有能力掌控火吗？很显然，宙斯坚持认为人不应拥有火，而普罗米修斯则完全相反。那么谁是对的呢？

在柏拉图与普罗塔哥拉斯的对话中，也谈到了普罗米修斯的神话，人同样被赋予了理性、创造力与工程能力。但是我们却忽略了某些东西，宙斯非常明了那些被我们所忽视的东西所代表的重要意义，于是爱马仕被指示关注德行与正义感。德行与正义感是社会属性，意味着对同胞的关爱与同情，也护佑我们不致走入歧途。因为对火不加约束必将导致不可预知的后果，有可能为社会带来巨大的灾难。火是一个非常奇妙的礼物，但它必须与责任和义务相伴！

这就是我们所拥有的精神遗产——免于暴政、不可剥夺的自我意志以及强烈的创新冲动。但是，如果不以道德为准绳，不以公平公正以及良好品行为基础，他们也就失去了存在的价值；如果不顾及对他人的影响或其他后果而滥用自由，那显然是荒谬的，进而也就证明了宙斯是正确的而普罗米修斯是错误的，也就是说，人类是应当被灭绝的。如此推理，我们所有的人都应当被束缚在岩石上，经受因良心的缺失而招致的惩罚。马西里奥·菲奇诺认为良心的缺失与侵蚀是人最典型的特征。英雄的普罗米修斯奋力以火为媒为人类提供理性与自由。但这份珍贵的礼物必须被智慧所掌控，我们必须将人的动物属性置于理性之下且持续地质疑我们自己是否可以做得更好，以证明我们自己可以与火为伴。

文艺复兴促发了前所未有的自由气氛，人们在摆脱了以往权威专制的同时，有责任以智慧来管控权力。菲奇诺所关注的是，这种所谓的自由不可以被随意处置。本性使然，人要创造伟大，要追寻超越我们自身的东西，并且也被赋予了创造自己未来的可能，而我们所要创造的不仅仅是某些东西。我们想要成就的是伟大，因为我们在被创造的同时也被赋予了想象力："上帝造人旨在不凡，而非平凡。对于理解不凡的人，他不会满足于平凡。"上帝可以是宙斯、我们的主或是普罗米修斯。但突然之间，人将自己提升到了自己曾经的祭坛，变成了自己曾经仰慕的巨人，成了自我世界的主宰者。神话所涉及的不只是反抗、自由与创造力，它更是涉及伟大与责任。神话也不仅是虚无的、孤立与相对的或是与我们所处时代的自由相关联的典故。不，借助于对神话的探讨，人们呼吁以最佳方式来管控自由，因为某些事物已超越了宙斯为人类所设定的界限。推崇普罗米修斯，意味着对自由的理解是以责任超越自身利益为前提。确立人的观念就是确定亘古不变的普世的善，也是确定其思考范畴要努力超越自己本身的局限。看，以火为礼！领袖必须倡导某些超越其自身视野的、体现他人共同认同的东西。以此为主线，文艺复兴以其哲学来推崇普罗米修斯。

保罗·奥斯卡·克里斯特勒是当代研究文艺复兴运动的权威学者之一，对文艺复兴时期的主要人物有着非常深入的研究。他认为，如果要对文艺复兴时期领袖们的行为模式做个总结，那就一定是："使我们自己与道德改良和启迪智慧领域的有益探索产生共鸣，并带领我们超越个人喜好与意愿的狭隘范畴。"引领文艺复兴意味着引领大于自己的东西；意味着要更上层楼，敢于超越平庸；意味着要挑战自己，以取得超凡的成就，从长远来看，也是为了更大的善。

五、意志与谦卑

洛伦佐和其祖父科西莫的身影隐身于幕后。最终，他们两者都深刻地领悟了是某些其他的东西而不是舰长的地位确立了你的形象。他们通过复杂的关系网以及正式职位施加影响。外在的光环并不能保证领导者的优秀，你每天读到的新闻头条也是如此。约瑟夫·L·巴达拉科（Joseph L. Badaracco）、黛布拉·迈尔森（Debra Myerson）、拉克什·库拉纳和吉姆·柯林斯（Jim Collins）都是工商管理领域著名的专家，他们都一致质疑是否可以在媒体的封面或是公共领域找到最优秀的领导者。杰出的领导人或许根本不会在公开场合露面，或许他们还有更多的东西超出我们的想象。

对杰出领导者的研究

吉姆·柯林斯，组织与现代领导力研究领域最著名的专家之一，从事过一项基于客观现实的研究：以目标企业的长期表现为坐标，真正优秀的领导者与一般意义上的领导者的区别是什么？

柯林斯将领导分为五个层级。他发现，不达目的誓不罢休是所有伟大领导者的共同特征。他们勇于大胆思考，具有雄心壮志，且意志坚定，永不言败。因为对于领导者，推卸责任、变换策略甚至是调换工作并不困难。柯林斯还发现，冷静、自制且不容置疑是领导者的另一特征。他们拥有不可动摇的意志，善于鼓舞人心激发斗志；他们厌恶平庸，坚信积跬步可以致千里；他们即便身处逆境，也矢志不移。

一旦获得成功或取得阶段性进展，这些领导者会给予他人高度的认可，列举其成功因素甚至是运气成分，褒扬同事们的贡献与努力，慷慨地分享荣誉与赞美。如果事情的进展不顺利或是出现问题，他们则要求自己来承担责任。这是伟大的领导者所具备的不寻常的品质。研究表明，大多数领导者并不能有效克服其自恋倾向。对于那些贪图功利推诿责任的人，其自我形象会变得"虚胖"，鞋子的尺码也会随着薪水和奖金计划而成倍地增加。领导地位与自我崇拜之间极易建立起稳固的联系。柯林斯还发现，最杰出的领导人不仅具有坚定的意志，拥有非凡的成就，同时也还非常谦逊。这是一个高难度的平衡！宏伟的蓝图与傲人的成就不是领导者私产，而是为其所代表的组织所拥有。作为杰出的领导者，他们往往沉默寡言，谦卑平和。这意味着那些在商业媒体上闪闪发光的明星通常只是华而不实的玩偶。个人的谦卑与内敛是美德，真正伟大的领导者一定将成功归于他人。柯林斯也还发现，这样的领导者的另一个特征是他们不论对于其组织，或是对自己的承诺都是长期的。这似乎有点老套迂腐。当今的职场，在一个组织中工作二十年并不是一件值得炫耀的事，反而可能被认为是失去斗志、碌碌无为的表现。但柯林斯指出，取得成果需要时间，如果你找到了有意义的、可以超越自我的事情，那么就专注并坚持下去，因为这需要你投入时间。并且，也只有你具有选择最恰当的继任者的能力，因为你了解他们个人可以做出的贡献与企业的未来之间的关系。

这是基于对那些才华与美德皆超群的领导者的研究结果。换句话说，他们不是平均水准，也超越了优良水平，他们是一个卓越的群体，出类拔萃。但卓越并不是免费的，可以想象，伟大的成就不可能像藤条上的葡萄一样触手可及。狐狸对于葡萄的想法跨越了文化的鸿沟。"哦，我当然不想要啦，因为他们还很酸！"即便如此，"酸"并不是必须努力方可企及的前提。柯林斯将领导者划分为五个级别。

五阶领导：个人谦卑与职业意志奇异结合的领导者（深谋远虑、意志坚定地追求团队成就）。

四阶领导：有效的领导者，信守承诺、愿景明晰、自我驱动，也善于激励团队。

三阶领导：优秀经理人，有效组织人力、物力追求既定目标。

二阶领导：团队的一员，贡献自己的能力，与他人有效合作。

一阶领导：高素质的专业个体，在智慧、知识、专业及工作技能上有突出贡献。

其他级别的领导也是需要的，但不足以达到以上五级。

巴达拉科声称，那些鲜为人知的领导人往往会发起巨大的改变，但他们通常不会引起你的注意。因为他们行事谦虚低调，不希望将自己置于追光灯下。他们也不在乎一城一池的得失，而是通过关系网持续渐进地施加影响以避免树敌。他们长期努力工作且目标明确。当面对挑战与困境时，他们宁愿延迟决策也不会仓促行事。他们十分注意保护自己的政治资本，不轻易投入战斗。他们善于柔化而不是打破规则，在坚持原则与理想的同时找到实用的解决之道。他们秉承公平公正，不会被民意所左右。

迈尔森称他们为"运筹帷幄者"。这些个人品格中蕴含着高贵的正直与真挚；他们愿意为事业而献身且能力超群；他们冷静执着，对目标坚定不移；他们对周围事物感知入微；他们纵横捭阖，以正式和非正式的交流沟通来促发文化变革；他们发掘他人从未考虑过的因素，诱发人们以全新的角度来看待事物。但这些品格与能力并不是显性的，也不易被感知。研究也证明了另一件事，即宙斯是错误的，至少这部分人值得拥有火。

在现代职场上，大多数领导力开发教程都围绕着领导者的自我认知展开。文艺复兴的研究成果佐证了这一方向的正确性，并使其更加鲜明、更加具体。因为以什么方式又如何指导领导者不是一件轻松的工作。斯坦福大学的罗伯特·奎因（Robert Quinn）研究了具有长期效果的领导力开发项目，他设定了四个方面：我要创造什么？我有主观意愿吗？我关注他人吗？我乐于接受环境的变化吗？所有这些都非常重要。奎因也强调了培养结果导向型领导者的重要性，但同样重要的另一条主轴是领导者的主观意愿。文艺复兴时期大师们的杰作永恒地提示着人们：人类是否要主宰自我？是否要创造不凡？这些是最基本的取向并必将导致完全不同的结果。内在的生命必将主导外在的表现！因为普罗米修斯遭受的悲凉困苦改变了人类的属性，我们变成了独立的、孤独于其他物种的人类，并将世界扛在了自己的肩上。是的，我们主宰了自己，但同时，我们也就变成了茫茫大海上的一叶孤舟。责任也是一种负担。普罗米修斯的神话也寓意了人类的孤独感，你是谁？你代表着什么？如果你不做些什么，那就什么都没有。只有通过行动，我们才可以证明我们是谁，并对我们自己负责。米开朗基罗的《大卫》生动地表达了抉择的重要性以及身份认同的后果。

六、大卫之眸

米开朗基罗为大卫的传奇赋予了全新的内容。此前，大卫的形象一直是一位击败巨人歌利亚的美丽少年。据此，多纳泰罗和安德烈·德尔·韦罗基奥（Andrea del Verocchio）都曾经塑造过完美的大卫。后来，米开朗基罗开始被那块巨大的石头所折磨。他深入研读《圣经》，绞尽脑汁地思索哲学意义上的大卫传奇，并以此为基础构思其表现形式。米开朗基罗认为，大卫的故事远远不止于男孩与巨人，它的核心是一个小小的身体却蕴含了巨大的勇气与坚定的意志。男孩做出自主的选择，意味着他有意识地选择了风险，将自己置于危险之中。他将为生命而战，也因此而担忧，也可能因恐惧而丧失智慧。大卫做出选择的那一刻从未被发掘、被呈现。他一生的存在从未超越那一刻，那一刻的选择升华了大卫。在那一刻，我们绝无可能预知结果。但就在当下，就在那一刻，大卫选择了自己，如蛹化蝶！而在此之前，他只是个会吹竖琴的牧羊人。

大卫是自由至上的象征。他的双眸讲述着一切。大卫知道，当他决定与歌利亚战斗时，一切都会改变。他的目光中流露出焦虑与决绝。毫无疑问，大卫抓住了他一生中最大的一次机会，以大无畏的气概，将自己的未来置于巨大的风险之中。

大卫之眸 大卫局部 米开朗基罗
Cut from Jorg Bittner Unna - Own work, CC BY-SA 4.0

健美的肌肉和偾张的血脉无声地昭示着这位后起之秀的意志与力量。未来的诱惑力巨大，但孤独、责任、恐惧与疑惑与之同行，这就是选择的可怕之处。因为如果选择了与风险同行，也就意味着要进入不确定的领域，意味着我们将被抛弃于生命的中途，看不到救赎的彼岸。尽管如此，大卫还是押上了自己的自由，因为这值得，因为他要使得他自己和他的存在融入未来，成为人类社区的一部分。那就是他的选择——永恒地改变了他自己和他所处的环境。面对质疑，在他的努力、他的坚定且不可动摇中蕴含着他的尊严，他也因此而再次变得真实。文艺复兴时期的人们首次意识到他们最大的机遇在于选择，选择必须付出毕生、拼尽全力方可企及的伟业。建筑历史学家尼古拉乌斯·佩夫斯纳（Nikolaus Pevsner）用四个词概括了米开朗基罗不朽的大卫所蕴含的东西："激情、质疑、力量与意志。"生命的真诚与存在使得大卫当之无愧地代表了佛罗伦萨！

早在古希腊时代，亚里士多德就曾强调过自己的行为在塑造自我过程中的重要性，自己的行为将造就你自己。我们时时自我解释为什么我们要做我们正在做的事，这就是我们在寻求自我理解。不仅是我们周围的人在了解我们并得出结论我们是谁的，我们自己也在这样做。行为构筑角色，行为会留下印迹并对你产生作用。约瑟夫·巴达拉科声称，所有领导者在其职业生涯中都经历过关键的决策性时刻，这些时刻无疑对他们的个人发展、他们的未来产生决定性的作用。内在的东西不是在领导力课程中可以学到的，也不是由你的父母、你的学历或工作经历决定的。它是由一点一滴积累而来的，是你与生俱来并须为之承担责任的。你在关键时刻的行为塑造了你。

某些选择会成为一种心态，并对你产生决定性的影响。事过境迁，首先引起你关注的一定是你认为最重要的东西，而所有这些重要东西的集合就构成了你。这将决定你如何看待你自己，也会决定别人如何看待你。巴达拉科坚信，这只能被诱发而不可能被引导，即越多地触及你的价值观，就会越多地强化你自己。至关重要的是将你自己的价值观转化为可控的行为，同样重要的是依靠自己的直觉来化繁为简，应对复杂的局势。这是基于对自己内在信念的信心，而非依据记忆中的领导力理论来瞻前顾后地计算利弊。你不可能凡事都咨询顾问、律师或其他机构。领导能力就是在可容忍的不确定性范围内，是否可以做出正确的决定。突然之间，事情转变成为你是否可以展现你的优势并证明你是谁。作为领导者，你必须对你自己、你的部门和你团队的形象负责。你可以犹豫，也可以重新考虑，但你必须采取行动。你的选择将成就你的未来。以这种方式，选择这个行为本身就是你自我认证的皇家高速公路。

七、难以理解的巧合

既然选择对我们有非常重要的影响,那问题是意识在选择中起着什么样的作用?是先有选择还是先成为领导者?没有人强迫你走上领导岗位。你为什么是领导者?你想要成就什么?坦白地讲,大多数人在走上领导岗位前并没有自己明确的想法。当然,大家并不喜欢承认这一点。可以想象一下那是多么的不合时宜:"我吗?不,我成为领导纯属偶然,我的老板喜欢我,所以就把我提拔到现在的位置,其实我真的不知道我在做什么。"不,没有哪个傻蛋会说这样的话,那肯定不会是你或是你认识的人。但不管怎样,确实有些人走上领导岗位纯属偶然。毋庸置疑,这不是正路,也不会在领导力著作中涉及。这虽然不登大雅之堂,但不能否认它是现实存在,让我们来看看这部分人。

也许最常见的途径是将晋升作为结果。有些人是既聪明又努力,他们迟早都会收到邀请来承担更大的个人责任——一位领导者就此诞生。在工作中,他们是不知疲倦的永动机。想想金兔子电池广告中那些装着钢骨的玩具兵!他们永不停步,永远向前。这些人具有极大的耐力,不停地埋头苦干,就像是铁甲钢骨,电池耐力超强。如果在组织中放任这些人自由发展,他们迟早会高居业绩的榜首。尽管他们不一定清楚什么是领导力,但他们早晚会成为领导者。

通往领导岗位的另一条道路是系统标准化的结果——作为辉煌职业生涯最终的目的地,一些人成了领导者。从某种意义上说,战胜了所有挑战,个人责任与领导地位被当成了职业生涯的回报。但这不见得是件好事,在某些情况下,一个出色的专业人士就此消失,可能换来的却是一位糟糕的领导者。换句话说,对于组织,这是双倍的损失。但这司空见惯。

登上领导岗位的第三条途径是班级聚会效应。或早或晚，在生命中的某一天，你打开门前的信箱，在一大摞商业广告信函中，一眼就会发现那特别的、不同于一般商业信函的一个信封，它没有透明的开窗，笔法工整，蓝色墨水加漂亮的草书烘托着你的尊称。在那一刻，你知道你终于得到了它。是时候安排班级同学聚会了！有些人会不时更新自己的简历，也有些人不时归集他们收到的名片，精心维护社会关系是他们最注重的事务之一。社交聚会同样令他们兴奋，他们会精心应对，因为那是对他们社会地位和外在表现的评判，是要回答一个普通但根本的问题："嗨，你好吗？"这是最残酷的社会达尔文主义。那些境遇不佳，或是失业或是身处地下室整理文案的人，不会喜欢结交新朋友或是参与太过深入的交流，他们中的许多人甚至都不会参与聚会，且有充分的理由。而那些声称疲惫不堪困难重重但精力充沛斗志旺盛的商业领袖们则可以低调地品尝一杯欢迎饮品，享受轻松惬意的闲谈："今晚，我要把所有工作与烦恼放在一边，享受咱们的生活。"领导岗位常常是对他人的期待与外部压力的回应，早晚会引导某些人走向仕途。

登上领导岗位的第四条途径是由于某些人自我施加的内部压力，而不是外部期望。无论是家庭传承、漂亮姑娘症候群或是对权力与地位的渴望，符号本身就是一切，领导地位就是对身份的认证。但是，如果你不知道用它来做什么，那么身份也就变得不幸。当然，任何书籍都不会讨论以上这些途径。

靠偶然机会走上领导岗位令人费解。其背后存在着一个警示，在大卫，特别是普罗米修斯的神话中，都有可能没有主动地将自己置于某些特定的范畴内而导致人生的挫折。自我心理学之父海因茨·科胡特（Heinz Kohut）将悲剧性自我的概念与人生履历相关联。对他来讲，比起弗洛伊德的负罪与羞耻感的解释，现代社会更适合谈论悲剧性自我。根据科胡特的理论，我们最害怕的充满矛盾的童年期并不是我们负罪感的源泉。不，那只是生命的悲剧维度，是我们所有人都面临的风险，不仅对儿童，对成年人也是如此。最可怕的事是去经历——当一个甲子远去，生命继续其进程，后一个甲子向自己发问：我就是我自己吗？我做了我应该做的吗？我对自己忠实吗？发现如此的自我对抗足可导致其堕入深渊。因为假如一旦发现自我的生命被浪费，浪费在了一生都在满足了他人和社会的期望，而丝毫没有顾及自我的发展进程与愿景，那该怎么办？当所有的一切如钟表般平淡无奇，生命在波澜不惊中流逝，失去了选择的魅力，那将是何等的阴森抑郁！

八、找到自我

我们非常理解菲奇诺、洛伦佐以及柏拉图学会的其他人，他们都读到过柏拉图著作中所描述的士兵尔的神话故事。尔经历了濒死状态，这使他有机会体验了生命的下一个轮回的任务分配过程。问题是每个人如何运用自己的能力、发挥自己的潜力。你适合做什么？你是谁？你的任务是什么？正如卡尔·古斯塔夫·荣格（Carl Gustav Jung）所说：人生的任务是要回答一个简单的问题："我是谁？"尔的神话故事告诉我们，我们每个人都有一个陪伴我们地球之旅的伴生灵魂——一个善良的精神同伴。它萦绕在我们耳边窃窃私语，告诉我们应当做什么、我们将会成为谁。但这个内在的声音并非每天都来指导你，也不会清晰地为你指引正确的道路。尽管如此，内在的它会护佑着你，使你不至于偏离航向或是迷失自我。因为假如你不再是你，那你也就不再闪耀。它的独特性使得我们每个人都与众不同，使得我们的声音富于特色而非单调一致。我们每一个单独的个体都可以在某种程度上为我们贡献一些不同的、真实的、除去平庸的东西。这就是文艺复兴思想的精髓。

如你所见，这是产生詹代法则的詹代小镇居民所无法想象的，是前桑德米塞（Sandemose）时代，生活富于变化且充满激情。领导力也是如此，也不可能是一成不变的。每个人都必须找到自己的方式，找到其生命中特别的东西！米开朗基罗以其强有力的表达能力展示了他作为洛伦佐·德·美第奇的养子所学到的一切。他的所有作品都超凡脱俗，即便是在颠沛流离期间创造的作品也是如此。对于米开朗基罗，一个佛罗伦萨人，他眼中的每一个个体都是独一无二的，都拥有其特别的伟大之处，而绝非将人类视为无法为自己负责的、混沌未开的群体。

人类不能被束缚。人类的命运取决于每一个个人，取决于他或她选择做什么样的人。从这个角度讲，大卫并不是最具代表性的作品。米开朗基罗曾经创造过更具张力的作品，但鲜为人知，且颇具争议。这就是《囚徒》（II Prigione）。它们被摆放在佛罗伦萨学院，在通往大卫的通道两侧。这些雕像代表着意志与个性，饱含着激情与力量。他创造的到底是什么呢？是四座人体雕像，表现的是正在奋力从岩石中挣脱的人。这是对文艺复兴无与伦比的哲学表述。他们似乎孕育于巨石之中，努力着要使自己摆脱困境，努力着要找回自己。梦幻般的伟大表现！多年以来，学者和专家们对此一直有不同观点，有些人说那是米开朗基罗未完成的作品。这些作品的表面有些地方被抛光了，而其他地方则保持着粗糙的断面。他们是完美的作品吗？他们又表达着什么呢？米开朗基罗本人曾经说过，完美的形态就隐藏在石头中——一个完美的创作非常简单，就是去除多余的石头以呈现那完美的形态。说起来容易做起来难，不是吗？但这就是柏拉图式的思想，似乎就是他要在《囚徒》中所要昭示的。

这组艺术品的名称揭示出这样一个事实：弥漫且紧凑的事物构成了人类的监狱。我们被囚禁于石头之中，于是，人类的使命就是要挣脱束缚，发挥己之所长，为他或她固有之形而战。对于领导者，这至关重要且为首要之责。与其默默无闻于市，不如脱颖于芸芸众生。成为众之所望不仅关乎自己也关乎他人。无论是自鸣得意的学术见解，或是中庸的政治正确性，或是詹代法则伪装下的怯懦，或是懒惰所带来的祸害，文艺复兴的伟大之处在于成就与努力。这就是伟大之所在，立志将自己置于更广阔天地并以此为舞台展示自己。这些人值得拥有火与自由。

推荐读物

1.Collins, J. (2001). *Good to Great. Why Some Companies Make the Leap ... and Others Don't.* New York: Harper Business. Collins' conclusions about leadership stem from many years of research on businesses and results achievement in the long term.

2.Goffee, R. & Jones, G. (2006). *Why Should Anyone Be Led By You*? Boston, Massachusetts: Harvard Business School Press. The book couches upon modern leadership requirements in terms of personal standpoint and the relationship to employees.

3.Kerenyi, C. (1991). *Prometheus. Archetypal Image of Human Existence.* Princeton University Press. Exciting analyses of The Myth of Prometheus throughout history.

4.Kristeller, P.O. (1979). *Renaissance thought and its sources.* Edited by Michael Mooney. New York: Columbia University Press. Detailed academic account of what the Renaissance actually was and the view of man implicated by the period.

马基雅维利庄园　高波 摄影

第九章 美德与命运

> 我不再希望以理性的方式来讨论问题,因为我经常发现自己被欺骗。
> ——弗朗切斯科·维托里致尼古拉·马基雅维利

一个虚构的守护进程加上一个巨人被束缚于高加索山脉中的悲情故事,我们是否会止步于此?展示真正你所能承载的以及作为一位领导者可以企及的,是否就足以使大家信心满怀地跟随你踏上胜利之路呢?也许那会发生于虚拟的幻想之中,但现实世界远非如此。与现实相比,幻想总是令人振奋。但问题不在于你是否独自进行深刻的反思,而在于你能否抖擞精神付诸行动。良好的意愿本身并不能成就什么,至少是在现实生活中。

失势后的马基雅维利退隐江湖,在珀库西纳(Percussina)的圣安德里亚(Sant'Andrea)老宅中写过许多笔记,并最终汇编成书——《君王论》(*The Prince*)。这本书是马基雅维利从政以来所有的思想经验汇编,涵盖其政治生涯的全过程,从上升到毁灭。对于失败的领袖,几乎鲜有自传式的追忆来描述其苦涩。这本著作颠覆了对领袖这一概念的传统认知。以此为标志,它使我们对政治与政治家产生了不同看法。在这本著作中,马基雅维利抨

马基雅维利肖像
By Santi di Tito - Own work, 25 November 2019, Public Domain

击了菲奇诺人文思想中人性向善的论断，他要砸碎所有不切实际的理想与空想。马基雅维利不是描述领袖应当如何，而是描述现实社会中的领袖究竟如何。他仔细考察现实社会中实际发生的一切及其背后的机理。即使是在当今社会，这也可以被认为是一项大胆的尝试。当然，他也可以像其他人一样写一本热销的商业管理著作，以陈腐的老套来强调员工的重要性，强调开放与尊重等价值观的重要性。但是现实并非如此，那些所谓的价值观既不是领导者的行为准则也不是他们的成功要素。马基雅维利描述了现实世界，朴实直率，告诉我们什么最有效。一次又一次，他的读者被震撼。这不是一本写给胆怯者或是骄傲自满者的书。几个世纪过去了，马基雅维利的论点依旧振聋发聩，依旧被读者所追捧，正因如此，他被称为现实政治之父。

《君王论》是马基雅维利最著名的一本著作。除此之外，他还撰写过其他著作，如政治学著作《论李维》（*Discourses on Livy*）及《兵法》（*The Art of War*）、喜剧作品《曼陀罗》（*The Mandrake*）《克里兹亚》（*Clizia*）以及一些诗歌。他的全部作品都围绕着领导力的神话。古代神话大多褒扬人性本善，推崇协同努力以追寻共同的利益。马基雅维利力图清晰坦诚地揭示人类的真实本性——并不总是追求自由、平等和真挚友谊。相反，我们被自己特定的利益所支配。欲望是人类无法回避的天性，追求名望、尊重、关注、力量与财富是我们的天性。正因如此，人类并不一定就是邪恶的，但却是非常短视、非常善变的。事实上，马基雅维利的全部作品只解答了一个问题：如果人不是纯粹的、高尚的动物，那又该如何领导？他审视自我，他厌倦了那些虚伪的君王们所宣扬的忠诚与协作。当今商学院的教程定会令他呜呼哀哉。现在盛行的工商管理理论基本回避了马基雅维利所关注的人性的阴暗面，并假定我们都急切地朝着一个共同的、和谐的目标迈进，进而以此假设为前提，设计出完美的流程与激励机制。而马基雅维利却说，现实社会非常复杂，这行不通。

如果一个人本质上是善良的，但同时心胸狭隘、贪图小利且乐于搬弄是非，那又该如何使其服从领袖、贡献才智？没有人像马基雅维利那样将自己的研究基于这样的假设前提之上。他眼中的人是有缺陷的，他的笔准确且不留情面地描绘了我们背向阳光的一面。几乎没有人可以安静地坐在沙发上平静地阅读马基雅维利在《君王论》中对人性的描述，你可能会直接把它扔进燃烧的壁炉，甚至可能想挖开马基雅维利的坟墓，质问他为什么忽视人性中的美德。但是你不能，那些东西你太熟悉了，马基雅维利直白地告诉你：我不是描述世界应当如何，而是描述现实究竟如何。

一、控制与秩序的神话

马基雅维利不仅嘲笑那些将理想置于人类美好天性之上的幼稚的领袖者，也不齿于我们盲目地相信现实可以被计划与系统所描述。我们宣称战略规划与平衡计分卡可以带领我们进入成就卓著与价值增长的应许之地。马基雅维利清除了所有组织理论光鲜的外壳，让人们看到这是不正确的。控制只是一个神话，计划在实现之前就早已分崩离析，现实远非漂亮的图表所能预测。在这方面，马基雅维利的描述比大多数现代领导理论更加超前。想象一下，发出声讨的就是前官僚！

许多现代领导力领域的研究成果支持马基雅维利的观点。近年来，越来越多的人质疑传统领导力理论的前提。传统思想所推崇的领导力理论导致组织走入歧途，因为其假设基本不成立，不符合现实状态，将某些偶然的因果关系当成了必然，并假定领导者仅仅在幕后敲敲键盘就可

> 传统领导力模型将组织视为一个自我调控系统。其特征是自我规范并依据环境变化自我追寻目标,就如同一个预设温度的恒温加热器,根据房间的温度高低自动控制加热开关。这种观点隐含了组织和领导力的一些基本假设:
> - 着重于通过差异调整适应环境。
> - 环境导致的不稳定和变化。
> - 注重线性关系——简单的因果关系。
> - 未来可预测——靠预测来控制趋势,进而控制系统。
> - 系统是稳态的,因此它基于相对固定的、既有的目标寻求平衡。
> - 不考虑扰动以及自我强化。
> - 不考虑组织依赖大规模规划和分析的能力。
> - 成功是稳定的、一致的和调和的。
>
> ——拉尔夫·史黛西

以掌控其组织,类似于老电影《绿野仙踪》(*The Wizard of Oz*)中的场景。痴迷领导力课程无助于企业的业绩,与现实情况相差甚远的理想模型无法管控风险。

混沌学和复杂性理论动摇了组织与领导力理论的基本假设。系统在理论上存在两个极端。一个极端是严格的秩序与清晰的状态,另一个极端则是完全无序的、不可预测的混沌状态。在前一种状态中,火车严格按照时间表运行,项目进度严格遵循人为计划,一切皆可预测,战略规划的执行进度甚至可以细化到每分钟。而在后一种状态中,股票市场遭遇到黑色星期一,某件鸡毛蒜皮般的琐事引发的媒体狂欢导致最高领导者辞职,而最不可理解的就是那首小孩子的歌曲竟然长久地占据着流行榜。在现实社会中,这两种状态都是可能的。处于二者中间的是第三种状态,其边界并不明晰确定，介于有序与无序之间。问题是：典型的人类活动是处于哪个状态呢？毫无疑问，三个状态都有，但最常见的是中间状态。我们熟悉那里，但无法预测，那是个有秩序的地方，但仅限于特定的框架内。这个中间状态广为人知，即现实世界。

传统领导力理论建立于秩序与可预测的前提之下。在许多方面，这一前提构成了领导力的隐形魔咒，即预测、风险分析与误差修正。如果企业战略要取得成功，就必须对组织的当前定位、内外环境做出战略分析，进而确定优势地位作为战略选择。当前定位与战略选择之间的差距分析将最终导出进程路标与阶段性目标。当然，这期间必须伴有信息系统和关键指标索引，一旦进程发生偏离，这些信息就会在领导者的月度报告、周报乃至日报上以红色或黄色的标志反映出来，从而引起领导者的注意，进而在例行管理会议上提出警告，责令相关部门制订计划予以修正。最终，战略目标得以实现。多么完美的世界！

但也许就是这样的模式损害了事物本身的规律。制定战略规划的目的是赢得新机遇、创造新事物。为此我们必须考虑差异，证据表明创新往往出现在偏离规范的地方。这样的案例比比皆是——3M 的便利贴就是生产错误的结果，宝丽来相机也是来自一个小女孩的想法，而这些组织则以非传统方式处理偏差而著称。如果组织想要变革和创新，那么严格的管理机制可能无益，因为创造力无法按需供给。

对此，影视界早已非常了解。电影《阿甘正传》（*Forrest Gump*）中就有许多新奇的挑战世俗的情节，似乎是在取笑我们，也是对理性领导模式的蔑视。阿甘之所以成功，恰恰是因为他顺从特例而非尊重规则。电影中，他被所爱的女人所拒绝，经此打击，阿甘坐在阳台上思绪翻滚，突然间冒出一个想法，他冲了出去，冲出大门，跑过城市，穿越州界，跑过山川大河，不停地跑了三年。人们终于注意到他，越来越多的人开始跟随着他奔跑，他成了席卷整个北美大陆的慢跑弥撒亚。突然之间，他慢了下来，停在了沙漠公路上。他的追随者们激动不已，无论是阳光普照还是倾盆大雨，他们一直跟随着这位沉默的图腾，而就在此刻，他要开口说话了，他会说出什么样的令人振奋的至理名言呢？"我想我现在要回家了！"彻底的离经叛道。这是对创造力的现代滑稽演绎，乡巴佬战胜了理性的陷阱。

在混沌学中，混沌边缘的概念非常重要。偏差将系统推向毫无秩序的混乱的极端，当系统混乱达到

> "那天，没什么特别的原因，我就想出去跑跑，于是，就沿着门前的马路一直跑到了头。到达那里时，我想也许我可以跑到小镇的尽头。到达小镇的尽头时，我想也许我可以穿过格林堡（Greenbow）县。然后，我想既然跑了这么远，也许我还可以穿越亚拉巴马州。我做到了，我穿越了亚拉巴马州。也还是没什么特别的原因，我继续向前，我向大海奔去。到达那里时，我想既然已经跑了这么远，不如转身继续跑。到达另一个海洋时，我想，既然已经跑了这么远，我不妨回头，继续向前跑。"
> ——引自电影《阿甘正传》

一定程度时，系统又会开始趋于自我组织，某些新事物会随之出现。因此，自我组织过程就是创新过程。人们有理由相信无序会孕育创造力，同时也必须理解，我们无法控制这种创造力。它可能以某种奇特的新概念或是开放的新市场的形式出现，但也可能是个丑陋的懦夫或是某种破坏性的力量。对于混沌创造力，不存在质量控制体系，但毋庸置疑，它确实具有创造力。

文艺复兴时期的佛罗伦萨是一座充满创造力的城市。其创新的源泉并不是幕后策划者们制订的总体规划。相反，它在顺势、混乱、冲动、分裂以及自相矛盾中演进。而我们这个时代，系统架构师和目标设计师们疯狂

地进行着徒劳的尝试，以期实施更有效的监督与控制。我们应该感到庆幸，庆幸他们当时并不存在，否则只有上帝知道我们会得到什么，也许只有完美的秩序。但毫无疑问，美和创造力将被扼杀！洛伦佐的卓越之处就在于他善于营造创新环境，而非自己直接管控。当今的管理模式非常适合提高效率以获取即期成果，但并不适用于开创性、创新型企业。要有所作为，你需要进入无法预测的命运女神福图娜的王国。

二、命运女神的王国

马基雅维利的观点与混沌学理论有许多相似之处。马基雅维利笔下的政治生态是一个介于有序和混沌之间的、边界并不稳定的生态区域，秩序与混沌相互依存。在这一区域，几乎没有什么东西可以安全地锚定。政治游戏和赌徒们占据着主导地位，人尽显其卑贱的本质。有趣的是，马基雅维利借用命运女神来描述这个状态。命运包含了各种情况下的复杂组合与巧合。基于此，马基雅维利对决策流程与管理系统几乎不抱任何信心。他甚至认为，才能出众经验丰富的领导者可能会屈居劣势。你永远不可能拥有足够的智慧来预测掌控全局，因为命运女神至少拥有一半的支配权。

命运女神将混乱带入到我们的生活。从上古到现代，人们既爱之又恨之。或许有一天，她会将一位平庸之辈推上首席执行官的高位，继而又使之在其发动的新一轮组织重组的迷雾中以惨败收场。我们爱她，因为她转动的命运之轮可以让财富和名望铺满我们的前行之路；我们恨她，因为她同样可以使我们陷入莫名的痛苦，使我们因绝望而哭泣。这就是命运女神。卡尔·奥尔夫（Carl Orff）的《布朗尼之歌》（*Carmina Burana*）开场非常震撼："哦，命运女神，你是那么的世事无常，如月之阴晴圆缺。"马基雅维利将命运女神描绘成无法预测的、有时甚至是故意向恶的。你期待得到她的垂青，但又惧怕她的喜怒无常。她就像是幼稚园中那个漂亮可爱的小女孩，集万千宠爱于一身，但她无可救药的任性却令所有人倍感无奈，时常发作的小脾气更是令人头疼。任何努力创新的人或是尝试进行全面重组的人都不应低估自己这方面的表现，除非你用三明治和会计报表将自己困在大会议室中。

约翰·波考克（John.G.A.Pocock）曾经讨论过马基雅维利笔下的命运女神，认为其象征意义为"……纯洁的、不受控制的、不受法律约束的、可能但无法预测的未来"。在命运女神的王国，不存在简单的相互依附关系，事物会相互影响，但这种相互作用关系非常复杂且难以预测。出于"后见之明"，我们不时以洪亮的声音断言事情本该如此，并斥责某些人的愚蠢，但在事发之前，其结果真的就是那么显而易见吗？因果关系消失了，坚实可靠的假设前提失效了，细小的琐事与偶然因素决定了结果。人们的行为举止不可能都是理性的，突发的冲动可能导致心率加速失去理性。某些人是狡诈的，他们为自己的利益努力钻营，但看上去却是在为了大家而奉献。纵然有些模型可以识别相互间的关联与影响，似乎就像是混沌世俗中的占卜模型，但充斥着复杂因果关系与利益冲突的现实世

> 许多人称这位女神无所不能，因为每一位今世的个体迟早都会感受到她的力量。她时常践踏善良、褒扬邪恶，即便她许诺于你，也可能只是一纸空文。一时兴起，她可以颠覆政体、毁灭王国，驱善扬恶、弃正向邪。这位癫狂的女神、无常的神灵时常将德不配位者推上王座，而令真正的贤者虚度一生。她随心所欲、为所欲为，一手将我们推上巅峰，另一手却将我们打落深渊，没有丝毫怜悯，更不讲法律与正义。
> ——马基雅维利《写给命运女神的诗》

界终究是不可预测的。这正是为什么马基雅维利要著书立说的原因，命运终究归于命运女神。

三、新君王

马基雅维利不喜欢屈从于现状、祈求命运女神垂青的领导者。他认为那就好似闭着眼睛一次次掷骰子的赌徒。这并不是言过其实，远期油价和市场掉期的投机就曾为CEO们赢得过巨大的荣耀和如潮的好评。作为领导者，只能依靠职业发展的"永动机"和不懈的努力，命运女神的功力毕竟有限。个人成长与职业发展不能只注重创意和商业头脑，某些人成为领导者实属偶然，也有一些人被动地走到了队伍的前端。马基雅维利非常厌恶将自身利益置于组织之上的领导者。他特别不喜欢那些到处兜售自己的雇佣军将领，因为他们没有丝毫的忠诚可言。如果你将命运女神作为自己的伴侣，可能很快就会发现她会出卖你，使你陷入困境。她引诱领导人，诱惑他们一步步上到总部的顶层，在他们欲火焚身时毁灭他们，从国会大厦到断头岩也就是几步之遥。因此，你必须抵抗女神的诱惑，不可以下注给她。你必须勇于挑战她，因为女神会受你的影响。她永远不会被打败，但她可以向你鞠躬致意。在争斗中，她会表现出某种受虐的快感，她偏爱大胆和鲁莽，她厌恶委员会和审议厅，她必须要被驱赶、被激励。马基雅维利欣赏乐于挑战命运女神的领导者。

这里我们来到了《君王论》的关键之所在。马基雅维利认为，君王首要的职责是推陈出新。君王通过鼓噪人民获取权力，进而发起进攻直至推翻旧政权。他绝不应是百姓茶余饭后的谈资，而应当是超越传统、推陈出新的新领袖。他不满足于维持现状，想要新的东西。君王就应当是创新者，这是马基雅维利的忠告与观察，也影响着所有试图改变体制的人。

新君王带领民众和统治阶层摒弃旧有的传统与习俗。因此，他无法将其统治置于传统和旧有的权力机构之上。在新秩序的创立过程中，旧秩序被打破，政治领域变幻莫测，未来更是无法预期。唯一可以确定的是，新秩序不仅会冒犯既得利益者，更会终结旧体制，领导将被置于未知的领域。新君王对民众所有的奇思妙想持开放态度。但相对安全舒适的是使事物保持原状。故而，领导者可以放下桂冠，享受老板的任期。作为新的领导者，庄严宣告百日过渡期的必要性，随后将百日向千日、万日推进。通过激情讲演，指出目前所面临的挑战，真挚感谢每一位所做出的贡献。但不要试图挖掘所有真相，卧狗勿扰，切莫惹是生非，避免触发系统风险。否则，你的命运将会被命运女神接管。领导是一项极具风险的业务，获得权力的同时也意味着从相对安全稳定的位置进入了充满风险不可预测的区域。每一次行使权力、每一次改变现状都与风险相伴，如同与火为伴。君王的抱负一定会唤醒命运女神。

四、命运女神的咒语

那么，如何在命运女神的王国取得先机？在马基雅维利之前，传统的回答是以博伊修斯的精神。博伊修斯是6世纪罗马帝国的一位资深参议员，是帝国最重要的官员之一。但狄奥多里克大帝（Theodoric the Great）怀疑他叛国，并将他投入监狱。实际上那些怀疑并没有事实依据，博伊修斯成了谣言诡计的牺牲品。被监禁的博伊修斯哀叹自己受到了命运女神的捉弄。但随后，在哲学意义上，他找到了慰藉，他找到了自己是谁，自己代表了什么。通过冥思苦想，他得到了解脱。上帝的宏伟蓝图远非我们凡人可以捉摸，永恒的上帝将过去和未来的每一刻都看作是一个整体，并引导世界走向救赎。我们之所以感到命运不公，是由于我们缺乏对一切如何走向完美的理解，即使是博伊修斯的命运也有其意义，所有的命运都是好命运。沉思可以使人获得解脱。博伊修斯的思想产生了那个时代最杰出的领导力著作之一——《哲学的安慰》。这本著作，数百年来一直被领导者们所追捧，并被伊丽莎白女王一世翻译成英文。结果总是感人的。在命运女神的咒语下，领导者必须要秉持信念，不能迷失自我。女神的蹂躏成了一种考验，考验着人们是否可以通过哲学以及信仰平静地面对死亡，战胜一切。博伊修斯在写完这本书后不久就被处决了。

她继续说："但是现在该是康复的时候了，而不是哀叹。"然后，她盯着我，继续说道："你是男人，对吧？是靠我的乳汁、我的食物长大成人的。我赋予你自卫的武器，使你保持强壮，但却被你丢弃了。你确信认得我吗？你还是不说话，是害羞还是惊讶？我情愿相信是害羞，但我看不是。"当她发现我不是不说话，而是瞠目结舌无法说话时，她轻轻地把手放在我的胸膛，对我说："没那么严重，他就是有点健忘，这是被蛊惑的心灵常见的疾病。这会儿，他忘记了他是谁，等会儿他记起来就会认得我了。让我来拂去他眼中世俗的忧虑，很快他就会恢复健康。"

——博伊修斯《哲学的安慰》

当然，马基雅维利则相反。首先，他指出行动的强烈意愿是领导者最重要的素质。要主动出击而不是沉思，等待不是办法，怀疑和拖延会使你陷入生不如死的状态。其次，他强调领导者应具备应对环境变化的能力。他认为大多数领导人的失败是由于他们的行动缺乏可选项，且乐于依赖过往的成功经验。最后，从长远来看，领导人必须引入法律和秩序，同时靠力量与智慧来控制不确定性。命运女神有时就像是一条肆虐的大河，但堤坝可以驯服她，使之为我们造福。马基雅维利认为，逐渐走向更有秩序的状态是最终解决方案。作为领导者，如何在复杂的政治生态中生存，马基雅维利更深层的探讨将涉及个人德行（Virtue）的范畴。

马基雅维利的解决之道影响着领导者个人。领导者应对挑战的利器就是在其品格，也就是其德行。英语文化中的 Virtue 也指美德，但是马基雅维利所指的 Virtue 有独特的含意。它指代的是力量与实力，包括决心、冷酷和勇气，同时也包括独创性和理解他人的能力。用好莱坞式的话来说便是：你知道你要什么吗？你能得到你想要的吗？还是随风飘摇的墙头草？

德行会促使君王探索新疆域，也包括施行新的治理模式。领导者要成就某些事，就必须要有驱动它的意愿。这也意味着他要离开相对安全舒适的状态，让命运女神有机可乘。一旦失去控制权，就意味着领导者自己走上了命运女神的祭坛。他的救星在哪里？是退缩与沉思吗？不，领导者必须再次求助于德行。德行可以驯服命运女神，可以造就新秩序。每一项创新都充满风险，都可能毁灭创新者本人。在这个意义上，德行既是问题的根源，也是问题的解决之道。

马基雅维利描绘了命运女神的毅力和技能，他撼动了博伊修斯的遗产以及基督徒对德行的定义，同时，他也唤醒了罗马共和国时期的理想。罗马的伟大之处就在于对人类最基本的自然属性有透彻的理解，罗马认可人的侵略性并可以有效地利用它。随着罗马的衰落，曾经的一切已被抛弃。而基督教则是通过告解与沉思来解决人性中的侵略性，以约束人不要做太多的错事。

而德行却是另一回事，马基雅维利并没有为德行提供一个明确的定义。德行既有原始的要素，也有理性的要素。君王首先也是人，其天性与常人无异。半人半马座就是个典型，它一半是动物，一半是人类。那么我们效仿什么动物呢，是狮子还是狐狸？狮子可以勇敢地与命运女神争斗，而狐狸则玩弄计谋逃避灾祸。马基雅维利这则动物的比喻看似简单，但其内涵深刻。韦恩·A.瑞布霍恩（Wayne A. Rebhorn）分析马基雅维利如何运用文学修辞来表达他的观点，狮子和狐狸的比喻并没有将政治简化为童话，他的比喻应该被置于将政治、历史以及文学视野视同为一体的背景下加以考量。狮子和狐狸都是政治能力和文学传统的表达。

五、狮子的勇猛

马基雅维利笔下的狮子是古代的猛士、是史诗般的战神，如亚历山大（Alexander）和汉尼拔（Hannibal），也是力量、进取与雄性的象征。毋庸置疑，狮子的特性就是进攻。马基雅维利常常提及过去的英雄，无论是来自神话世界还是罗马帝国的历史，他试图通过英雄的故事来告诉我们一些事情。阿喀琉斯（Achilles）这位半人半神的英雄，以其英勇而著称。当希腊的勇士们与特洛伊交战时，阿喀琉斯犹豫了，这是我的战斗吗？困惑之际，他的女神母亲来访，女神母亲可以预言未来，理解儿子抉择的困境：阿喀琉斯如果留在希腊，会找到一位非常爱他的美丽的女人，为他生儿育女，儿女们会非常尊敬、非常爱他，最终他会死去，会被遗忘；而阿喀琉斯如果去特洛伊，他将投入光荣的战斗，未来的人们将赞美他的勇猛，歌颂他的事迹，但他将战死在特洛伊的海岸。阿喀琉斯该如何选择呢？阿喀琉斯毅然决然地率部驶离了平静的海湾，在风暴中抵达特洛伊的海岸，斩杀一名又一名特洛伊士兵，其他战舰上的希腊英雄们都看呆了，他们从未在特洛伊的海岸上获得过如此的胜利。

我们再来看看尤利乌斯·恺撒（Julius Caesar）与命运女神的抗争。今天，

《高卢英雄传》(*The Asterix and Obelix Stories*)广为流传,但该系列作品对这段历史的描述颇受法国文化影响,而历史上的尤利乌斯·恺撒非常不同。但不论如何,我们都不会没有听说过恺撒大帝。如果我们要选出一位历史上最生不逢时的领袖,恺撒当之无愧。直到17岁时,他不仅未曾有过任何建树,还被列入了死亡名单。他叛逆,与社会格格不入,却渴望改变世界。可他所有的努力都付之东流,几乎从未有过任何成功。但是他似乎具有异乎寻常的能力可以使自己从失败中获益,纵然无法反败为胜,却可以因势利导,善于总结失败的经验教训,而且他有耐心忍受接二连三的失败。相比那些雄心万丈但却容易脆断的领导者,恺撒可称得上是百折不挠。一个人可以承担多少厄运?多少灾祸可以使他放弃?尤利乌斯·恺撒在其漫长的一生中饱受摧残,年过五旬终成大器。君子不与命争,从这个意义上,恺撒不能被称为君子,特别是面临人生重大选择时。征服高卢之后,罗马议院要求凯撒独自一人返回罗马,他率领的军队不得越过卢比孔河,否则即视为叛乱。恺撒知道,如果遵照参议院的命令,自己将处于危险之中;如果违抗命令,则意味着共和国的内战。怎么办呢?先做个风险评估,再征询大家的意见?不!"骰子已被掷下"。凯撒当时的这句话现在已演变为谚语,英语中类似的说法是"cross the Rubicon",意为"做出没有退路的决定、破釜沉舟"。五千名军团士兵的呐喊吓退了议院及其军队,罗马的历史翻开了新的一页。CEO俱乐部成员们一定认为这是毫无理智的赌徒行为。但恺撒大帝绝对是一头雄狮,是不带黄金降落伞的CEO。

狮子代表勇猛坚毅。马基雅维利厌恶怯懦的领导者。狮子果断,不会瞻前顾后拖泥带水,为了胜利甘愿付出一切。青史留名的豪杰们绝不会屈从于CEO职位带来的约束。他们想要某些东西,他们为荣誉而战,这就是为什么狮子能够战胜命运女神。他们鞭挞女神,突破所有现代管理理论的禁忌。我们认为组织必须审时度势，顺势而为。这是我们的教理，至少我们认同适者生存的达尔文主义，并将其应用于组织的生命周期。但组织不应仅仅被动地去适应环境的变化，而是应当主动地参与、改变环境，从而为自己和他人创造新的发展条件。如此这般，会起到事半功倍的效果。因为大家与其被动地接受环境的变化，不如共同参与改变环境。在系统论和混沌学建立的数百年前，马基雅维利就已深知这一点。他情愿领导者大胆鲁莽而非小心翼翼。命运女神偏爱那些对她不那么礼貌甚至是粗鲁地发号施令的人。

狮子是不妥协的象征，他们心浮气盛行为鲁莽。面对戈耳狄俄斯之结（Gordian Knot），狮子的解决之道就是直接将其撕裂，他们善于捕捉机会。马基雅维利在诗歌《机遇女神》（Occasione）中，曾贴切地描述过狮子的光辉时刻以及人类的不及之处。机遇女神是命运女神的近亲，她从不轻易显现，也几乎无路可寻其芳迹，她长发遮脸，使人难以辨认，"后悔"是她的随从。认不出机遇女神的人会被"后悔"抓住。那些把时间浪费在白日梦和沉思上的人看不到机遇女神正在离开。机遇女神和命运女神如影随形，马基雅维利知道如何驯服她们。风暴发生之前，混沌学理论就可以对其发生有精确合理的预测。显然，狮子的应对比松鼠更好。

当代著名心理学家阿尔伯特·班杜拉（Albert Bandura）强调领导者所谓的"自我驱动"的重要意义。它是领导者对自己的信念，相信自己有完成目标所需的组织与执行能力。领导者必须相信自己与众不同，因为自己的独特，所以可以创造他人所不能。这种信念对领导者的成功有很大影响。如果你相信自己能够改变历史，那么这种自信就会体现在你的行动中。你会因此变得更坚定、更强大，你就会改变所处的环境，留下自己的印迹。信念的力量无须证明，信则灵。信念的作用非常强大，它会成为自我实现的箴言，将幻象变为现实。假如我们明了失败的概率，还会有多少人继续推进自己的英雄壮举？信念可以撼动天地，即便是自恋型领导者也会有效地容忍他们无法接受的自我。信念本身就是他们的武器，这毋庸置疑。灯塔会照亮黑夜，热情会战胜困难。

六、狐狸的城府

马基雅维利认为领导者应当具有权力意志。但要想在命运女神的王国取得成功，只有狮子的勇猛是不够的。原始冲动是缺乏智慧的表现，历史上许多英雄因鲁莽而失败。狮子的勇猛固然重要，但狐狸的城府也不可或缺，或许更为重要。马基雅维利在其所有的作品中，包括政治分析文章和文学作品，都提到狐狸的城府。瑞布霍恩（Rebhorn）认为马基雅维利与薄伽丘、莎士比亚和莫里哀（Molière）同属传统文学流派，他们都擅长描写骗子、自信的男人以及深谙社会与读心术的狡诈的恶魔。马基雅维利的作品就如同是狐狸之家。"狐狸们"一般都相当市井，他们大多没有正规学位或是大牌学术头衔，但却精通处世之道，擅长营造空中楼阁，长于即兴发挥且能言善辩，最重要的是，他们都注重行动。他们或许是平易近人的奉献者，或许是高瞻远瞩、雄心勃勃的领导者。在年度大会上，他们会深切地望着团队并真诚地说："你们就是我们最重要的竞争优势！"他们有时会以自嘲的方式让大家在欢笑中感受他们的睿智。

在保罗·纽曼（Paul Newman）和罗伯特·雷德福（Robert Redford）主演的美国老电影《骗中骗》（*The Sting*）中，我们见识了这些狐狸们的身影，那两个风度翩翩的骗子设法骗过了一个更大的坏蛋。电影院中的我们在黑暗中对骗子们的表演忍俊不禁，但没有料到的是作为观众的我们同时也被他们骗了。在影片的结尾，我们都接受了那个悲惨绝望的结局——纽曼和雷德福德被乱枪打死。但最后一刻，骗子们却睁开了眼睛，吐出用过的血胶囊，复活了。这完全出乎我们的意料，我们根本不知道这是怎么发生的。他们是典型的骗子。无论是在现实生活还是神话传说中，这些骗子的"社交智商"都超越了对手。从某种意义上讲，他们是另类英雄，就像是奥德修斯和墨菲斯托赫（Mephistopheles）——当狮子倒下时，他胜利地站在那里，得意地笑着。这就是马基雅维利的狐狸。

如此，马基雅维利再次撼动了我们的基本认知。这些都是无价的领导才能。如果你不识人，怎么能成为成功的领导者？如果你无法展现你自己，那又该如何传播你的思想？我们这个时代规模最大、也是最重要的领导人选拔，即美国总统大选，完美地诠释了这样的理念。"印象管理"这一新概念被引用——通过有意识的自我呈现，你可以影响他人对你的印象。因为人们常常默许自己被事物的表象所迷惑，很少有人时刻保持戒心去探究事物的本质。马基雅维利再次预言了现代研究成果。更为有趣的是，在进化心理学领域，许多证据表明，人类的智力发展主要是为社会交往以及生存所需，而非为解决数学或工程学难题。这是个有趣的发现，它被冠以"马基雅维利情商"。观察婴幼儿的智力发展，很容易发现，这是人最早掌握的生存技能。那些雄心勃勃的年轻人在学会如何合理安排时间和解二次方程式之前很久，就已擅长社交技巧、施展小手腕。他们确切地知道按下哪个按钮会满足妈妈的想法，以及哪种眼神、哪种语气效果最佳。对爸爸也是一样，只不过可以要求得更多，所花费的努力更少。如果发现自己策略不奏效，他们将与我们对抗，直至达到他们自己的目的。狐狸在人类眼中是另类的动物，我们每个人心中都有一只狐狸。马基雅维利的狐狸精通社交游戏。在变革过程中，在董事会的争斗中，他们善于清醒地判断局势。

组织中的政治游戏

反叛游戏：员工为反对领导者的游戏——从温和的抵抗到激烈的对抗。领导者的响应通常是更大的集权。

帝国建筑游戏：重组与组织变革期间中层管理人员发起的游戏。项目团队、工作小组以及高素质的员工最终变成了领导者扩充权力基础的收藏品。

预算游戏：同样是中层管理人员发起的游戏，这次争夺的目标是资源与资金。如果你有疑问，那就尽可能多地争取自己的份额。

专长博弈：熟练工人吹嘘夸大自己独特的专长以寻求自我保护。领导者则依赖系统与培训实现专业知识的标准化。

运营与专业的博弈：传统的争夺话语权的游戏。运营管理与专业技术委员会总是要一争高下，每当专业技术人员有好想法时都要上演一次。

阵营对垒：两个阵营——或是个人，或是部门，或是联盟，相互对垒。通常以一方失败而告终。但如果不加约束，则对垒可以持续很长时间。

——亨利·明茨伯格

他们了解人性，洞悉我们的动机和弱点，能够读懂权力的格局。对于老实人，眼前看到的就像是杂乱无章荆棘密布的灌木丛；对于狮子，那是一片需要逾越的障碍；而狐狸眼中看到的却是清晰的图案。他们可以察觉谁是真正的主角，也会准确地评估不同的参与者的影响力，在藤蔓和树枝扭曲的地方，狐狸瞥见了关系和联系。他们会注意到同盟关系以及共同辨识的存在，无论是显性的或隐性的。他们很容易感觉到紧张局势以及个体的反抗，并且可以嗅到潜在的利益冲突。于是，权力的格局变得清晰可见。狐狸不容许自己被表象、奉承与夸张的许诺所诱惑。事物并不一定就是看上去的样子。可以肯定，他们在每次尝试权力游戏时都能正确判断形势。多

影响他人的六种武器

人会受到外界影响，不同的外界刺激对不同人会产生不同的作用。有些方法甚至可以产生类似膝跳式反射式效果，有效的外界刺激可以重塑我们，使我们去从事他人想要我们做的事。以下是六种影响其他人的方法或是武器。

互惠：总是让人欠你一些东西。

承诺：让所有人都知道事情的重要性。

社交印证：在欢乐的社交聚会上，让大家都赞同你的观点。

权威：获得专家和名人的加持。

喜欢：施展个性与魅力，或为他人施展魅力创造更大的空间。

稀缺性：使你所能提供的东西变得非常稀缺或极为不平常。

——罗伯特·B·希尔迪尼（Robert B. Cialdini）

种力量的作用一直存在，一直被玩家们不断重复着，几乎就像是与朋友或家人一起玩"大富翁"（Monopoly）、"冒险"（Risk），或是类似的游戏，如"预算游戏"（the budgeting game）、"线路人员游戏"（the Line Staff game）或是"帝国建设游戏"（the empire building game）。如果剖析这类游戏的架构和内容，你就会发现它们只是版本与配置不同而已。游戏本质就是权力和控制，它们不会为组织带来任何价值。马基雅维利的狐狸们在这些游戏中很好地找到了自己的位置。

你可以辨识自己所处组织的权力格局吗？身处其中，你能游刃有余吗？马基雅维利的狐狸可以。他们不会陷入没有意义的权力游戏之中。他们知道，此类游戏充其量是一种消遣，没有任何实际价值。他们还知道，此类游戏可能会演变成破坏性的冲突，进而破坏组织。但是，他们绝不会坐视不管放任一切，对不切实际的高谈阔论与奢靡之风更是深恶痛绝。一旦触及底线，马基雅维利自有其行动。狐狸自有狐狸的方式，他们更像是切萨雷·波吉亚和西班牙国王费尔南多。他们与狮子不同，狮子队伍通常旌旗招展鼓声喧天，而狐狸在介入之前会仔细权衡利弊，他们知道战斗通常在开始之前就已结束了。决心与实力以其他方式得以展示。狐狸们的目光会投向战场中的制高点和桥头堡，他们知道这些地方是制胜的关键所在。他们会有针对性地制订计划，组织力量。狐狸有足够的智慧来驾驭全局，他们知道哪些因素是制胜的关键，如何建立合纵连横、互惠互利的关系。没有人会视其为狡猾的阴谋家。相反，他们是坚强睿智的演员。他们并不寻求聚光灯或是荣誉勋章，他们所追求的是赢得战斗后的满足感。狐狸明了事物的全部进程，懂得自我约束，理解胜利的成因。

七、怠惰

人与动物，狮子与狐狸。你具备他们的那些素质呢？必要时，你能否决绝果断地切换不同的行为准则呢？对于我们的同类，你是否足够了解从而采取适时的、恰如其分的行动呢？马基雅维利哀叹他那个时代的领导者，他们或是天真的圣徒，或是残忍的野兽。他们缺乏德行，即将思想变为现实的素质，马基雅维利所忧虑的最大的问题是他们缺乏尝试的勇气，认为那是最大的危险之所在。与德行相反的概念是怠惰（Ozio），这个词的词根是拉丁语"otium"，指休闲、放松。那是我们享受美好生活的梦想。但于马基雅维利，那不是梦想，而是噩梦。放弃德行追求怠惰的领导者会摧毁组织。怠惰使罗马帝国沦陷，是帝国衰落的根源。怠惰滋养了平庸与暮气，满足于现状，得过且过。对于马基雅维利而言，美好生活永远都不是其追求的目标。假如他生活在我们这个时代，他一定会鄙视我们，因为我们的电视节目、时尚杂志无不充斥着对奢华生活的崇拜。人一旦停下来，就会失去奋斗的动力，就会失去自我。如果我们选择错了领导人，那么我们将面临很大的麻烦。所有的超级政权都衰败于自己的暮气。

因此，不应失去这个机会，至少让意大利看到她的解救者再现了，那些遭受外族蹂躏的人们、那些渴望复仇的人们、那些忠贞不屈的人们、那些赤诚的人们、那些满含泪水的人们，都将无以表达对他的爱。有哪扇大门对他关闭？有哪些人会拒绝他的领导？有什么样的妒忌会阻止他？有什么样的意大利人会拒绝向他致以敬意？对于我们所有人，那些都是野蛮人治理下的腐臭。因此，您和您的光辉之家应以所有的勇气和希望担当此使命，在您的带领下，我们国家的荣光必将再现……

——马基雅维利《君王论》

行动是生命的意义之所在。追求享乐、好逸恶劳会毁了一个人。命运女神的摇篮中不可能找到成功。我们生来旨在不凡。在这个意义上，马基雅维利也是文艺复兴的硕果。这里有一丝光线照亮了在黑暗中沉思的马基雅维利。人可以超越凡夫琐事和匹夫之乐，我们情愿与暴风雨中的命运女神为伍，而非在她温柔的怀抱中故去。如果有什么事情能够使人类从美好走向卓越，那就是对荣耀的热爱——世界的荣耀（gloria del mundo）。由此，马基雅维利回归了业已存在的信念。他谈论的不是教会的荣耀，而是世俗的荣耀；不是教会圣所中或是家族祠堂的荣耀，而是感动每个人的荣耀；是在公众集会中、在市政广场上、在人民的吼声中的荣耀。对荣耀和高贵成就的渴望促使人们去行动、去接受自我牺牲。

我们能否找到激发人们追寻荣耀的领导者？能否发现驱动我们摆脱冷

漠、战胜恐惧、探求伟大的英雄形象？马基雅维利在《君王论》的最后一章中呼唤一位领袖，以领导人民将法国人和西班牙人逐出意大利。何时能有一位救世主将我们从野蛮人的暴行和蹂躏中解救出来？他本意并非要使自己名垂青史，相反，他是一位真正可以为国家、为自己带来荣耀的领袖，一位为自己的雄心壮志而奋斗的人。这位领袖将前行、将蔑视命运女神，因为这位领袖拥有领导我们的德行，无论是在现实世界还是在命运女神的王国。

马基雅维利的《君王论》是写给谁呢？是写给朱利亚诺·德·美第奇，洛伦佐的小儿子，佛罗伦萨新的领导者。

推荐读物

1.Brown, S.L. & Eisenhardt, K. M. (1998). *Competing on the Edge. Strategy as Structured Chaos.* Boston, Mass: Harvard Business School Press. Chaos theory for business, one of the books that has had penetration within this complex field.

2.Cialdini, R.B. (2001). *Influence, Science and Practice.* Boston: Allyn and Bacon. One of the most read authors of today on impact and influence with interesting points and useful tips.

3.Pockock, J. G.A. (1975). *The Machiavellian and Moment. Florentine Political Thought and the Atlantic Republic Tradition.* Princeton, NJ: Princeton University Press. One of the classic commentaries on Machiavelli which among other things addresses Machiavelli's concept of Fortuna.

4.Stacey, R.D. (2011). *Strategic Management and Organisational Dynamics. The Challenge of Complexity.* 6th edition. Harlow, England: Financial Times/Prentice Hall. A chaotic and extremely exciting book that cuts across the field of standard organization theory.

圣体辩论 拉斐尔 右下戴花冠者为但丁
By Raphael - See below., Public Domain

第十章　走过地狱赢得尊严

> 喧怒的公众永远责怪含冤的一方……你将被迫抛弃自己最珍爱的一切……你会知道别人家的面包是多么的咸,你也会知道上下别人家的楼梯是多么的难。
>
> ——但丁《天堂篇》第十七章

是适者生存,还是智者通吃?与你是否保持高度戒备状态并无关联。因为时代在变化,你永远不知道下一次攻击何时到来。无论你是否奋力策马扬鞭,命运女神照例转动她的轮盘。

马基雅维利的著作值得借鉴,特别受到年轻人的喜爱。那些渴望权力、特立独行、精力充沛且才智超群的领导人某种程度上被不可告人的目的、随意性以及个人恩怨所支配。对于他们,马基雅维利就如同沙漠中的甘泉。法律让位于必要性,效力最大化为王。于是,我们不必接受良心的拷问,也不必接受负罪感与耻辱感的折磨。结果衡量动机,目的证明手段。即便某些人被欺骗,即便某些人感到绝望,感到被利用、被抛弃,那又如何?只要胜利的曙光乍现,领袖就赢得了一切!

果真如此？那取决于谁被谁所控制。马基雅维利的写作方式非常诱人，但是他暗示，没什么人能读懂他的作品。我们又有谁能真正理解马基雅维利呢？他面带蒙娜丽莎那样神秘的微笑，诱惑你随行。笃信马基雅维利非常危险，那可能使你陷入他当年所面临的危险境地。他描写过欧洲战争，我们非常喜欢那种模式，我们甚至将其应用于家人和朋友：我爱你，但那不关你的事。就像马基雅维利在《君王论》中对自己所说的那样："相对于自己惧怕的人，人少有顾及自己所爱的人，因为其'坏脾气'不足以破坏爱的承诺。"相信吧，他是对的，这是事实。人们被激情所驱使——孤帆远影满载疑惑，预祝一路顺风。

实际上这是一个非常简单的判断。如果你所期盼的领袖对事业、对理想具有热切的承诺，且充满了马基雅维利所推崇的阳刚之气与冷酷无情。那么，你可以得到什么呢？显然，那将是一位卓有成效的角色，几乎可以成就任何事业。但没有任何迹象表明你将因此而得到一名优秀的领导者。他可能是一位强大的执行官，如波尔布特、斯大林或希特勒，换句话说，是一位充满魅力的领袖。但是，这个公式中缺少了某些内容。那就是，他可以在多大程度上对自己的工作负责？权力的运行在多大程度上基于善意或是邪恶？善良常常为邪恶的运行构筑基础。马基雅维利扪心自问。因此，他暗示君王与我们不同，确信君王都很好。但与此同时，马基雅维利在对人性的分析中，并没有任何证据表明君王就比我们普通人更好。在这一点上，马基雅维利的哲学自相矛盾。显然，他有两套账本。顺便一提，那是当时意大利的通行做法。

即便当权者、强势力量本质上是优秀的、理想的，就如同世界历史课本上的英雄人物，但问题是，权力与权力的执行对领袖的作用是什么？为什么拥有权力的是你？你打算如何利用权力？权力会改变你吗？这些问题自然不可回避。在快行线上，你拥有个人特权，足蹬尖头新皮鞋，手持大哥大，黑色大马力机车是你的标配，推行着"硬球 Hard ball"战略，口袋里装着马基雅维利，德行介于两腿之间。这副形象与你想象中的马基雅维利的狐狸形象并没有多大偏差。骗子，意大利语中的"beffatore"，是马基雅维利的戏剧《曼陀罗》和《克里兹亚》所描述的街头小骗子、诱骗有夫之妇与之偷情的男人。就像是乔万尼·薄伽丘的《十日谈》（*Decameron*）中描述的醉酒聚会，当愚蠢的丈夫出门买啤酒时，狐狸却借机偷情。简单直接甚至略带优雅，马基雅维利轻松地将猎艳游戏与政治相结合。穿着意大利西装、拥有狐狸的特质、挥舞着大棒，征服世界。当然，这不是狐狸的独舞，还必须要有失败者。在狐狸的世界，狐狸并不比大多数人更聪明，除非你设法增加自己的筹码。

多方博弈的最终极限是"钻石切割钻石"。作为参与者，你沉迷权力与权力游戏，其他所有的东西都被忽视。一切都朝着偏执特质的方向发展，你自认为是游戏的主人，其他人也如此，你们的优势相互抵消。到处都是狐狸，权力游戏会悄然影响并改变你。权力需要尊严，失去尊严，你会迷失自己。通常，在生活中，在不经意间，在我们坚强而自信时，一切都会好转。同样有一位佛罗伦萨人，马基雅维利的同乡，也被逐出了教会，同样玩弄过权力，最终也被命运所玩弄，从巅峰跌落至谷底，只不过这位同乡跌得更深，回响也更大，结果也就非常不同。

一、在生命之旅的中途……

如果说一本书的开篇最重要,那让我们来看看这个:

> 在生命之旅的中途,
> 我醒来,发现自己身陷黑暗的森林。
> 原来,我已游离了坦途。

在生命之旅的中途,游离了坦途。与今天的我们一样,这也是 14 世纪的人们常有的感受。这句话是但丁《神曲》的开篇。数百年来,《神曲》吸引了无数的读者,并对艺术、哲学、神学乃至个人生活产生了巨大的影响。有关此书的专著与论述数以万计,穷其一生致力于此书的学者也大有其人。乔万尼·薄伽丘就是首位但丁学家。T.S.艾略特甚至声称只有两位作家值得他花费时间,那就是莎士比亚和但丁。《神曲》绝不仅仅是一本 14 世纪的小册子,它是世界文学宝库中最伟大的作品之一。

但丁的著作讲述了一段旅程。但丁迷失在森林中,挣扎着前行,远方的山顶显露出和平与救赎的希望之光。振作精神,但丁努力向前,向上攀爬,但被迫停了下来。一头豹子悄然出现,挡住了他的去路。但丁很害怕,但仍然决心登上山峰。继而是一头狮子,但丁被吓得半死。狮子高昂着头,威猛而凶狠地咆哮着,将但丁逼退,但丁感到绝望。接着,最糟糕的动物出现了,一只母狼匍匐着向他走来。那母狼瘦得仿佛满载着一切贪欲,多少生命已被它终结。但丁终于被逼回到了黑暗的森林之中。然而,就在此时,救星出现了。一个人影变得清晰可见,他来自哪里?但丁哭求怜悯,这个影子回答,他并非来自生前的现实世界,而是生后的死亡世界,他被派来帮助但丁。综合他的形象和所有的说辞,但丁渐渐明白了,他意识到这个影子是他心目中的伟大英雄、青年偶像,罗马诗人维吉尔。但丁得到告诫,如果要到达山顶，必须绕道而行，必须要穿越死亡王国，即地狱，然后是炼狱，最后方可抵达天堂。因为你所拥有的善，你可以抵达目标，我将陪伴你。啊，这真是个无价的承诺！然而，维吉尔在树林里做什么呢？

让我们现在回到 1302 年的 1 月底。但丁·阿利吉耶里在罗马向教皇博尼法修斯八世（the Pope Bonifacius VIII）报告佛罗伦萨的纷争。他是佛罗伦萨当政的白圭尔夫（Guelph）派的使者。圭尔夫派分为黑白两个派别，但丁为自己属于白派而感到自豪。尽管圭尔夫派的主要对手吉卜力（Ghibellines）派已被赶出佛罗伦萨，逃往了锡耶纳，但圭尔夫派长期以来饱受内部黑白两个派别权力争斗的困扰。但丁已婚，太太杰玛·多纳提（Gemma Donati）是黑派领袖科索·多纳提（Corse Donati）的表亲，他们育有一子。但丁不赞同强权专横的科索·多纳提，但他可以起到政治桥梁的作用。那时的但丁已是著名诗人，且具有强大的政治号召力。很多人看好他，但丁自己也踌躇满志。成功的政治生涯将弥补他青春期失恋所带来的心理创伤。令但丁一见钟情且终生难忘的少女名为贝缇丽彩（Beatrice），只可惜过早就离开了人世。现在，政治就是他的舞台。有传言但丁将成为白圭尔夫派的党魁，他将在政治的竞技场上，以其深厚的文学修养、卓越的艺术才华与超强的雄辩能力大放异彩。他所属的党派将可望弥合圭尔夫派与吉卜力派之间以及皇帝与教皇之间的政治分裂。他们之间的矛盾由来已久。但丁是忠实的基督徒，也是和平时代的支持者。在和平时代，皇帝负责世俗社会的治理，而教皇则专注于信仰和救赎。但丁的偶像是阿西西（Assisi）的方济各（Francis），他生活在二百年前，通过苦修获得救赎。但丁担心教皇意图占有一切，圣彼得的首席想要天下所有的黄金与奇珍异宝归于梵蒂冈。对于但丁，天上有两个太阳，一个是照顾人民的摄政王，另一个是照顾来世的圣灵。他们两者都受命于上帝，就像是罗马时代的奥古斯都与基督。但是，但丁时期的欧洲正处于危险时期，日耳曼人选择的君王候选人太过软弱，而执政的教皇则太过贪婪。他想要佛罗伦萨。

　　教皇将其目光投向了鲜花之城，并制订了相应的计划。这就是但丁造访罗马的原因。他劝告教皇博尼法修斯八世，佛罗伦萨有自己的运行方式，并表示佛罗伦萨自己可以管理得很好。对于但丁，出使罗马是个莫大的荣耀。因为他只是个公证人的儿子，而远非强势家族的后裔。但到了1月底，一年中最冷的时间，一位信使抵达罗马，为佛罗伦萨的代表们送来了紧急消息。但丁发现，他被抛弃了。科索·多纳提领导下的黑圭尔夫派掌权了，他妻子的家族成了他的政敌。佛罗伦萨不再需要他了。他不仅被政治所抛弃，而且已无家可归。所有这一切就发生在他为自己的城市出使罗马时。此时的教皇一定会笑得很开心。因为黑圭尔夫派与吉卜力派结成了同盟，而但丁及其同党则完全被蒙在鼓里。新同盟忠实于教皇。佛罗伦萨的城门为教会敞开了，而但丁脚下的路却关闭了。他不仅再也无法见到自己的家人，而且还成了不法之徒。等待他的只有乡间劫匪流寇、黑暗的森林和上了锁的门。被流放也就意味着身份的消失，他已无处可去。失去一切就是这么简单。在生命之旅的途中，我们游离于何方？

二、我醒来，发现自己身陷黑暗的森林……

　　那么，这本已有700多年历史的意大利巨著能告诉当今的我们什么呢？本书的重点不是它的内容，而是聚焦于如何在狭义和广义上理解一个人的行为。但丁的旅程表述的是人如何找回生命意义的故事。假设一个人感到自己完全失去了对未来的控制，那会如何？或是相反，就像是一切崩溃之前的但丁，其未来是确定无疑的，那是否会好一些？如果迷失在生命

教皇博尼法修斯八世

对于那些统治欲极强的人,教皇的宝座无疑极具吸引力,问题是现在坐在宝座上的那些人,他们的欲望尤其强烈。邪恶的舌头利用一个秘密的喉舌催眠了他的前任教宗策肋定五世,使其在就位仅仅五个月后就辞职下野。红衣主教卡塔尼(Cardinal Caetani)早期从事过法律公正事务,此时登上了教宗宝座,即教皇博尼法修斯八世(1294—1303)。这是一位热爱权力与财富的领袖。他试图组织另一场圣战,但公众对此缺乏热情。据说他曾经举起宝剑宣称:"我就是恺撒,皇帝就是我,我将捍卫王国的权利。"但丁惧怕他,也非常不喜欢他。但要阻止一位教皇并不容易。1300年,博尼法修斯八世在罗马安排了一次盛大的世纪狂欢活动,彰显了他不羁的手段与露骨的动机。他宣布,1300年是神圣的一年,并为每个人提供了一次摆脱罪恶的机会。世纪之交,千载难逢!支付一定金额,你就可以获得教会的祝福。他慷慨地给予宽恕,希望得到人们的赞赏。至少,他为宽恕标出了一个价码,虽然这并不便宜。人们买,教皇卖,钱袋饱满的朝圣者洪水般涌向罗马,这展示出拥有皇帝般野心的人在欧洲的权力。对此,但丁不以为然,他感到教皇就像是在出卖他的宫殿。但这还无法满足博尼法修斯的胃口,他想要的更多。罗马的姊妹城市是托斯卡纳的鲜花之城,是蓬勃发展的资本与艺术之城,几个世纪之内,她将成为欧洲乃至整个世界建筑、文学、科技发展,特别是商业的中心,其银行业也非常发达,它发行的金币佛令(the Florine)更是广受欢迎的硬通货。佛罗伦萨的银行不仅令教皇垂涎三尺,更是必须要倚重的工具。博尼法修斯曾经说:"世界是由五种元素组成的,不是四个,这就是水、火、土、气,而第五种则是统治世界的佛罗伦萨人。"佛罗伦萨的文化与金币比教皇的宝剑更强大。

迷失在黑暗的森林 古斯塔夫
By Walter Crane,Public Domain

的途中呢，那又该怎么办？但丁真的距离我们很遥远吗？13世纪的欧洲，城市化进程开启了，大型城市中心逐渐形成，个体意识随之觉醒。登上仕途顶峰的但丁突然被踢出局。今天，得陇望蜀是职场的通病。与但丁所处的时代相比，我们的内心世界与外部社会的隔阂或许更具现代感。置疑某人拥有的地位与试图解析那些置疑同样时髦。因为现有的理论无法提供答案，职位说明书或是行政任命书中也没有解答。而但丁战胜了这一切，他已拥有足够的知识，登上了领导者的位置。但是仍然发现自己独自一人迷失在黑暗的森林。在生命的途中，他所失去的以及在错误的地方所发现的，就是他自己。这并不意味着一个简洁的回答可以解决问题。不，对于但丁，唯一的出路就是穿越地狱。正视客观存在的自我可能会令人感到恐惧。

书中第一句话的第二部分表示但丁再次发现了自己。但是，是在完全错误的地方，是在黑暗的森林中，因而被震惊。"我"发现了"我自己"，这好似写给心理学家和哲学家，其后他们将要试图界定意识与自我意识之间的区别。"我"可以看到"我自己"，强调的是反思，即我们可以观察我们自己。但丁醒来，发现自己的生命迷失了方向，也就是我们所说的中年危机。这位伟大的诗人和政治家被自己政党视为党魁，前往罗马与教皇谈判，随即就像是一只被遗弃的羔羊，遭到流放，其余生成就了不朽的文学巨著《神曲》（*The Divine Comedy*）。但丁于1321年去世。"神圣"（divine）一词是16世纪被后人所添加，既是由于此书的完美，也是因为其主题不同凡响。这部巨著是与博尼法修斯的对决，是对帝国思想的支持，也是但丁对自己的深入探究，同时也揭示了但丁的人生轨迹不同寻常的原因。他说，在人生的中途，在森林中，再次找到了自己。通过这句话，我们可以推定流放发生时但丁35岁。因为当时天主教会"决定"人类寿命应当持续70年，这应当算是个"英明"的决定。但丁生于1265年，因此，

隐喻之旅

"在人生之旅的中途……"但丁的故事引发了多种解读。这本书有意识地为分层阅读提供了基础。但丁将重点聚焦在政治人物和神学信仰上。此次旅行有清晰的宗教意义,同时,也是但丁的自我发现之旅。在文学层面上,但丁的旅行包含两个部分,即穿越冥界最终抵达天堂的"真实"旅行及其与之相伴的"心灵"旅行——由"真实"旅行引发的心理感受与自我再认知。就如同是奥德修斯找寻伊萨卡之旅或是《现代启示录》中的韦勒(Willard)上尉追杀库尔兹(Kurtz)上校之旅。《神曲》开篇的第一句话为整个故事设定了基调。诗人但丁讲述了流浪者但丁穿越冥界之后的蜕变。《神曲》与西方文学史上另一部有影响力的自传有着明显的共同点:圣·奥古斯丁(St. Augustine)的自白。如同奥古斯丁以自我觉醒及其产生的颠覆性后果为开篇,但丁的旅程也是一个脱胎换骨的转变过程。在穿越冥界途中,但丁与他那个时代的故人重逢,与上古时代的名流对话,这极大地触动了但丁。透过多种角色,诗人但丁直面被真挚情感深深打动的流浪者但丁。以不同的方式,但丁多次在地狱和炼狱与自己相遇。现代但丁学者弗雷塞罗(Freccero)称,《神曲》是"我如何成为如今的我的故事"。对于今天的我们,这样的故事具有现实意义。但丁所遭遇的人类命运和阴暗面与当代的我们所面对的并无实质差异,历经700多年的时差,它们或许变得更加清晰。在人生的中途,在黑暗的森林中,被误导,深感孤独。

他告诉我们穿越死亡帝国的旅行发生于1300年。在同年的复活节,博尼法修斯在圣禧活动中售卖教会的祝福。但丁前行的道路被野兽所阻断,这意味着但丁不可能寻求罗马的怜悯与宽恕,他的救赎之路必须另辟蹊径。"comedy"一词的原意是"喜剧"。但丁的著作描绘的是但丁自己与自己和谐相处,其结局是幸福的。但丁的生命迷失了方向,为了找回正途,他必须遭遇许多故去的灵魂——还有他自己——然后才能回归。他知道他需要帮助，孤独的他迷路了。

诗人但丁为迷途者但丁安排了一次冥界之旅，他必须穿越地狱、炼狱，最后抵达天堂。但迷途者但丁并不孤单，诗人但丁为他选派了向导，以协作他顺利完成旅程。在黑森林中，在旅途开始之前，第一件事就是风吹走了迷途者但丁的自理能力。但丁一直以来都是他自己最大的敌人，他必须向他自己承认，他需要帮助。于是，维吉尔出现了。此时迷途者但丁的身后是无边的黑森林，面前是凶残的野兽，进退两难，近乎绝望。维吉尔之所以出现，并非偶然。他是奥古斯都大帝时期的罗马诗人，皇帝的宫廷诗人本身就代表着古罗马的和平时代。尽管维吉尔是但丁之前1300多年的历史人物，但他也是公认的冥界理论权威。他描写过埃涅阿斯（Aeneas）逃离被毁灭的特洛伊（Troy）城，历经死亡旅程，最终抵达罗马，成为罗马地区最早的先民。在一首牧歌中，维吉尔甚至预言过和平时期的到来，甚至也许是耶稣的降临。诗坛巨匠维吉尔将引导但丁穿越地狱和炼狱的大部分地区，其余的旅程将由贝缇丽彩和伯尔纳铎（Bernard of Clairvaux）接手。诗人但丁为迷途者但丁的向导们赋予了不同象征意义，维吉尔代表着理性，贝缇丽彩则代表了爱。但丁曾经说过，这两种声音已沉寂得太久了。这些文学人物引导着迷途者但丁及其故事的发展脉络。作为迷途者但丁的向导与同伴，他们同时也是故事的评论员，站在侧面向迷途者但丁和读者解释眼前所发生的一切以及如何去理解。诗人但丁明白，迷途者但丁无法独自完成旅程，于是他选派了一流的向导为迷途者但丁提供最好的帮助。因为必须要有人来解释、支持、谴责以及推动他前行。没有向导的协助，迷途者但丁自己不可能成功。"因此，我确信您最好随我来。"维吉尔说。而迷途者但丁则将信将疑。

1300年的复活节期间，但丁真的游历过冥界吗？他真去过地狱吗？

他真的有所领悟吗？没人知道。依据《神曲》，如果说最伟大的演出不是刻意去表演，那么《神曲》就是一场演出。我们似乎忘记了这是文学作品，诗人但丁为迷途者但丁安排了一次冥界之旅。维吉尔是诗人但丁自己的化身。以这种方式，但丁为自己虚构了一位拯救者。但丁以不同的形象出现！在他自己的人生境遇与他笔下的迷途者但丁之间，但丁凸显了差异。这样使得他可以从第三者的视角来描述自己。人无法从外面看到自己，但是，通过维吉尔以及其他拯救者，但丁造就了一个自我审视与反思的机会。拯

自我反省

从心理学的角度，无论是心理学理论还是实践，但丁的旅途都非常值得研究。但丁与故人的重逢以及他的心理感受都反映出但丁自己的生命积淀。每一次相遇，都会触发自我审视与理性思考。迷途者让自己去感受所发生的一切，而诗人则使自己置之度外以保持清醒。相对于自己的生命，这是但丁感受负罪与羞愧的唯一途径。《神曲》将生活戏剧化，如同梦境，迷途者可以恣意体验。但丁与许多故旧重逢，惊异于他们的境遇，而诗人则隐于幕后，乐观其成。他构筑了一个世界，身处其中，但丁可以与自己相遇，同时以自己和他人的视角来反观自己，这与自我和智慧相关。

《神曲》不仅仅是神学视野或是目的论的明证，它也叙述了一个完整的故事，即但丁自我认知与成长的生命旅程，以及与他人交汇过程中的责任担当。如同一个人描述自己的旅行，但丁作为自己生命旅程的作者，他必须为自己负责。通过影像与对话，他将问题具体化。在自己人生的转折点上，他驻留脚步浓墨重笔。以他人对自己的关爱，他填补自己的孤独，给予自己希望。即便是行文的结构也有其对应与象征意义，即《神曲》的三重结构，前进两步，后退一步：aba / bcb / cdc。三部曲的韵律是一种反思性步调，如同生活。著名学者泰奥多琳达·巴罗利尼（Teodolinda Barolini）指出，为了前进，我们必须后退，以便推陈出新。

救者可以看到但丁自己看不到的东西，同时也可以以其他方式来观察但丁。在迷途者但丁绝望的地方，诗人但丁可以将他自己描述为其他人，就像一个迷失了方向但未失去感知的人。这提供了自我分析的空间。

三、原来，我已游离了坦途……

但丁·阿利格耶里和尼古拉·马基雅维利均遭驱逐。佛罗伦萨对自己的孩子们非常无情。但是，开篇第一句话的最后部分显示，这两人对被驱逐的态度与反应是不同的。马基雅维利撰写了《君王论》一书，为权力被滥用开出了处方，即面对恐怖的现实，反抗力量更易于被接纳。巴杰罗监狱的酷刑一定在马基雅维利的心里留下了深刻的印记。而被流放的但丁的文学作品却不同，他试图向内探寻自我的内心世界，更多地将其窘境归结于自己。自我谴责不是大多数领导者所具备的品质。但丁设立了一个评判的岔路口，以区分实际如何与应当如何两种状态。也就是在这个路口，马基雅维里与但丁分道扬镳。

世界充满了邪恶，在这一点上，但丁与马基雅维利没有歧义。但丁形容佛罗伦萨是一座被内心的贪婪、嫉妒和个人野心所摧毁的城市。但从这里出发的两位哲人却选择了完全不同的方向。在黑森林中，三种动物恐吓并迫使但丁另辟蹊径，它们象征着但丁必须远离的苦楚。文学寓意上的豹子、狮子与母狼分别代表着欲望、骄纵与贪婪。为了走向救赎，但丁必须远离它们。而马基雅维利则不同。"事实如此"或"别人就是如此"不能作为强有力的评判依据，因为那无法说明好或是不好。在伦理学理论上，这被称为"自然主义谬误"，即将客观现实作为我们行为的依据。天下的父母都知道这不合逻辑。如果一个男孩体内的野性被唤起，狮子与狐狸的特质同时爆发，手握平底锅追打他的姐姐，父母一定会出手干预。他们会说，这样不好，在任何情况下都不允许这样，这是规则。即使孩子辩解说"是她先打的我"，答案也是一样："不论如何，都不允许打人。"因此，实际如何与应当如何之间的差别得以呈现。并非所有存在的就是应当的。所有的战争都不能标上正确的标签，不论别人是否发动战争；所有的个人冲突、权力斗争或投机取巧都是不合理的，不论他人以前是否如此。重复只会增加规模，但不可能改变性质。重复千遍的谎言也还是谎言。

马基雅维利对此没有论述。他本人承认，自己并不关心事物应当如何，而只关注事物实际如何。政治家的艺术没有规范，马基雅维利也不关注理想，他关注的只是战术与策略。他为君王和领袖们提出的忠告也仅限于此。显而易见，其忠告的基础是并不美好的现实。既然如此，那适用吗？"欲吃蛋卷就要打破鸡蛋（舍不得鞋子套不住狼）"，此类传统谚语蕴含的道理并不适合在此证伪。毕竟我们论述的不是烹饪与厨艺。哲学家汉娜·阿伦特（Hannah Arendt）坦率地说："很多邪恶基本上就是愚蠢的行为。"马基雅维利的论述给予我们某些警示，就像不证自明的箴言：假如你相信周围的每个人都与你为敌，那么你就无法与人和睦相处；假如你相信周围的每个人都只想着他们自己，那么你就会变得自私；假如你相信缺乏信任是人类的基本特征，那么你就不会有信得过的朋友。

以但丁的角度，马基雅维利没有解决的是狐狸将如何对待自己。狐狸可以和狐狸相处吗？也许可以。但是，人不仅仅是动物。区别人与人之间的差别并不容易。哲学家贝特朗·罗素（Bertrand Russell）说，有些人活得就像动物一样，他们既不吸烟也不喝酒。这显而易见，但问题不在于你活得是否像狐狸、狮子或是其他灵长类动物，而是你能否与你自己相处？你能否代表你自己？那才是但丁的使命。

但丁一直被尊为伟大的佛罗伦萨之子。隐居乡间的马基雅维利阅读他的著作。米开朗基罗对他非常崇拜，甚至认为，因为但丁受到的不公，佛罗伦萨永远不应被宽恕。洛伦佐·德·美第奇对他更是推崇备至。对于那些意识到生命脆弱的人，那些对他人、对自己负有责任的人，但丁的著作或许是最好的读物。但丁所忧虑的是我们如何运用自己的权力、意志与自由。但丁认为，单独强调权力是不恰当的，尊严也应当被看作是领导力的组成部分。试想谁会追随只顾及个人利益、荣誉与野心的领导者？地狱中的灵魂都属于那些生前违背了原则的人。他们迷失了自我，破坏了自己与周围社会的和谐。在地狱中，所有的希望都被泯灭，只有盲目徒劳的挣扎，那里是死一般的荒凉沉寂，幻灭之后的欲望摧毁了一切，只能在永恒的反思与懊悔中涤罪。而但丁则像是他们的北极星。不洁的动机或格式化的论证无法得到智慧与正确的决定，个人利益至上或是虚伪的包装更是穷途末路。智慧只能源于理解，即理解自己只是群体的一分子，而面对这个群体，自己应当有的是尊重、欣赏与谦卑。地狱中所有灵魂有一个共同特征，即他们都曾经对其群体造成过伤害，进而也伤害了他们自己。但丁以人为本，心无旁骛，既把握全局，又注重各章节之间的内在联系。《神曲》叙事宏大，结构严谨，细节丰富，修辞富于变化，甚至超越了梦境。

这也是《神曲》出名的原因。随同但丁深入地狱，读者如同身临其境，许多当时熟知的佛罗伦萨著名人物被描绘得惟妙惟肖。《神曲》没有采用高深的官方语言拉丁语，而是本地乡音意大利语。这大大扩展了读者群。也正是通过《神曲》，意大利语的书面形式得以固化，同时，也推动了意大利人学习使用意大利语。假如但丁采用拉丁语，情况则正好相反。当时拉丁语的主要受众是哪些人呢？他们几乎都是但丁批评的对象，是当权者，是我们可以在地狱中找到的人，是滥用权力的人，是徒有虚名的人。

权力越大，责任也就越大；门第越高，落差也就越大。教皇、受过良好教育的政客与商人属于社会特有阶层。如果使用拉丁语，这本书绝不会成为一把燃烧的火炬，相反它会被束之高阁。正是因为采用了普通民众耳熟能详的通俗语言，才使它产生了革命性的效果。因为这一特征与许多其他风格上的类似，《神曲》被称为14世纪的《国家询问者报》（*The National Inquirer*）。但丁文笔细腻，生动的描述所产生的效果非常震撼，甚至超

贝缇丽彩

贝缇丽彩·波尔蒂纳，又叫贝斯（Bice），是但丁童年时代的邻家女孩。但丁在《神曲》中提到的就是她吗？那个爱情故事是否真实，专家们就此从未达成过共识。我们知道她的存在，她是但丁的邻居。对于但丁，贝缇丽彩就是美丽，就是爱情，就是纯真。与其他诗人一样，但丁喜欢赞美爱情，而贝缇丽彩则是恰当的形象。作为传统行吟诗人的吟诵对象，可望而不可即的女人更加令人神魂颠倒。因为真正的爱情并不依赖于肌肤之亲，相反，距离产生美。即便不是贝缇丽彩，但丁也会描绘另一位女神。

但假如但丁说的是真的，那么其一生就会与贝缇丽彩息息相关。始于青春期的迷恋，深深地坠入爱河，充满希望和幻想，没有不洁的性爱与背弃。但丁告诉我们，九岁那年，他们初次相遇，九年之后，在街头第二次相遇，贝缇丽彩跟他打招呼，而但丁则口不择言。随后，但丁梦见了贝缇丽彩。在梦中，沉睡的贝缇丽彩被丘比特送到他身边。贝缇丽彩漂浮在一片洁白之中，丘比特说："我是你的主。"丘比特是一尊成年的神，他并不总是个胖胖的小天使。丘比特唤醒贝缇丽彩，看着但丁说："看，这是你的心。"然后，丘比特命令贝缇丽彩吃掉他！贝缇丽彩感到非常惊悚，但还是遵照指示吃了下去。但丁丢掉了自己的心。丘比特开始哭泣，随后，他们都消失了。这个梦是但丁自己记述的。这是什么意思？但丁自己毫不怀疑，那是纯真的爱。但丁迷失了自己，大病一场，九天未能下地。后来，

越了当代报刊上的照片。但是,但丁非常清楚,《神曲》的目的不是取悦民众。他在给恩人坎格兰德·德拉·斯卡拉(Can Grande della Scala)的信中写道,《神曲》旨在教育性、实用性,而非投机性。但丁更加倾向于激发向善的动因。《神曲》如同是一张地狱之旅的头等舱机票,但它真正关注的不是冥界的生活,而是如何更好地度过今世的余生。是一个生命体,应当如何看待自己?从这个角度,谁待在地狱的哪一层不重要,罪的不同

贝缇丽彩嫁给了贵族西蒙·迪·巴迪(Simon di Bardi),他来自一个强大的银行家族。贝缇丽彩的父亲法尔科·波尔蒂纳(Falco Portinari),从托斯卡纳出使法国促成了强大的同盟。那个时代,婚姻是政治手段。而但丁则迎娶多纳蒂(Donati)家族的杰玛(Gemma)。虽然如此,但丁从没有停止对贝缇丽彩的迷恋。贝缇丽彩于1290年6月9日去世,而但丁居然梦到了这个日子。那我们是如何知道的呢?是因为但丁那些著名的诗歌,即后来被合并成集的《维塔·努瓦(1292—1294)》。贝缇丽彩离世后,但丁在其最后一首诗中承诺:"在我有生之年,我将继续以她为题,以前所未有的方式。"许多人都认为他做到了。因为《神曲》也就是写给贝缇丽彩的诗。

贝缇丽彩与数字9契合。9是个完美的数字,由三个3组成。而3则是最小质数。宗教意义上几乎所有的量化概念都基于数字3,如三位一体。贝缇丽彩的叙述中也是一样,但丁受到三个女人的怜悯,她们指派维吉尔去引导但丁。此外,《神曲》行文的韵律也基于3。地狱分为9层,炼狱分为9个阶段,天堂分为9重天。每一部都由33个章节组成,再加上一个黑森林中的开场,共100个章节,一个完美的数字。在中世纪的数字命理学中,数字被赋予了特别的意义,需遵循一定之规。

等级也不重要，虽然这些是引起我们兴趣的东西。重要的是他们都是善的对立面，通过他们，我们可以更好地理解"妥善"的意义，而不是简单的"对错"概念。但丁描绘地狱，不是真正关注地狱，而是意图唤醒我们今世人性的美好。有评论说，《神曲》不是你读的书，而是读你的书，读出你在每个场景每个角落可能的谎言，就像是真实的生活。

想象一下"尊严"一词，你是否会联想到陈旧迂腐、保守复古？或是自大、过时、不合时宜？这个词既不时髦也不辛辣，它早已过季，似乎已被我们丢进了词汇的垃圾堆。但这个词仍然很重要，不是针对我们全体，而是针对我们每个个体。因为这关乎你是否能代表你自己，强调这个问题意味着强调自我的存在。但丁的旅程代表着他重获自尊的努力。这是为个人的正直品格而战，是与孤独的较量。

在黑森林中见到维吉尔之后不久，但丁再次产生疑惑，失去了勇气……迷途者，在生命之旅的中途，游离了坦途……但丁并不确信是否可以信赖故人维吉尔，即使他曾经赢得了皇帝的信任，并且是著名的古代诗人。然而，任何鬼魂都会使迷途者感到恐惧。但丁再次被黑暗所笼罩，心情异常沉重。但是维吉尔告诉他：穿越冥界的旅程已被很好地规划，一切尽在掌握，维吉尔本人也只是另一个强大形象的使者。维吉尔还告诉他，是圣洁的女士派遣他前来，并不是任何人都能有幸得到他的帮助，因为有人怜悯但丁！维吉尔进一步解释说，派他来提供帮助的是贝缇丽彩、露西娅（Lucia）和玛丽（Mary）。这太令人意外了，但丁几乎不敢相信！因为他认为自己早已失去了一切——包括权力与爱情。早在少年时代，但丁就爱上一位纯洁的少女，那是刻骨铭心的初恋。然而但丁心中的天使不幸早逝，也带走了但丁的心。而现在她回来了，带着对他的怜悯。事实上，但丁从来就没有忘记过她。这令但丁倍感温暖，希望再次被唤醒。但丁现在真正准备好了，准备踏上穿越冥界的旅程。

四、"墙头草"——那些既无善誉又无恶名的人

地狱位于地层深处，是个巨大的锥形深渊，形成于路西法与堕落天使们被逐出天堂的年代。但丁穿过地狱的大门，进入地狱前厅。看见一个巨大的环形回路，那里有无数的人形鬼影互相冲撞着、永不停息地奔跑着。那是个荒唐的、难以置信的场景。但丁深感震惊。无数人头攒动或隐或现，但丁从未见过那么多人，也无法想象曾经有那么多人在地球上生活过。那些人紧紧追随着最前面的一面旗帜，而且他们注定要永远追随那面旗帜。那些人是谁？维吉尔不想解释：这里没有什么可说的，我们继续前进！但是，面对如此浩荡的人群，但丁感到恐惧，他感觉自己似乎可以辨认出其中一些人。在阿刻戎河边，在真正进入地狱前，这是个特别的仪式吗？维吉尔终于还是解答了但丁的疑惑：那些人都是既无善誉又无恶名的人，他们一生平淡如水，以至于天堂和地狱都没有理由接受他们。终其一生，他们从未做出过任何选择，从未有过明确的主张，也从未与任何人有过良好的交往。来到冥界，他们只能永恒地驻留在地狱前厅的环形回路上，跟跟跄跄地奔跑，并忍受黄蜂和蚊子叮咬。

面对这样的场景，当代的我们应当深感震惊。显而易见，对于我们大多数人而言，这里就是永恒的尽头。这些人生活在小我之中，从来没有自己的立场。来到冥界，他们也只能在无尽的奔跑中永恒地忍受蚊虫的折磨。因为不值得，所以没有人的姓名在这里被提及，但他们代表了我们中的大

存在主义哲学

选择会引发焦虑。1840年代，丹麦哲学家索伦·克尔凯郭尔（Soren Kierkegaard）曾经描述过如何避免选择，如何回避责任。当面对未知，做好自己，扮演好自己的角色，也许就是最佳选择。克尔凯郭尔擅长从心理学角度描述如何回避选择，并将其与分析对象所承担的使命相对比。他认为，相对于自我审视，环顾左右上下要容易得多。环顾周围会产生一个"主观均值"，它代表了某种意义上的平均。克尔凯郭尔称其为非本真"人生"。1920年代，德国哲学家马丁·海德格尔（Martin Heidegger）为同一概念引入了另一种表达方式："das Ma"，通常翻译为"人"，指一个"平均意义上"的人，隐藏了个体真实性的人。这是一个普遍意义上的个体概念，其应用范围非常广泛。例如，在某种情况下，我们会说："人不会这样做事""人从未做过这样的事"。这里，我们并未特指某个人，而是强调"所有人""任何人"都如何。这就是海德格尔所指的人，是抽象的人的概念。其在领导力理论中的应用非常简单，因为大多数组织中都有"抽象人"的身影。他是完美的运营管理者，维护制度的大祭司。的确，运营管理需要清晰地、从外向内地聚焦于控制与系统状态，但更为重要的应当是个人的工作热情，是对职责和与之相关规则的解读。领导力的核心是人的激情，但这却很容易规避。在绝大多数组织中，只需照章办事即可，这样，所有个人风险都可规避，所有个人责任都可推卸。但，这不是领导力。这只是随波逐流，这是平均意义上的人的作为。克尔凯郭尔坚称，群众只是个虚伪的托词，是推脱责任的工具，是怯懦的代名词。毫无疑问，任何名人的身后总会有一群不问青红皂白的追随者，但丁也不例外，但追随者之间实际上只是一种相互盲从的关系。

多数。此时，甚至还没有抵达真正的地狱，维吉尔就已经展示了我们不愿意看到的东西。因为就我们大多数人而言，如果这很重要，那么，对于领导者、对于那些领导游行的人、那些心怀真挚信念高擎大旗的人，又当如何？同样，进一步设想一下，由于担心不受欢迎，或是缺乏对角色与联盟的信心，或是恐惧权力的游戏以及可能带来的后果，进而放弃，那将是最容易的决定。擎起旗帜当然不易，简单易行的是跟随，且保持适当的距离，直到另一面更加艳丽的旗帜出现。最灵验的职场诀窍就是绝不要在一个位置上停留太久，以避免因业绩不佳而惹火烧身，要飞跃式前进，并注意保护羽毛，追随最新趋势，遵照阻力最小原则。但这样的做法与领导力原则水火不容。领导力理论强调领导者要有自己的主张，要有激情。而在现实中，正统的领导力理论常常被"聪明人"所不齿。事实上，"聪明人"不仅大有人在，而且大行其道，尤其是在组织的高阶管理层中。

许多人感叹但丁笔下地狱的前厅非常前卫，颇具现实意义，是700多年前提出的对现代社会的批判！那里所表达的是对麻木与冷漠的蔑视。700多年前与今天的现实相比，几乎无异。总有一些人，永远没有自己的主张，从来都是"墙头草"，浪费自己也消磨他人。更为甚者，这些人并不认为自己有什么问题。在他们眼里，没有什么是特别重要的，现实中的一切都有存在的理由，天地一团和气。他们没有生活的激情，平淡度日，万事何须自己做主？随大流就是最好的选择。如果一定要问他们在忙些什么，通常的回答是没有时间，或是以后将会如何。他们的另一个特征是不断地拖延，拒绝做出自己的选择。设想一下，设想你可以做的每件事，以及你的一生可以做的所有事！如果你选择去做一件事，则意味着放弃其他一些事；如果你坚持自己的立场，则意味着反对或放弃其他立场。当然，各种诱惑永远存在，其中大多数注定要与你擦肩而过。潮流永远在变，草总是栅栏那边的绿。人生如过眼云烟，做个看客又何妨。无论是电视或其他娱乐活动，精彩的提议总是很多，在深夜的躺椅上伸伸懒腰，电视脱口秀就是最好的狗皮膏药，他们逗你开心，为你歌唱，卖力地使你心情愉悦，再来杯红酒应当更为惬意。当他人不断地抱怨自己是多么劳累，工作是多么的辛苦，周围的一切又是多么的没有意义，无聊就变成了一种难以忍受的存在，无知也就成了一种福分。只要天还没塌下来，一切就都是安好。所有这一切，都可以归结为舒适型忧郁症，治愈此症的灵丹妙药尚未出现！看着别人终日劳作辛苦奔波，时光又是那么转瞬即逝，他们暗自庆幸，既然如此，何必忙忙碌碌，杞人忧天。人生短暂，面对纷繁的大千世界，有太多的事情可做，有太多的道路可选，只可惜他们并没有做出选择，选择做自己当然更是无从谈起的话题。对于一个人，如何体现其生命的价值，应当是首先要考虑的问题。为什么在地狱的前厅，在环形回路上，会有那么多灵魂拥挤在那里？因为他们从未做出过自己的选择，从未擎起自己的旗帜。他们终身随波逐流，随风飘荡，从未体现其自身的价值。这样的人，即使到了冥界，也不配有自己的名字，因为他们从未选择做自己。

五、地狱的上层——缺乏自律，放纵

在即将渡过阿刻戎河（愁苦之河）进入地狱之际，但丁晕厥了。黑森林中的游荡使他精疲力竭。但在河的那一边，有更多的动魄惊心的场景在等待着他。一路前行，星光渐渐隐去，天色更加黑暗，周边污秽不堪。但丁会遇到什么？自尊与尊严，是无法剥夺的人的自主特征，是感知自我存在的基础。地狱的上层主要留给了那些缺乏自主能力的灵魂。他们缺乏耐心，缺乏自律，无法约束自己的冲动。这使他们错失了许多机遇。早在上古时代，自律就受到高度重视，这就是为什么奥德修斯要将自己捆绑在桅杆上。有些读者，想在地狱中窥探什么是纯粹的恶，请稍候。事实上，所有恶的本质都是相同的，其核心都是旨在破坏良性趋同关系的可能性。这里的灵魂放弃了对欲望的约束，使得情欲、食欲、物欲、支配欲以及恶劣的情绪失去束缚。但丁批评佛罗伦萨，并将这座不断改变其宪法的城市比作一个生病的人，必须不断地调整自己的体位以缓解自身的痛苦。但丁的观点是，骄纵、嫉妒、吝啬与贪婪是腐蚀这座城市的内在因素，其公民已经忘记了他们生来所属的社会，忘记了作为社会的公民所不能有的行为。雇佣化与城市化带来的欢愉触发了极端个人主义，进而破坏了团结的力量与城市社团的价值。于是，随之而来的惩罚也极具个性化，即每个灵魂都会受到与之不当行为相对应的惩罚。

中世纪的欧洲到处都充斥着怪诞的绘画。佛罗伦萨八角形洗礼堂的穹顶上也是如此。金色的马赛克描绘了地狱里的魔鬼以及被烧死、被折磨、被处罚的灵魂。这里是但丁接受洗礼的地方。后来，吉伯蒂著名的铜门也在这里。恐吓是教会传统的传教方式之一。但丁著作的一大特色是对各种刑罚的描述。基于不同的情境，但丁制定了相应的原则，依据这些原则，灵魂们接受相应的惩罚。在心理学意义上，但丁的"报恶"原则是一大杰作。它基于报复原理，一报还一报，即要求灵魂承受施予他人的东西。罪在永恒中重现，故罚则亘古相随。这令人毛骨悚然，却又如此的鲜活，以至于深深地吸引着当代的好莱坞。但其精妙之处并不在于视觉表象，而是着重于心理震慑。罚只是其因的表象，"报恶"则是因果关系！那些未能有效驯服自己的贪欲和性欲反而深陷其中的灵魂，被感官体验所驱使，每当激情的风暴来临，总会随风狂舞。但丁目睹这一切，不由得懊悔落泪。因为有两个被地狱风暴裹挟的灵魂告诉他，他们就是被那无比美丽的爱情诗句

心理勇气

许多人都想知道，为什么但丁使自己面对如此困境，为什么他必须首先堕入地狱。难道他不能直接向上吗？难道他没有更好的解决之道吗？为什么他必须首先向下？直接向上是否更好？《神曲》的固有结构昭示出沉思与反省会使人变得成熟，后退是为了更好地前进。多数改变是由对自己的观察而引发，特别是观察那些自己可能不想面对的东西。

对于抗压能力，心理学研究领域做了大量研究。面对巨大压力与挑战，为什么有些人能做到临危不乱。与此相呼应，此前的心理学研究着重于心理弱点与心理疾病的诱因，但现在，某些研究人员开始注重研究健康个体的特征，并以此质疑传统心理学。对于心理疾病，心理学领域积累了许多认知与治疗方法，但是，那些没有生病或心理崩溃的人，他们的特征是什么呢？对于那些希望维护健康的人而言，一本《卫生手册》是必要的。马丁·塞利格曼（Martin Seligman）和克里斯托弗·彼得森研究了不同文化背景、不同历史时期的人物特质，他们发现某些特质甚至可以追溯到上古时代。这意味着心理抗压能力与德行，即智慧、勇气、人性、正义，节制以及卓越等的程度有密切关联。

在所有的因素中，勇气非常重要。具有勇气的人有什么特征呢？科学研究将勇气细化为三个方面：①生理勇气。②道德勇气。③心理勇气。

生理勇气或许是我们首先想到的。在面对人身危险时，如何克服恐惧感至关重要。但另一方面，如果你不感到恐惧，没有意识到自己处于危险之中，依然我行我素，那只能表明无知者无畏。苏格拉底曾经指出：许多士兵并不是真的勇敢，而是愚蠢、无知。真正的勇气应当是克服恐惧的能力，而不是无所畏惧，就像狮心王。"Courage"一词来自拉丁语，意为心，心脏。真正的勇气时时都面临着损伤破坏的风险。道德勇气同样也意味着权衡，这里恐惧的是耻辱与负罪感，与社会、经济活动相关联。道德勇气宣誓了人的信仰、与不公正的不妥协，需要克服卓尔不群的孤独恐惧感。吹哨者表现出的就是道德勇气。依据最新研究，心理学家指出，可能存在第三种，心理上更复杂的形式，普特南（Putnam）称其为心理勇气。与心理勇气相关联是超越了失去尊严与判断力所带来的恐惧。它涉及自我认知的缺失，涉及心理危险。对于大多数人，展示个性就是心理勇气的表现。承认自己的不足与软弱，接受不确定的未来，失去自己足下的支点，直面现实生活中虚伪的自己，所有这些，是心理勇气涉及的范围。显然，心理勇气所面对的是焦虑引起的恐惧，是对失去自我的担忧，而这样的焦虑与担忧意味着个体的不稳定性，也涉及我如何理解我自己。同时，对责任主体特征的定义意味着你可以以某种方式呈现自我、看待他人，而以另一种方式看待自己。对于那些总是抱怨自己领导的人，通常不能正确看待他们自己。有时，恐惧可以带来巨大的压力，那些不时掩饰自己的错误、抱怨员工的无能的领导者就是深陷同样的恐惧之中。心理勇气意味着不抱怨他人，而是审视自己。普特南称之为面对自己内心的恶魔，你自己歪曲捏造的事实岌岌可危。从许多方面来看，这与但丁所倡导的背道而驰。鲁德亚德·吉卜林（Rudyard Kipling）就勇气作诗一首，寄语自己的儿子，第一段如下：

专注自己的路，
勿虑他人的目光与非语；
笃定自己的念，
勿忧他人的质疑与不解；
独善其身独享美景，
如荷花出淤泥而不染，濯清涟而不妖，
仪态端庄，谦恭虚己。

——吉卜林（Rudyard Kipling），IF

所诱惑。对于但丁，这是个意外的警醒。由于青春期历经的躁动和对远方的迷恋，但丁自己的家庭与社交生活并不和谐！或许是诗歌导致了但丁的沦陷。读者可能完全忽视了一个事实：但丁以迷途者自居，但他所描绘的一切都是基于诗歌的形式！惩罚的背后是缺乏自我约束与节制，罪与罚相互对应，罪破坏了构筑和谐关系的可能。对于贪食者和暴饮暴食者也是如此——我们中间的那些永远吃不够的人，他们在餐桌上总是试图为自己获取更多的份额，因而破坏了与他人的和谐关系。任何事物，一旦过度就会走向其反面，从而导致系统的崩溃。贪食者的灵魂以自己的呕吐物为食，吃下去又吐出来，如此循环反复。既然他们无法改变自己，因而也就无法逃离。他们被永恒地困在这里，狂乱的舞蹈只能永恒地持续下去。在但丁笔下，这里是吝啬鬼与挥霍者的对局。吝啬鬼们痛苦地将他们保存的石头沿着圆环向前推，而挥霍者们则从另一个方向推过来，直到冲撞在一起。他们相互指责对方的吝啬与挥霍："你们为什么那么挥霍？你们为什么那么吝啬？"他们无法在太少与太多之间达成平衡，但却共同构筑了一个永恒的零和游戏。如同同时出售与购买财富的幻象。罪使他们丧失了自我，因而他们无法被辨识。但维吉尔告诉迷途者但丁，教会里的许多人都在这里。因为他们非常奢靡浪费，甚至丢光了自己的头发。和谐社会关系的错位是所有问题的焦点，惩罚是制约与警示，其背后是心理意义上的强迫性。"报恶"原则照亮了黑暗，启迪了荒蛮。

现在，但丁必须要越过另一条河，即黑暗的斯泰克斯河（Styx）。这里的景象令人发指。泥泞的沼泽缓慢地向下蠕动，众多肮脏的、裸体的恶灵半隐其中，整条河流似乎都在滚腾。这并非因为地热，而是因那些愤怒的灵魂。他们被自己的怒火所围困，任何一丝理性都可以击败他们，不是因为无能，而是因为愤怒摧毁了他们。愤怒是一种强烈的情感，有时也合乎情理。但如果轻易地、频繁地爆发，它将会破坏和谐的社会关系。它是缺乏节制与忍让的表现，也抑制了其他可能的结果。对于这些无法约束自己情感的人，但丁令其在此备受煎熬。他们其中的一位是科索·多纳提最亲密的战友，也是但丁在黑圭尔夫派中的对手之一——菲利普·阿根蒂（Filippo Argenti），此人以直率、勇猛坚毅而闻名。此时，他试图爬上但丁的渡船，但是但丁毫不犹豫地一脚将他踢开。菲利普·阿根蒂是拒绝但丁返回佛罗伦萨的人之一。这一脚，无论是对迷途者但丁还是对诗人但丁，都非常解恨。在渡船上，迷途者但丁注意到在河水的深处，黑暗之中翻滚着许多辗转反侧的灵魂，因难以释怀而任由愤怒所吞噬，缓慢但无法抗拒。难道这真的就无法解脱吗？维吉尔告诉但丁，斯泰克斯河的滚腾是因为被压抑在河水深处的怨恨无法升腾到河面所致。但丁由此得知他们的不快和生活的苦涩，这就是为什么他们在这里的原因。

情欲、暴食、贪婪、怠惰、愤怒、嫉妒以及傲慢是但丁划分的七宗罪。这七宗罪足以摧毁所有的团体、葬送所有的领导者。其中的两宗与人的肉体关联最小，但最为常见，也最严重，危害也最大，这就是嫉妒与傲慢。斯泰克斯河中应当也有不少，但并不占主导地位。不远的前方，才是它们的舞台。渡船渐渐接近了河对岸的一座城市。远远望去，黑暗阴森的城墙背后闪耀着奇幻的、炽热的、火红色的光，即便是托斯卡纳的日落，也无法与其相比。那就是迪斯城（the city of Dis），位于地狱的第六层。周围的一切渐渐变得鼓噪起来，对于领袖们，特别是但丁本人。

六、你的前辈是谁？

亚伯拉罕·林肯（Abraham Lincoln）曾经说过："任何人都可能经历逆境，但如果要考察其本性，就请赋予他权力。"在迪斯城城墙后面，但丁和维吉尔发现，这里的灵魂表现出另一个极端。意志决定人的坚强程度，意志薄弱的人易于被诱惑。但在这里，意志却表现得过于强大，甚至到了扭曲的程度。在迪斯城中，但丁看到一个幽灵，高高地擎着一面大旗，坚定地、血脉偾张地信守着、维护着已被证明是错误的一切。这些刻意作态的人不仅自己表现出过于强大的意志，而且将其强加到他人身上。他们是"墙头草"的另一个极端。在一具燃烧的棺椁中，又一个幽灵，其政治仕途与但丁有几分相似。他就是法里那塔·德拉·乌伯提（Farinata degli Uberti），也被称为佛罗伦萨的法里那塔（Farinata）。在但丁出世之前，法里那塔就是非常活跃的政治家，是吉卜力派的领导人。但丁的家族属于圭尔夫派。两个派别之间的冲突渐渐超出了政治争论的范畴，辩论变成争吵，争吵变成暗杀，暗杀最终演变成了战争。佛罗伦萨由内而外自己摧毁了自己。两个党派都坚信真理掌握在自己手中，都不惜代价以获取压倒性胜利。暴力随即升级，一场大战终于在蒙塔佩尔蒂（Montaperti）爆发，在叛国者和佛罗伦萨的敌人的协助下，法里那塔终于摧毁了圭尔夫派。一个爱国者，执迷于自己的信念，最终背叛了他所爱的城市。在最狂热的时候，胜利者甚至要将佛罗伦萨夷为平地。危急关头，法里那塔终于清醒了，他出面干涉，挽救了生他养他的城市。

诗人但丁特意为迷途者但丁安排了这次与法里那塔的会面，它有什么特别的意义吗？是但丁在泄愤？不，在《神曲》中，与法里那塔的会话具有特别的含意。通过此次对话，我们得以透视但丁的一生，也知晓了但丁为什么会偏离人生的主航道。

  法里那塔的胜利未能维持太久，吉卜力派就被击败了。圭尔夫派大举报复，并力图永久消灭对手。法里那塔的私人宫殿被夷为平地，以便为圭尔夫派新建市政厅，即旧宫（又称西格尼亚宫，领主宫）腾出空间。新的市政厅就建在法里那塔宫殿的原址上。人们相信，这样将使吉卜力派永远无法翻身。就像罗马人用盐填埋迦太基（the city of Cartage）城的遗址，不仅要摧毁它，更要它永世不得翻身。吉卜力派被清除了，但和平并未随之到来。由于内部不和，圭尔夫派自身分裂成了黑白两个派别，新一轮的政治斗争随之重演，同样是你死我活。但丁积极投身其中，他领导的白圭尔夫派占据了上风，作为以往的盟友，黑派领袖遭到流放。但好景不长，1302年1月，在科索·多纳提的领导下，圭尔夫派联合教皇的力量发动政变，夺取了领导权。毫无悬念，失败的一方同样遭到流放。不幸的是，但丁的姻亲家族并未庇护昔日的对手。于是，但丁不堪的命运就此铸就：四处游荡，等待时机，密谋反击。但丁急切地期盼着回去报仇，无奈归途慢慢无期，流亡者的机会渺茫，但丁近乎陷于绝望之中。尘埃渐渐落定，一切终归平静，胜利者本着平和宽容的精神，邀请流亡中的对手返回家乡。佛罗伦萨希望她的孩子们回家，但有一个条件：他们必须为以前的不当行为道歉。也就是说，需要流亡者以忏悔来换取宽恕。但这一点，但丁无法接受。对于一个聪明且充满激情的灵魂而言，其本性中不包含谦卑。但丁拒绝了。他应当请求原谅吗？对他而言，应该屈膝的是佛罗伦萨，因为他所受到的对待。"对我而言，在佛罗伦萨之外，意大利的星空会更加明亮。"但丁如此回应。对此，佛罗伦萨的回应是：缺席判处死刑并没收全部财产。不仅如此，但丁的儿子也被判处了死刑。但丁注定将终身流亡。冤冤相报，苦涩难耐。于是就有了《神曲》的开篇："在生命之旅的中途，我醒来，发现自己身陷黑暗的森林。原来，我已游离了坦途。"

"墙头草"与偏执狂是两个极端，亚里士多德推崇的节制则是"中庸之道"。太少和太多都失之偏颇。无论是但丁还是法里那塔都可以证明自己所秉持的原则，但他们都未能选择正确的方式。两者都因各自的执念而走向毁灭。他们偾张的激情与那些被困在地狱前厅的冷漠的灵魂形成了极大的反差。他们就像是发出耀眼光芒的火柱，在燃烧自己的同时，也吞噬了周围的一切。作为党派领袖的但丁和法里那塔，在燃烧自己的同时，也摧毁了他们的团体。

团体与社群的这种自我毁灭不仅发生在13世纪和14世纪，在当代，这也是常见的现象。就像寓言体小说《蝇王》（*A Lord of the Flies*）所展示的场景，人们本该为生存和救赎而共同努力，但却在背后互相攻击，仅仅是因为虚幻的野兽和幻想中的敌人。结果是灾难性的，在相互捕杀中，社团被摧毁，生存环境被破坏。竞争、市场或新技术的诞生无疑会给组织带来巨大压力，但其内在的冲突更加危险。究其原因，人们简单地将其归结为权力欲和邪恶的品行。这似乎是大家的共识。但是，但丁的经历以及他与法里那塔跨越阴阳两界的对话表明，真正的原因或许令人恐惧。个人对权力的渴望或是内心的邪恶并不足以导致组织的毁灭，组织之所以遭到破坏，是因为人们狂热地执着于某个信念。换句话说，对"真理"的执着是重要原因之一。信念与我们的自我认知以及对外在世界的感知相互交织在一起，但它不会扰乱我们的客观感受。如果我们确信某事是正确的，我们将为之奋斗，甚至为之而战。教条与真理的对决时常发生在战略委员会，或是学者策动的堂吉诃德式的风车大战。

有充分理由表明，一旦领导人开始卖力地鼓动大家打破传统时，我们就应当注意了。当旧规则被打破，而新规则尚未确立时，人们会自然地分为两个阵营，且泾渭分明，中间不存在灰色地带。此时，对与错、善与恶、白与黑被明确地界定。毋庸置疑，自己所在的一方当然代表着正确与善良，当然誓言去消灭邪恶的对方。于是乎，中东被认定为邪恶中心，同理，美国也就拥有了撒旦的特征。随之，星球大战的蓝图与邪恶魔鬼的神话将主导世界。当然，双方的看法高度相似，只是桌子的两面是颠倒的，正确与正确对决，教条与教条对决。矛盾自然升级，必须消灭对自己的生存与信仰造成威胁的对方。而且在敌人被彻底击败之前，我们无法得到安宁。在这样的战争中，法里那塔和但丁都曾参与其中，其结果不仅摧毁了他们自己、他们的团体，也摧毁了他们的城市。

种瓜得瓜，种豆得豆，冥界之果源自人世之因。报恶原则主导冥界，从不缺席，永不出错。但丁的上帝善恶分明，有仇必报。报恶同样也是生命历程的因与果。因此，法里那塔在两种意义上燃烧着，既感到骄傲又不屈从于命运的影响，仍然是某种程度的因。他的执念与服罪使但丁感到恐惧，特别是当但丁意识到自己对敌对家族感到幸灾乐祸时。在此，但丁所指的是谁？但丁迷失在生命的中途，真正的原因是什么？是黑派政变者所为吗？是那些不喜欢他的绝对主义观点和不妥协风格的人？或者，就是他本人、是他不妥协的个性？但丁是拒绝和解的典型。因为和解的代价太高。对于但丁来说，那将是令人屈辱的。承认自己的错误意味着赞同对手的正确，甚至更糟。那将极大地伤害但丁的自尊心。于是，各方都可以接受的结果就是不妥协。因此，所有的争执最终以终身流放与死刑判决而告终。但更为糟糕的尚未到来。在迪斯城，法里那塔站在那里，自大且傲慢地告诉但丁，他曾经流放了但丁的先辈。但丁克制地回应说，尽管法里那塔取得了一时的胜利，但他的家族最终反败为胜，在与吉卜力派骑士般的对决中最终将其挑落马下。法里那塔并未就此回应，而是直视着但丁，隐晦地说出了一个不祥的警告：在你学会如何反败为胜之前，将有大事发生。法里那塔还说，在过去的50个月之前，他本人深感报仇的欲望所带来的压力。以这种方式，法里那塔预言了但丁的倒下！这绝不是复活节假期收到的令人愉快的消息。他知道些什么呢？但丁头晕目眩，寻求维吉尔的庇护。法里那塔（Farinata）站在那里，骄傲、高贵且充满热情，怜悯着尚未学会如何制胜的但丁。但丁会是下一个法里那塔吗？

跨越时空在死神的冥界相会，傲慢依旧。迷途者但丁知道自己的访客身份，更知道骄傲是一把双刃剑，它足以使领导者误入歧途。诗人但丁是想借助法里那塔告诫自己。骄傲催生了他们二者的傲慢。骄傲与自尊对但丁来说和我们一样重要，但与之相伴的傲慢确实需要警惕，特别是对于那些需要永远正确的人；那些厌恶反对意见的人；那些至死也不会妥协、更不可能尊重不同的观点的人。拉丁语"re-spectare"意为"再次查看"。但丁和法里那塔就像两根矗立的柱子，相互对立，毫不退让，骄傲导致了他们的冲突与孤独。绝不妥协的两个对手，相互对视着，没有丝毫的怯懦与犹豫，同时从塔庇阿悬崖（the Tarpeian Rock）跳下。拉丁语"Arx tarpeia Capitoli proxima"，意为荣誉至上。

七、不可僭越

曾任哥伦比亚大学意大利语系主任的泰奥多琳达·巴罗利尼 教授认为，《神曲》所描绘的众多场景中，最重要的一个是但丁与希腊神话人物奥德修斯的会面。身为上古大英雄，却被但丁置于地狱深处，这或许令读者惊愕。难道九天之上不应为这样的角色留有专席吗？《神曲》中，但丁为奥德修斯的传奇赋予了新的内容。但丁笔下，被困在地狱烈焰之中的奥德修斯讲述了他的真实故事：他并没有回到家乡伊萨卡（Ithaca）岛，也并没有像一个老国王，幸福地终老在他深爱的佩内洛普（Penelope）的怀中。那不是他的选择。作为有能力、有激情的大人物，他不会喜欢悠闲的生活。奥德修斯驱使自己去探索发现新疆域、新王国。在与柯克（Kirke）女神分手之后，奥德修斯招集他的老伙计们继续探索地中海。最终，他的战舰抵达直布罗陀海峡，那里有大力神赫拉克勒斯立下的巨石柱，警告人们不可逾越。此时，我们的上古大英雄展现出超凡的魅力与雄辩的口才，他满怀激情地告诉大家，他要带领大家追随着太阳去到一个人类未曾到达的世界："……你并非天性鲁莽，但求卓越与知识之路。"他的话语感人至深，激励着战舰驶出地中海，奔向浩瀚阴森的大洋。突然，一切都结束了，整个战舰被吸入了巨大的漩涡，大海吞没了一切。

在古希腊众神中，奥德修斯以其雄辩的口才著称。当众神大秀肌肉、棍棒和剑术时，奥德修斯表现出超群的口才与智慧。甚至荷马史诗《伊利亚特》中描述的特洛伊人都非常羡慕他的嗓音，并相信没人能与之媲美。在被围困了十年之后，希腊联军听从奥德修斯的诡计，建造了特洛伊木马。特洛伊人终于体验了奥德修斯的狡诈，如同一只巧舌如簧的银狐。正因如此，怀着隐晦的崇拜之情，但丁将其归为欺诈与侵略者，这就是为什么奥德修斯被置于地狱的原因。

这是对伟人信仰的沉重打击。黑人民权运动领袖马丁·路德·金的著名演讲《我有一个梦想》感动过诸多听众，好莱坞电影《怒海救援》同样感召人们竭力奉献。但是，那些我们敬仰的人、那些被星光照耀的人以及众多的领袖人物，我们对他们的敬仰与现实常常存在巨大的反差。但丁揭示了超级明星的阴暗面。为荣誉和声誉而战的毕竟只是少数。

在领袖的圈子里，英雄人物同样受到追捧。对领袖而言，他们自身充满激情，善于感召团队、号令追随者。他们雄辩的口才、坚定的承诺和燃烧的激情足以唤醒他人内心的潜能。但是，最感人的讲演、最铿锵的号召也意味着最强大的权力。同样，看似清澈平静的大海，也孕育着狂风巨浪。无论对于伟大的领袖还是愚弄大众的政治人物，都是如此。水可载舟亦可覆舟。研究表明，领导者不仅领导他人，同时他们也感召自己，但自我感召并不能保证只产生积极影响。在追随者感受他们的神圣和独特的同时，领导者自身也体验到同样的感受。伟大人物的危险就在于伟大本身。伟大会感染、腐蚀领导者，其最大的危害是自恋。

显然，我们讨论的对象是那些全身心投入的领导者。无论对自己还是对事业，这些领导者都毫无保留。在这个意义上，他们忠实于自己的理想。研究表明，那些领导者有能力以自身的热情和口才唤醒他人的情感，从而他们可以成就大事。他们以远大的理想和抱负团结大众，同舟共济。但研究同时表明，这样的领导者也有阴暗面。它源自其雄心与影响力。这里存在着一个政治学上的悖论，亚里士多德曾经论述过，罗马执政官西塞罗也非常认同，其逻辑是：演讲者本人就是最有力的论据。如果要说服他人，则必须先说服自己，而这正是那些具有雄辩口才的演讲者的优势。其结果是，他们不仅说服了听众，也说服了他们自己，自己使自己相信那是正确的，且确信无误。"自激"效应就此形成。这就是辩论的王牌，一旦悲情与热情被唤醒，讲演者必胜。但当情绪被唤醒，情况就可能失去控制，领导者的形象就可能受损。研究指出，这种自我诱导会对领导力产生负面影响。

避开危险平安航行，本身就是一件了不起的成就。因为在潜意识里，一些最伟大的领导人往往具有自我牺牲情结，其结果就是为了伟大而伟大。

诱导大众的同时也在诱导自己的支持者、诱导自己。谦卑从来没有像现在这样重要，但丁穿越死亡王国，最重要的收获就是谦卑，对于伟大的领导者，更应如此！

奥德修斯引发的议题，即民众的诱导者与奥德修斯式的鲁莽自大有密切关联。对知识的渴求、对未知的探索，驱使奥德修斯走得太远。于是，但丁提出一个问题，我们就像是永远跑不出转轮的老鼠，对未知领域永无止境的探索是否就是绝对正确的选择？与此相对应，对于我们自身所受到的制约是否应有适当的认知？显然，奥德修斯超越了某种界限。在热切的向往中，奥德修斯越过了大力神赫拉克勒斯的石柱，走向毁灭。就像是吞下禁果的亚当，它永恒地提示人们不可僭越：此人走得太远，超越了界限。无论是对于奥德修斯还是其所领导的团队，在但丁笔下，他们驶入了歧途。某些地方不能进入，某些界限不可僭越。

对于真理和善的追求，如果走向极致，也可能招致灾祸。这样的论述将但丁自己置于风险之中，因为这与其自尊心自相矛盾。但丁知道这是不明智的，但却无能为力。但丁与维吉尔争辩：是维吉尔偷走了但丁的诗句。即便如此，《神曲》依旧是一部好作品！但丁曾经与朋友谈论过，虽然他过于严厉地谴责了一些人，但本意是劝人向善。但丁依自己的喜好为朋友和敌人安置归宿！一开篇，诗人但丁首先为"墙头草"安排了位置。作为访客，在自己的诗中，诗人但丁通过迷途者但丁看到了自己所愿意看到的一切。挪威作家兼评论家布里克特·延森（Brikt Jensen）评论道：在自由创作的虚构小说与忠实于事实的故事之间，永远不可能有清晰的界限。但丁认定他在"墙头草"中发现了教宗策肋定（Celestinus）五世，他上任仅仅五个月就辞职了，从而为贪婪的教宗博尼法斯八世铺平了道路。因此，但丁认为策肋定五世是懦弱的教皇。但丁还将其政治对手菲利普·阿根蒂置于斯泰克斯河中，将法里那塔置于迪斯城内一具燃烧的棺椁中，大英雄奥德修斯更是被置于地狱深层的烈焰之中。而这些只是《神曲》中描

自恋型领袖

曼弗雷德·凯茨（Manfred F.R. Kets de Vries）、迈克尔·麦考比（Michael Maccoby）、杰·康格（Jay Conger）和拉宾得拉·坎农高（Rabindra Kanungo）都对自恋有深入研究。有一个上古故事，现在仍然在以某种形式发生着。奥维德告诉我们，水仙（Narcissus）过度迷恋于自己水中的倒影，因而落水而死。他的爱人被命名为"Echo"，即"反射"，与他是完美的一对。水仙的自恋登峰造极。克里斯托弗·拉施（Christopher Lasch）和安东尼·吉登斯（Anthony Giddens）坚持认为，我们的年代充斥着缺乏安全感的自恋。自恋涉及的研究领域广泛，与领导力有非常高的相关性。西奥多·米隆（Theodore Millon）声称，由于高度的自尊、机敏、富于魅力、积极进取的精神以及对成功的信心，自恋者常常能成为领导者。对于领袖，自恋可能导致三种后果：

首先，其世界观可能被扭曲，或者更准确地说，其视野会变得狭隘。因为身处高位的领袖往往迷恋于高高在上的自我形象，因而会忽视可控的资源与外来的协助。因为如果一手遮天，就谈不上协助。此外，狭隘的视野也会导致对周围环境变化的不敏感。

其次，交流能力也被弱化。对自己愿景过度的自信往往导致领导者很难倾听不同见解。他们夸大自己的专业能力，虽然这对于维护其光辉形象

绘的众多人物中的一小部分。但丁构筑了一个由主观判定的地狱王国，即地狱；一座心理康复中心，即炼狱；以及一个神圣的乐园，即天堂。如果你不同意这样的安排——那你不同意的是谁，但丁还是上帝？

与奥德修斯的相会之所以非常重要，是因为但丁借此审视"坦途"与"歧途"。整部《神曲》的关键就在于"坦途"与"歧途"的区别，也是开篇："……在黑暗的森林，我已游离了坦途。"但丁与奥德修斯有共同点：他们强有力的召唤都将自己和追随者引入了歧途，他们都是误入歧途

并无实际意义。依赖于简单直接的反击，所有的批评与反对意见都被消灭于萌芽之中，审查和信息审核制度随之建立。更进一步，所有的负面事件都被归因于外部原因，以证明他们的正确。所有的美好都归结于他们，所有的恶行都与他们无关。

最后，影响领导力的实践。这样的领导者往往极少关注员工，他们更加关注自己。他们不但不建立社交网络，而且尽力破坏这些网络以使属下相互对抗。毋庸置疑，这将使他们感到孤独。但是他们往往足够坚强，更多地依赖个人负责的直线报告制度。在这种制度下，他们自己承担责任，荣誉也归于自己。因此，他们无法培养出优秀的、高素质的继任者。通常，他们不会参与具体运营，也不会留意重要的细节。

麦考比（Maccoby）将其研究总结如下：通过参与、激励、促进以及对结果的执着，自恋型领导者可以赢得成功，但他们很多人无法从容掌控自己，对自己有不切实际的幻想，对批评过于敏感，更不是好的倾听者。除此以外，麦考比还强调：他们似乎没有什么同理心，而且易怒。他们无法与周边和谐相处，他们渴望竞争，常常使自己保持进攻模式，他们善于发现敌人，乐于投入战斗。

的旅人，他们都是欲求不可得之人。但奥德修斯的旅途与但丁相反。在野心与对凡桃俗李的渴求下，奥德修斯偏离了航向，而但丁则朝着更大更重要的方向探索。二者的旅途完全背道而驰。在奥德修斯溺毙的地方，但丁得救了。但丁以谦卑和自知赢得救赎，而奥德修斯却因傲慢与自大而毁灭。但丁以奥德修斯为鉴，使自己走向坦途。奥德修斯则反其道而行之，奥德修斯毕竟不是但丁。正如特奥多琳达·巴罗利尼所指出的那样，这就是为什么奥德修斯因但丁的罪而死。奥德修斯的故事是人与人的有限生命的争斗，是人与人的局限性的争斗。如果人接受自己是人，那就意味着接受作为人的人生。但这太可怕了，特别是对于那些卓越的人，他们想要的太多，而且永无止境。上苍赋予其卓越，但，福兮祸之所伏。对于他们，接受即是放弃。因为他们的雄心壮志永远驱使他们追求更高、更强，他们的伶牙利爪永远在攫取，从不满足。也许他们永远不会审视自己。

八、冰封的世界

堕落天使路西法被置于地狱的最底层，早已失去了往日的风采。出乎所有人的预料，他是这里最声名显赫的囚徒，由于背信弃义而被困于此。他的嘴里永恒地嚼着历史上最声名狼藉的三大叛徒：犹大，布鲁图斯（Brutus）和卡修斯（Cassius），前者背叛了耶稣基督，后两者背叛了恺撒。这看上去就像是神圣的三位一体的报复行为。这里并不像人们想象中的炙热岩浆地心，相反，此处异常寒冷。路西法绝望地扇动着翅膀，更激起了冰冷的风。地狱最深的一层由冰封的大海构成。作为对破坏健康社会行为的唾弃，此地实施的惩罚最为严厉。正因如此，最大的孤独、最大的冷漠被实施于此，所有人都被困在寒冷、孤独与冷漠之中。那是怎样的地方？但丁和维吉尔穿行其间，四处可见那些因背叛而导致的因果报应，四处可见那些背叛了朋友、家人、家乡、社团乃至人类的人。寒冷是此地的最大特征，也是但丁给自己、给我们带来的震撼。

但丁无意间踩到一个冰冻的头，着实被吓了一跳。那人发出含混的声音，一个离他不远同样也被冻在冰面下的人却听到了，他们永远相互背叛。当第一个名字被提及，他说出了其他人的名字，并请求但丁告知全世界都

权威的惩罚

此处，反复出现的因素是缺乏谦卑。对于那些声称可以预测未来的预言家或是占卜者，诸如房地产专家与各种分析师，就是如此。那些可以预测未来的人会被明确挑选出来。而那些不持立场的人则被禁止。命运女神一如既往地依据德行向他们展示其不可预测性，尽管他们确信自己拥有超越智力的能力。但是在地狱，这种扭曲是字面上的，报恶原则再次发挥作用，其惩罚就是使脖子扭曲，使脸朝后看。这样，他们只能向后看，而无法看到前面。在人间，他们靠的是三寸不烂之舌；在冥界，他们则被噤声。在人间，他们促生慌乱；在冥界，他们只能缓慢地蠕动（头脚方向不同）。在生活中，他们只想向前看；而在这里，他们只能向后看。在人间，他们扭曲了真相；而在这里，他们自身却被扭曲了。

有谁在这里。这样，他们死后的名誉就可以永久地被毁掉。复仇是甜蜜的，寒冷是无情的，这里没有丝毫的怜悯。在公众暴戾的复仇欲望中，依规清算所有背叛行为。在冰里，有些是但丁曾经熟悉的人，他们望着他，眼里流出的泪水即刻成冰，继而冻结了他们的双眼。这里的一切都是冻结的，除了名字，对于那些在这里的人们，一切皆冰的世界会是什么感觉呢？

你会永远期盼温暖的感觉，因为此处沁入骨髓的只有寒冷，任何可能带来热量的东西，诸如同情心、爱、骄傲、愤怒等都不存在，这里的寒冷持续绵长，亘古不变。路西法深陷仇恨之中，无法去爱。人类的温情被冷漠所取代。一切都变得生硬冰冷，所有的温暖都被怨恨所取代，且此处的怨恨是绝对的，并非由于温情的减少而产生。这里唯一的亲密关系可能就体现在乌戈利诺（Ugolino）公爵嘴里咀嚼的人头是背叛自己的人。骷髅被咬碎的声音此起彼伏不绝于耳。冰冷难耐，恨意绵绵，永世无期。

宽恕与和解

有时，宽恕远非易事，那么，为什么？

在不友好的环境中，接纳与宽恕非常危险，因为它会使人变得脆弱。博弈论仿真模型表明，如果参与各方之间产生了敌意，那么，宽恕不仅不起作用，而且它将更容易使你自己受到攻击。尽管如此，参与各方依旧要寻找出路以避免更坏的情况出现。通过提高可预测性以及明确意图来建立信任固然重要，但却极不稳定。心理学研究表明：你愈加悔恨，你就愈加可能被宽恕，特别当你公开地表达懊悔并愿意承担责任时，更是如此。但是现在，这似乎并非必要之举，更非职业举动。有趣的是，宽恕比和解更重要，也就是说，你不必将你的宽恕告诉他人。因为宽恕不是简单地付出或是为他人做什么，它只与你自己良好的心理状态有关。研究表明，宽恕有助于宽恕者的心理健康，你不一定要去寻求和解，但出于自身考虑，宽恕他人对自己很重要。否则，报复与复仇的欲望会耗损你的精力，愤怒的火焰不会燃烧太久，复仇的欲望也不会持续太久，它只会渐渐冷却，但却苦涩悠长。

缺乏谦卑、不愿接纳他人观点常常导致缺乏宽容、拒绝和解。心理学家迈克尔·麦卡洛（Michael E.McCullough）和沃辛顿（E.L.Worthington）对谦卑进行了研究，发现在实质上，糟糕的自我印象与怯懦的对立面就是谦卑。谦卑要求内在的坚毅。无论社会阶层、外表、财富、智力或其他资源有多大差异，都不应将自己置于他人之上，这也是自我接纳，尤其是对自己错误的接纳。研究表明，实际上这也是自恋的对立面。幻想权力、成功、荣誉以及复仇，自恋的想象力可以修复心理创伤。戴维森（D.L. Davidson）指出，自恋与宽恕直接负相关。许多证据表明，自我人格的成熟程度与宽恕他人的能力高度正相关。对于情商低下、人格缺陷严重的人，非常不易宽恕他人，反省自己。

自恋导致不能理解他人的观点，无法以他人的眼光看待世界。区分他人的情绪状态与行为需要成熟的人性，而这种心智化的能力是儿童成长的重要组成部分，并终身不停演进。由于缺乏好奇心，自恋也导致怀疑他人的动机，看不到他人的内心世界与其行为之间的差别。因此，他人对自己的误解、威胁可以升级为冒犯与攻击，不信任与敌对情绪持续增强，谦卑也变成了威胁甚至是更大的羞辱。这种过程会导致对自己太过认真，与自己缺乏距离感。从而，不安全感、警惕性与潜在的冒犯行为不断增长。在许多方面，宽恕与和解的过程与自恋的过程完全相反。所有的宽恕行为都始于避免先入为主的思维方式，注重换位思考，正确看待自己，绝不要将自己置于他人之上。

穿越地狱的旅程迫使但丁直面自己心灵深处的伤疤。道歉真就多么困难吗？任由它去吧。"是他最先那样的"为紧急逃生出口加了一把锈死的锁。对生命的失望更增强了失落与苦涩："我不配。"有些人认为，对爱的向往使得难以启齿以祈求宽恕。因为理想如此崇高，向往如此强烈，希望是唯一的支撑，而得到的只有持续的失望与愤懑。只要心存希望，你就会体验失望与伤害。直面生命也就意味着必须接受这种希望。但丁走过巨大的峡谷，进入地狱，头顶是阴森的题记：进入此地即放弃所有希望。但丁必须进入，不抱任何希望，但却走到了另一边。

以牙还牙似乎是通行的社会习俗。它不同于自以为是的骄傲，也不同于嫉妒。它涵盖更广。路西法的堕落就是个典型，在上帝的乐园中，一位贤淑的天使最终变得傲慢、嫉妒。这也是现实社会中常常出现的现象。嫉妒无处不在，它是一种向外辐射的情绪，会造成内在的伤害。英语"envy"即羡慕、嫉妒，对应拉丁语的"invida"，由"in-video"演变而来，意为我不看你，我漠视你的存在。我只关心我和我的立场，拒绝感受他人的幸福快乐，却乐见他人的灾祸。想象一下，那将会是多么的"美妙"！在接连的好运之后，终于盼到了他人的厄运。阴郁的目光流露出内心的黑暗。在但丁后来攀登的炼狱山上，嫉妒者的眼睛都被钢丝所缝合，他们除了自己，什么都看不到，他们眼中的钢铁会生锈并使灵魂变黑。古罗马诗人贺拉斯和基督教神学认为，铁锈是眼睛和心灵受到破坏的结果。就报复而言，地狱底部冰冻的眼睛却是另一番情景。作为灵魂的窗户，眼睛被冻结，视线无法穿透。这本身就是惩罚，因为他们从未以他人的角度看待过问题，从而导致其缺乏理解力与同理心，进而也就失去了产生尊重的前提。尊重意味着再次审视，而他们根本就看不到其他人。同理心更是如此，是将自己置于他人地位，以他人的视角看待问题。此处的报复行为解释了原因。因为一切都被冻结了，改变或和解的可能性永远消失了，就像在地狱的其余地方一样，唯一不同的是，这里是一个完全彻底的硬邦邦的冰封世界。

九、追随你的星辰……

一路的迹象表明，但丁勇于担当，勇于正视自己。在地狱的尽头，但丁曾经的老师布鲁内托·拉蒂尼（Brunetto Latini）告诫道："顺从你自己的星座、自己的宿命，最终，你必将抵达荣耀的港湾。"相比布鲁内托的忠告，但丁的回答略带诙谐："如果不受良心的谴责，我将会完全接受命运的安排。"但丁所说的意思是：他已不再惧怕命运。因为但丁已开始规划自己的道路。在他看来，那些好心的劝告就是他自己的意思，也就是其同伴维吉尔的忠告。在陪伴者的帮助下，但丁的旅程得以顺利进行，陪伴者尽忠职守，始终忠实地护佐着主角。这是《神曲》的叙述技巧。当但丁攀爬上炼狱山天台，开始研习谦卑时，维吉尔向他致以敬意，并辅以平安告别："艰险的道路已经走过，现在，请让你的意愿来为你充当向导。"随后，维吉尔示意但丁独自前行，并最后告诫道："不要再期待我的告诫或是引导，从现在起，你的意志已经自由、正直、健全，如果不依其所欲就是错误，我为你加冕王冠与法冠，并宣告，你成了你自己的主宰。"至此，维吉尔完成了自己的使命，他将回归前基督社会的哲学家群体。而但丁则开始自己前行，依己所愿去做生命中的诗人或是云游者。维吉尔的演出就此谢幕，甚至没有留给但丁道谢的机会。事情也许就是这样，最好的助手永远不会受到感谢，永远不会分享主人的荣光，你甚至都不会留意到他们的离去。毕竟，这不是维吉尔的旅程。历经了所有的辛劳与困苦，但丁终于走出地狱，找回了自己，此前的一切不幸遭遇都已被抛在了身后，如同一个脱胎换骨的新人。

随后发生的一切顺理成章。爱的执念将但丁从炼狱山山顶的火焰墙中解救出来。维吉尔的影子似乎尚在，但是，此地已绝非世俗之人可以抵达。伴随着美妙的音乐，一驾马车缓缓驶来，宛如一幅美丽的图画，一位蒙着面纱的美女，以白色的信仰、绿色的希望以及红色的爱为裳。但丁战栗着，是她吗？在历经所有绝望与磨难之后，难道真的是她吗？是的，是她，是贝缇丽彩。"但丁！"贝缇丽彩呼喊着。在整部《神曲》中，这是唯一一次提到但丁的名字，它意味着但丁终于找回了自己。但丁在人世间所爱的

恐惧死亡还是惧怕生命?

在英格玛·伯格曼（Ingmar Bergman）执导的电影《第七封印》中，经历了十字军漫长而艰辛东征后，中世纪骑士安东尼·布洛克（Antonius Block）理想幻灭，疲惫地走在回乡的路上。此时的欧洲，黑死病肆虐。就在布洛克快要到家时，一具披着黑色斗篷苍白病态的躯体挡住了他的去路，那是死神。为了赢得时间去完成一项有意义的事，布洛克向死神提议进行一盘象棋博弈。随后，布洛克继续前行，死神阴影一路相伴。不久，布洛克遇到了一家人，即演员夫妇乔夫（Jof）和玛丽亚（Maria）以及他们的婴儿，他们非常热爱生活。于是，布洛克与死神达成协议，牺牲自己的生命以换取这家人免于瘟疫。对于这部电影，伯格曼曾说过，死神的角色并非像他最初设想的那样，借以表达对死亡的恐惧，恰恰相反，死神表达了对生命的恐惧。骑士布洛克惧怕死亡，但看到生命终究更加伟大，也看到了比死亡更重要的东西，即演员一家对生命的热爱。于是，选择了死亡。心理的救赎也许就是与自己的和解，就是向死而生。爱可以战胜死亡，就像但丁与贝缇丽彩的重逢。

女人来迎接他，爱情在迎接他。贝缇丽彩将引导但丁，沿着光的方向升入天堂。

但这真是贝缇丽彩·波尔蒂纳（Beatrice Portinari）吗？是但丁青年时代所爱的那位贝缇丽彩吗？此时，贝缇丽彩已不再是个单纯的年轻女孩，而是爱的化身。贝缇丽彩就是生命本身，就是因爱而生的生命。那么，驱动但丁的又是什么呢，是对死亡的恐惧？还是对生命的恐惧？"在生命之旅的中途，我醒来，发现自己身陷黑暗的森林，原来我已游离了坦途。"恐惧的应当不是死亡，而是生命本身。

在死亡王国的奋争也是生命的奋争，是但丁自我接受、自我和解的奋争。但丁努力找回自我，努力与自己和谐相处，为自己重获尊严。当初但丁决定穿越死亡王国，以了解自己及自己的生命，他立足于将自己置于人的立场来理解生存的意义。在这个意义上，我们共同面对的就是以死亡为终点的命运。但是，在等待死亡的过程中会发生什么，没有人知道，而但丁旨在发掘如何达成一个良好的交易。他到那里考察访问，动因或目的不是死亡，而是生命。《神曲》的三个部分均以"星辰"结尾，那是但丁为自己找回了天堂和光明。一位好向导、一支犀利的笔，完成了一场不可思议的旅行。美国哲学家威尔·杜兰特（Will Durant）说："如果这样一个苦涩的人都可以赢得一次免费的穿越死亡王国的旅行，那么我们所有人应当都有希望。"

十、然后，诗人将回归

《神曲》的结局很好，就像是书的原名《喜剧》。但丁回归人间并再次振作起来。他不是悲观主义者，相反，但丁代表着乐观的人生态度。当代的我们被赋予历史性眼光来审视但丁。从某种意义上讲，但丁是前文艺复兴时代的基督教哲学家，因而，我们可能永远无法充分理解他。尽管如此，在但丁身上，还是有一些我们非常熟悉的、非常人性化的东西，诸如他的悔恨、良知、反思以及从错误中吸取教训的意愿，他的羞耻、抱怨与控诉。但丁使我们感动。克尔凯郭尔（Kierkegaard）宣称，在存在性选择中，人是必然性与偶然性的综合体。对此，我们找不到比但丁更好的范例。这是一个生命的故事，在经历了一段漫长得难以置信的错误旅程后，但丁最终得以回归。他曾误入歧途，但却写下了自己的回归之路，那是一段回归的反思之旅。但丁的故事仍然具有重要的现实意义，这是一个启示：不论何时，做出新的选择或是改变初衷都不会太晚，这对我们所有人适用。对于领导者或是那些对他人负有责任的人，这尤其重要。但丁关注公民与公民义务，关注在与他人互动中的责任。地狱中的每一次相遇都是与另一个人的相遇，意志有时太薄弱，有时又太强大。同时，每一次相遇也是但丁与自己的相遇。领导力代表着一个人的所作所为与自己的对应关系。从这个意义上说，但丁比马基雅维利更强大，因为他展现了我们既要对自己也要对他人负责。但丁的旅程也是回归社会的旅程。

最后，但丁的结局如何？1900年，佛罗伦萨决定为《神曲》提到的街道和建筑物设置大理石牌匾。《神曲》中有两次提到了八角形洗礼堂，

佛罗伦萨的人文主义与但丁

在15世纪，克里斯托弗罗·兰迪诺，即洛伦佐·德·美第奇的老师，以及佛罗伦萨许多有识之士，试图使但丁的遗体回归故里。1481年，兰迪诺出版了《神曲》。哲学家马西里奥·菲奇诺被推举撰写序言，他写道："流亡终于结束了，但丁回来了。在洗礼堂，但丁被加冕为最具智慧的人，而佛罗伦萨则开始享受两个太阳。但丁终得回归，其作品也再次被出版。"兰迪诺和菲奇诺都是新柏拉图学会中的巨匠，他们对光明与爱的敬意诠释了他们如何解读柏拉图式的但丁，而但丁光明与爱的理想则完美地契合了佛罗伦萨人文主义者所推崇的柏拉图思想。因而，其作品备受推崇。佛罗伦萨人文主义者高度称赞并颂扬他的归来，但遗憾的是，但丁的遗体一直未能回归故里。直到今天，佛罗伦萨仍没有放弃说服拉文纳归还但丁的尸骨。为了纪念但丁，佛罗伦萨在圣十字大教堂（Santa Croce）前建造了一座巨大的诗人雕像，一个大型纪念牌被置于大教堂内，那里是除美第奇家族外所有佛罗伦萨名流的最终归宿，牌位的前面常年燃烧着一盏油灯，佛罗伦萨市政府承诺永久监护这盏油灯。

也就是后来吉伯蒂的青铜门所在的教堂，但丁对它有特殊的感情，以至于在《神曲》中有所描述。两块石匾矗立在那里，其中一块表述了但丁对其洗礼之地的挚爱，而另一块则表述了但丁至死也没能实现的愿望，即《神曲》天堂篇第 25 章的结尾处所描述的："曾经，我被那些残酷的心从甜美的小羊圈中流放，迫使我强壮起来与恶狼战斗，流亡中的我写下这首神圣的诗，它得到了上天与大地的眷顾，更令我'为伊消得人憔悴'。有朝一日，希望它能战胜那些残酷之心。届时，我将回归，一位诗人，容颜已改，在曾经的洗礼台前承接月桂花冠。"但丁一直梦想着回归故乡，但迷途者从未归来，既没有加冕，也未能在其曾经的洗礼堂承接花环。1321 年流亡期间，但丁死于拉文纳。这位描述了回归生命之路的诗人最终未能与自己的城市和解。后来，米开朗基罗对此倍感耻辱，在一首名为《但丁》的诗歌中，他写道：这是这座城市最耻辱之所在。佛罗伦萨从未与但丁和解。但是，但丁已经与他自己和解了。

推荐读物

1.Dante (1968). *The Divine Comedy.* Translated by Mark Musa. Penguin Books. Penguin Group, New York. A brilliant translation and commentary.

2.Freccero, J. (1986). *Dante. The Poetics of Conversion.* Cambridge, Mass: Harvard University Press. Anthology of literary articles for readers interested in Dame interpretations.

3.Lansing, R. (Ed.).2000. *The Dante Encyclopedia.* New York: Garland Publishing Inc. A fantastic reference work about Dante, with contributions from a number of leading Dante scholars.

纪念堂
By Own work assumed (based on copyright claims).Public Domain

纪念堂

这篇后记可以看作是对美第奇家族的小结。进入圣洛伦佐教堂的后门，穿过入口处的售票柜台，那里的陈列柜展示着几个世纪以来美第奇家族的遗产，金光闪闪富丽堂皇，见证了美第奇家族在数个世纪中对宗教信仰、对国家与人民的法权与治权。这里同时也是美第奇王朝的结束之地。美第奇家族的最后一位成员是安娜·玛丽亚·路易莎·德·美第奇（Anna Maria Luisa de' Medici），她没有子嗣。在她弟弟吉安·加斯通（Gian Gastone）大公死后，整个托斯卡纳公国由法国的洛林大公（Lorraine）接管。在1737年，安娜·玛丽亚签署了一项协议，该协议明确了托斯卡纳人民对所有美第奇家族遗产的受益权，并将管理权授予佛罗伦萨市政府。如果没有此项协议，大部分艺术品很可能流出意大利变为私人收藏。安娜·玛丽亚1743年去世，整个美第奇王朝就此结束。一座安娜·玛丽亚的雕像坐落在访客大厅，展示着对故土的忠诚与依恋。以公爵的规制，安娜·玛丽亚的墓碑极为谦卑。曾经强大的美第奇家族的所有大公们并未散居各地，整个王朝都聚集在安娜·玛丽亚·德·美第奇（Anna Maria de'Medici）身后的纪念堂中。托斯卡纳曾经真正的君主们就安息在这里。

但是，要形容大公们的纪念堂，却不得不说它是毫无品位的、冷漠的，且处处炫耀着权力的傲慢。美第奇家族成员的雕像就坐落于此，从科西莫到辉煌二世洛伦佐，美第奇家族渐渐崛起，到1537年，他们完全控制了托斯卡纳。纪念堂规模宏大，仿佛是罗马皇帝在低头看着你。纪念堂的穹顶刺破佛罗伦萨的天际，似乎要与圣母百花大教堂的穹顶一决高下。纪念堂内部呈八角形，构成六个巨大的壁龛，用以放置大公们的石棺与雕像。大公们头戴桂冠，手握象征神圣权力与统治的权杖。但到目前为止，仅有两座青铜雕像制作完成。事实上，纪念堂内部的修缮工程一直持续到现在。安娜·玛丽亚生前看到了主体工程的竣工，而直到19世纪，内部壁画才得以完成。美第奇想要的是一座类似罗马万神殿式的建筑以彰显家族地位。纪念堂内部装饰着大理石、斑岩、碧玉、雪花石膏、石英、青金石、珊瑚以及珍珠母等美丽珍贵的材料，散发出永恒、神性与财富的气息。托斯卡纳地区16个最重要的徽章汇聚在这里，他们代表了整个托斯卡纳，包括比萨（Pisa）、锡耶纳（Siena）、菲耶索莱、皮斯托亚、沃尔泰拉、阿雷佐（Arezzo）和蒙特普齐亚诺（Montepulciano）。只少了卢卡（Lucca），因为当时卢卡是一个独立的共和国。这些徽章无声地昭示着大公们享有的荣耀与领地，也体现着佛罗伦萨家族的权威。纪念堂要体现的是和谐，是灵魂与王朝不朽，但这里却好似石头一般毫无生气，浮华却显空洞，庞大却显荒芜。一旦权力被汇聚到了美第奇大公们的手中，伟大和创造力也就离开了佛罗伦萨。

但还有另一座小纪念堂，老旧，也没那么扎眼，位置较低，且略感隐秘，被挤在圣洛伦佐教堂与后来建造的纪念堂之间。那却是一个永久的见证，见证了巨大奢华并非对伟大最好的纪念。这座小纪念堂由米开朗基罗·布奥纳罗蒂设计建造，工程始于1520年，竣工于1534年，14年间，工程中断过好几次。那么，都有谁长眠于此呢？

辉煌二世洛伦佐有三个儿子，大儿子皮耶罗在萨沃纳罗拉上台后就被赶出了佛罗伦萨，二儿子乔瓦尼后来成了教皇利奥十世，最小的儿子是朱利亚诺，在其哥哥被任命为教皇后，他肩负起了佛罗伦萨的责任，走上了历史的舞台。洛伦佐对他称赞有加，他的叔叔在1478年发生的帕齐阴谋中丧生，他被冠以他叔叔的名字朱利亚诺。朱利亚诺与米开朗基罗年龄相仿，他们是儿时的玩伴。莱昂纳多·达·芬奇晚年时也曾得到过朱利亚诺的支持，甚至有人猜测莱昂纳多最著名的画作《蒙娜丽莎》描绘的就是朱利亚诺的情人。被囚禁在巴杰罗监狱的马基雅维利甚至作诗给朱利亚诺，希望能被释放。后来，马基雅维利将自己的大作《君王论》献给了朱利亚诺。然而，朱利亚诺死于1516年，年仅37岁，英年早逝，未能有足够的时间来证明自己的能力。于是，《君王论》又被献给皮耶罗的儿子即年轻的洛伦佐，也就是辉煌二世洛伦佐的孙子。不幸的是，仅仅三年之后，年轻的洛伦佐也去世了，年仅27岁。教皇利奥十世做出决定，荣耀应归于这个家族。随即，教皇开始亲自规划家庭纪念堂，但利奥十世未能等到工程开始就去世了，他的堂兄教皇克莱门特七世，即帕齐阴谋中被谋杀的朱利亚诺的私生子，继续推进。克莱门特七世邀请了米开朗基罗——童年时美第奇宫的玩伴，来主持建造这座纪念堂以纪念那个永远逝去的时代。

但对于米开朗基罗，这却非常尴尬。随着世事变迁，米开朗基罗与美第奇家族的关系变得越来越紧张。那个年代，不论是对米开朗基罗，还是对佛罗伦萨都充满了戏剧性。1527年罗马之掠发生后，佛罗伦萨的共和体制死灰复燃，美第奇家族再次被驱逐。而那时的米开朗基罗已是一名资深共和党人，他积极参与了城市防御工事的构建。然而好景不长，在西班牙人的帮助下，仅仅三年之后，美第奇家族卷土重来再次夺回了佛罗伦萨。惊慌之中的米开朗基罗躲进了纪念堂后面的一个小房间里,消磨时光逃避恐惧,并在墙壁上留下了许多素描。直到几个月后,米开朗基罗终于得知克莱门特七世不会把他扔进巴杰罗监狱。四年之后,米开朗基罗离开了佛罗伦萨,从此再也没有回来。是辉煌二世洛伦佐·德·美第奇发现、培养、造就了米开朗基罗,而米开朗基罗在洛伦佐的纪念堂里,在对过去岁月的哀思与惆怅中,以这种最具戏剧性的方式,结束了他在佛罗伦萨的辉煌岁月。

走进纪念堂,你会震撼于它的轻盈与简洁。房间不大,但感觉并不小。以灰色大理石为框架,白色大理石覆盖着整个墙面,整齐的对称结构由下而上引导着你的视线,朝向轻盈、洁净、美丽的拱顶。那是核心之所在。米开朗基罗曾身处洛伦佐的文化圈,是新柏拉图主义宇宙观的追随者。最大的善、终极的完美以及理性与畅想所能企及的理想远在我们之上,但是它们规制着我们。使命结束生命完结,但灵魂不死,它将逐光而行。这就是整个房间所要呈现的,就是新柏拉图主义的宇宙观。逝者已去,但他们光辉的思想永存。墓葬堂的设计体现了对不朽的灵魂、光明与纯洁理性的尊重。尽管建筑的结构体现了不朽,但建筑本身却是死亡的体现,内部的雕像更传递着难以言表的哀伤。

在纪念堂的右侧,是辉煌二世洛伦佐的小儿子朱利亚诺,石棺上方是他的等比全身雕像。朱利亚诺被塑造成一位罗马军官,他坐在那里,神色警觉,头部转向左侧,望向纪念堂的主位。在朱利亚诺的对面,是年轻的洛伦佐,即辉煌二世洛伦佐的孙子。他显出忧郁的一面,穿着制服,一只手搭在下巴上呈反思状,也看向纪念堂的主位。两尊雕像代表着人的两种高贵特质:生命的活力与思想的深沉。人应当是积极主动的,同时也应当具有自我反思能力,拥有这两种高贵特质的人就是完美的人。这两座雕像也隐喻着人如何升华到神，一是要警觉，一是要反思。在这两个雕塑下面，在两具大理石棺椁上，米开朗基罗设计雕琢了四座不同凡响的雕像。

四座雕塑被安置在两个大理石棺椁之上，每座雕塑象征着一天中的一个时点，日月轮回，无人幸免。这里的美蕴含了无法回避的忧伤，因为在这里，唯一的主宰是时间。朱利亚诺棺椁上的两座雕像是昼与夜。米开朗基罗对大理石的表面进行了处理，雕像并非纯白色，某些部分颜色很暗，就像是被日月所涂抹的阴影。夜是一个女人，年轻、健壮、光彩夺目。女人侧身躺着，头倚靠在手臂上，但赤裸的身体有些蜷缩——这似乎是个不眠之夜。她的躯体看上去冰冷，发出暗淡的月光。她腿下有一只猫头鹰，那是夜晚的守护者，而肋下是一个面具，那象征着男人的噩梦。她睡得不安稳，似乎受到了困扰。躺在她身边的是昼，昼是一个男人的形象，他似乎也受到不安与绝望的困扰。男人的身体强壮，很像大力神赫拉克勒斯，但此时他的身体却被扭曲到一个奇怪的姿势。他辗转反侧，全身绷紧，脸色发灰，似乎未被完全雕琢完成。也许，不论多么努力，昼都永远无法发挥他的全部潜能。夜与昼似乎都受到某种困扰。

在房间的另一侧，年轻的洛伦佐棺椁上的两座雕像是黎明与黄昏。右侧的女人代表黎明。日出时刻，女人从睡梦中渐渐清醒，伸展四肢，呼吸着新一天的空气，但她面露愁容，新的一天所带来的喜悦似乎转瞬即逝。她身边躺着的男人代表黄昏。黎明与黄昏都是生活中的过渡时刻，介于光明与黑暗之间。但是，他们两者都未体现出欢愉。黄昏是一个年长的人，被折磨得疲惫不堪，虽然肌肉发达，但颇具疲态，他低着头，似乎认命了。许多解读都认为那是米开朗基罗有意刻画的自己的面容。

米开朗基罗曾经说他最不希望这些雕塑仅仅被看作是雕像。在纪念堂完工之前，米开朗基罗就永远地离开了佛罗伦萨。乔治·瓦萨里后来写道，很难描述这些雕塑，不过它们证明了艺术可以超越自然，即使对美的塑造也是如此。许多人深受启发，乔瓦尼·巴蒂斯塔·斯特罗齐 (Giovanni Battista Strozzi) 写道："夜的睡姿如此甜美，天使将其留置于此，睡眠中孕育着新的活力，不信吗？那就请唤醒她，她会亲口告诉你。"

对此，以雕像的口吻，米开朗基罗亲自回应了乔瓦尼：

> 亲爱的我就是睡眠，即便是块石头，
> 当悲伤和羞辱持续；
> 不见，不听，是我的福分；
> 请悄声说话，勿扰我的安宁。

时间流逝无可阻挡，夜与昼，黎明与黄昏，四座雕像，四个时间节点，芸芸众生无处可逃。焦虑、沮丧、痛苦、疲惫就是生活的组成，找不到一丝希望。记忆中抹不去那逝去的一切，逝去的永远逝去了，黄金时代结束了。

在两侧石棺上，美第奇家族两位年轻的成员都看向同一个方向，那是纪念堂的主位。

主位是辉煌二世洛伦佐和他的弟弟朱利亚诺的长眠之地。石棺上镌刻着：辉煌二世洛伦佐·德·美第奇与朱利亚诺·德·美第奇。他们两人是引领家族走向辉煌的一对亲兄弟。弟弟朱利亚诺在帕齐阴谋中被谋杀，哥哥洛伦佐不得不独自一人继续前行。最终，他们在这里再次相聚永不分离。在石棺之上，安放着米开朗基罗的作品——圣母与圣婴。那是米开朗基罗所钟爱的主题，是救赎的象征，强调了爱与生命同行。雕像选择了这样的瞬间：孩子侧身转向母亲，而母亲倾身向前，用一只手臂抱住孩子。这一刻，呈现了生命所有的脆弱与美丽。这是一尊独一无二的圣母，简洁无瑕，以她的拥抱传递着爱的承诺。在这尊雕像的两边，米开朗基罗的学生们创造了两个圣徒。三座雕像共同为所有信徒展示了伊甸园的美好。

事实上，米开朗基罗并未为辉煌二世洛伦佐与朱利亚诺的石棺制作雕像。圣母与圣婴，作为爱的象征，是后来被摆放到那里的，却也非常契合。米开朗基罗一生都没有离开过圣母与圣婴这个主题：如《楼梯上的圣母》《哀悼基督》。在他的晚年，就耶稣与十字架，米开朗基罗创造过三个不同的版本。探究米开朗基罗的一生，爱是一个循环往复的主题。永恒与背弃，在这里，在这座圣墓前，爱或许只存在于年轻的米开朗基罗。

这就是米开朗基罗留给哺育了他的佛罗伦萨的最后一件作品。康迪维（Condivi）写道，对于玛丽亚的美，他无法用文字来形容，她非常特别，任何文字都不恰当，所以，康迪维宁愿保持沉默。对此，我们不持任何异议。大江东去，那个时代结束了。

人物简介

莱昂·巴蒂斯塔·阿尔贝蒂（1404—1472）：建筑师、雕塑家、作家以及艺术理论家；作为理论家，相对于宗教和意象，更注重艺术中的理性与科学；作品包括鲁切拉宫（Palazzo Rucellai）、新圣母大殿（Santa Maria Novella）的正立面等，其特点是设计简洁，比例和谐。

亚历山大六世（1431—1503）：1492—1503年任教皇，梵蒂冈既有魅力又邪恶的领袖；靠贿赂红衣主教赢得了圣彼得大教堂的宝座；九个孩子的父亲，其中一个孩子是切萨雷·波吉亚，为梵蒂冈征服了意大利中部的大量土地，如乌尔比诺、伊莫拉和里米尼；调停西班牙与葡萄牙的争端，沿着南北轴线将新世界一分为二，西边归西班牙，东边归葡萄牙，即《托德西利亚斯条约》，这就是为什么现在南美几乎都讲西班牙语，只有巴西讲葡萄牙语的原因。

菲利普·阿根蒂（13世纪）：来自佛罗伦萨的阿迪马里（Adimari）家族；是圭尔夫黑派的支持者；他因用银子给他的马制作马掌而得名；名字出现在但丁的地狱中，是冥河中的愤怒者；菲利普是但丁的政治对手之一。

约翰·阿尔吉罗波洛斯（1415—1487）：出生于君士坦丁堡；1439年赴佛罗伦萨参加教会盛会；1453年君士坦丁堡被土耳其人占领后，离开君士坦丁堡永久移居意大利；将大量希腊哲学著作翻译成拉丁文，特别是亚里士多德的著作；在意大利担任大学教授几十年，很有名望，据说人们怀着朝圣的心态去听他讲希腊哲学；莱昂纳多·达·芬奇是他的追随者之一，洛伦佐·德·美第奇也是他的学生。

巴乔·班迪内利（1488—1560）：意大利雕塑家；曾受到美第奇家族的赞助；在西格尼亚宫前创作的雕像《赫拉克勒斯与卡库斯》与米开朗基罗的大卫遥相呼应，也激励切利尼创作了雕像《珀尔修斯》。

贝纳尔多·班迪尼·巴龙切利：1478年帕奇阴谋中刺杀朱利亚诺·德·美第奇的凶手之一；行凶后，逃往君士坦丁堡，后来被引渡回佛罗伦萨并于1479年被处决。

坡提纳里·贝缇丽彩（1266—1290）：因但丁的诗歌《新生》《神曲》而留名史册；是《神曲》中带领但丁进入天堂的人；是但丁终生难忘的初恋；现实生活中，居住地与但丁的家相距不远，是名门福尔科·波提纳里（Folco Portinari）家的女儿，嫁给了大银行家族的西蒙娜·德·巴迪（Simone dei Bardi），就在她父亲去世后不久，年轻的贝缇丽彩也去世了；但丁首先将她描述为失去的爱，继而将其作为创造生存意义的神圣载体，最后代表圣母玛利亚来拯救但丁的灵魂；已经变成了一个有重要意义的象征，象征着所有的善、所有的美丽与真实——永恒的爱与救赎。

博尼法修斯八世（1235—1303）：1294—1303年任教皇；极力扩大教皇对世俗社会的统治权；宣布公元1300为禧年，即宽恕与教会行使特权之年；不论是剑还是灵，都堪称历史上最具野心的教皇之一；支持圭尔夫黑派领袖科索·多纳提掌控佛罗伦萨，导致了但丁的流亡；1302年颁布《一圣教谕》，体现了宗教的终极权力；曾与法国的菲利普四世和哈布斯堡（Habsburg）的阿尔伯特（Albert）一世交战。

切萨雷·波吉亚（1475—1507）：教皇亚历山大六世的儿子；1493年被任命为红衣主教，但于1498年放弃教会圣职；随后，在父亲的帮助下从事军事和政治活动，为教皇赢得了罗马涅的大部分地区；被认为是典型的文艺复兴时期的君王，冷酷、残忍、充满活力；备受马基雅维利的推崇，是《君王论》描述的理想型领袖。

桑德罗·波提切利（1445—1510）：文艺复兴时期最著名的画家之一；师从佛罗伦萨的菲利普·利皮；是洛伦佐最亲近的朋友之一；擅长油画，多以宗教、神话与传统主题为主，最著名的作品是《维纳斯的诞生》和《春》；也有壁画留存于世，其中三幅在罗马西斯廷教堂；受但丁启发，描绘过不少《神曲》中的场景。

吉安·弗朗切斯科·波吉欧·布拉乔利尼（1380—1459）：博学的散文家、演说家、历史学家和讽刺作家；经常前往罗马探寻古代伟大的遗迹，崇尚演说家克拉苏（Crassus）、西塞罗及其著作《霍滕修斯》；受雇于佛罗伦萨大学，也曾在罗马教廷工作；致力于人文主义，是文艺复兴时期最伟大的藏书家之一；在科西莫·德·美第奇的朋友尼库拉·尼库利（Niccolo Niccoli）资助下，周游德国、瑞士以及法国的修道院，为美第奇图书馆收集古代典籍；在科西莫的支持下，通过对教职的资助要求，促进大学的伦理学、修辞学以及诗歌领域的发展，也促进了语法、法律、逻辑以及医学等学科的标准化；感谢其努力使今天的我们得以拥有完整版的西塞罗的大作《论演说家》；艺术家多纳泰罗的朋友。

多纳托·伯拉孟特（1444—1514）：文艺复兴时期最伟大的建筑师之一；重建圣彼得大教堂前梵蒂冈回廊的首席建筑师；崇尚古典杰作，

设计风格简洁、和谐，作品包括坦比哀多礼拜堂（Tempietto）、梵蒂冈回廊（Cortile di Belvedere）等，深受教皇朱利叶斯二世的喜爱。

菲利普·布鲁内莱斯基（1377—1446）：设计建造了自古罗马之后意大利的第一座大穹顶——佛罗伦萨圣母百花大教堂大穹顶；融合罗马的建模技巧与哥特式建筑风格，发现了数学透视原理；著名作品包括佛罗伦萨孤儿院（Ospedale degli Innocenti）、圣洛伦佐教堂（the San Lorenzo Church）、佛罗伦萨圣神大殿（Santo Spirito Church）等；同样因佛罗伦萨八角形洗礼池的铜门设计竞赛而闻名于世。

莱昂纳多·布鲁尼（1369—1444）：人文主义者、历史学家和政治家；以其著作《佛罗伦萨人的历史》而闻名，将历史分为古代、中世纪和现代三个时期，被认为是第一部现代历史著作；曾就职于佛罗伦萨大学、罗马教廷；翻译过许多希腊语，特别是亚里士多德的著作；经历过显赫的政治生涯，身处高位，将佛罗伦萨视为古代共和国的自然延伸；学生时代是科西莫·德·美第奇的密友。

乔瓦尼·卡瓦尔康蒂（1444—1509）：诗人、佛罗伦萨柏拉图学会的成员；马西里奥·菲奇诺的密友，两人有大量的信件往来；他说服菲奇诺写了《论爱》，作为回报，此书被献给了他。

本维努托·切利尼（1500—1571）：著名的金匠和雕刻家；著名作品包括兰兹凉廊的珀尔修斯雕像；也是一名知名的冒险家，1527年罗马之劫中，杀死了敌方的首领波旁公爵（the Duke of Bourbon），佛罗伦萨旧桥金匠桥上有一尊纪念这一壮举的切利尼半身像。

德美特里·卡尔孔狄利斯（1423—1511）：1449年离开君士坦丁堡，是文艺复兴时期最后一位在意大利著名大学教授希腊文学和哲学的希腊人文主义者；洛伦佐·德·美第奇的密友；帮助菲奇诺翻译柏拉图的著作；

将荷马的著作由希腊语翻译成拉丁语，并于 1488 年首次出版，适逢洛伦佐的辉煌岁月；与约翰·阿吉罗波洛斯一起，使佛罗伦萨成为欧洲炙手可热的人文主义学术中心。

查理八世（1470—1498）：1483—1498 年任法国国王；路德维格十一世（Ludvig XI）之子；1494 年入侵意大利并由此引发了意大利战争，威胁佛罗伦萨，导致洛伦佐·德·美第奇的儿子被赶出城外；征服那不勒斯，但在 1495 年被迫撤退到法国。

克莱门特七世（1479—1534）：1523—1534 年任教皇；朱利亚诺·德·美第奇的遗腹子；博学、爱好艺术，米开朗基罗、马基雅维利和切利尼等人的支持者；拒绝批准英格兰国王亨利八世与第一任妻子离婚，导致了梵蒂冈的危机，即圣公会（the Anglican Church）的教派分裂；最糟糕的是，在位期间，新教军队劫掠了罗马。

但丁·阿利吉耶里（1265—1321）：佛罗伦萨诗人，因 1307—1321 年间创作的《神曲》（因主题重大，在 16 世纪被冠以标题"神曲"）而闻名，作品描述了但丁穿越地狱、炼狱和天堂的旅程，被认为是世界文学史上的一颗明珠；同样著名的作品还有写给已故初恋情人贝缇丽彩的十四行诗集《新生》、诗歌与哲学散文集康维维奥（Convivio）等；另一部作品《论世界帝国》是针对绝对权力、针对教会世俗野心的政治宣言，批判了教会的政治权力，支持帝国理念；政治上很活跃，1302 年被流放，19 年后，于 1321 年在意大利拉文纳去世。

多那托·尼可罗·迪·贝托·巴尔迪·多纳泰罗（1386—1466）：富于创新精神的雕塑家，以栩栩如生的雕像而闻名；崇尚古代雕塑，尝试多种材料，如木头、石头以及青铜等；受布鲁内莱斯基启发掌握透视法，作品具现实主义色彩与一定思想深度；著名作品青铜大卫像被认为是文艺复兴早期最重要的雕塑之一；科西莫·德·美第奇的密友之一。

科索·多纳提（1300年左右）：圭尔夫黑派领袖，强势政治人物；表亲杰玛·多纳提嫁给了但丁；在1289年与阿雷佐的坎帕尔迪诺（Campaldino）战役中赢得声誉被封为爵士；1300年左右被流放并被判处死刑，后得到教皇博尼法修斯的支持并复职；1302年流放圭尔夫白派的主要策划者；对但丁怀有强烈的敌意，流放但丁的主要幕后推手；名字未被收入《神曲》，但在与其兄弟福雷斯（Forese）的对话录中明确表示，应对佛罗伦萨的衰落与毁灭负责；最终失去了权力和声望，于1308年被驱逐并遭雇佣军杀害。

法里那塔·德拉·乌伯提（1212—1264）：强大的乌贝蒂家族成员，佛罗伦萨贵族、军事领袖；被比作罗马指挥官，领导了1248年吉卜力派与圭尔夫派的战斗，并最终在1260年蒙塔佩尔蒂战役中打败了圭尔夫派，并将其赶出了佛罗伦萨；阻止吉卜力派彻底摧毁佛罗伦萨的提议；被认为是异端，1283年，宗教裁判所挖出法里纳塔的尸体并将其烧毁，以惩罚他的异端信仰。

费尔南多五世（1452—1516）：西班牙国王；通过与伊莎贝拉（Isabella）的婚姻，将阿拉贡和卡斯蒂利亚联合在一起，建立了统一的西班牙王国；赶走摩尔人(Moors)收复格拉纳达，并将犹太人赶出西班牙，征服了那不勒斯，开疆拓土，在意大利战争中彰显强势西班牙；开设宗教裁判所；派遣哥伦布探索未知大洋并赢得新大陆；是马基雅维利所推崇的政治领袖。

费兰特（1423—1494）：1458—1494年任那不勒斯国王；与教皇西克斯图斯四世结盟，对抗洛伦佐和朱利亚诺，但后来退出联盟并与洛伦佐和解。

马西里奥·菲奇诺（1433—1499）：人文主义哲学大师，深受柏拉图与新柏拉图主义的影响，文艺复兴时期复古思潮的主要奠基人；受科西莫·德·美第奇的委托，将柏拉图文集从希腊语翻译成拉丁语；科西莫的忘年交，洛伦佐的密友，受过圣职训练，其父亲是美第奇家族的医生；1484年出版柏拉图神学著作——一部探讨灵魂不死的哲学著作；1489年被教会起诉；佛罗伦萨柏拉图学会的领袖，通过与欧洲各地僧俗两界大量信件往来，确立了佛罗伦萨作为欧洲人文主义摇篮的地位。

洛伦佐·吉伯蒂（1378—1455）：赢得了与布鲁内莱斯基的竞争，为佛罗伦萨八角形洗礼堂制作青铜门，后来又为其制作另一扇青铜门，米开朗基罗称之为天堂之门；吉伯蒂还为佛罗伦萨圣弥额尔教堂创作了圣约翰雕像。

多明哥·吉兰达约（1449—1494）：画家，尤以壁画而闻名；经常将同时代人的肖像与宗教主题相融合；与波提切利和菲利普·里皮是同代人，做过米开朗基罗的老师；最著名的作品是新圣母玛利亚教堂的壁画。

贝诺佐·戈佐利（1420—1497）：画家，以在美第奇宫家族小教堂描绘圣者朝圣之旅的壁画而闻名；在职业生涯的早期，曾与洛伦佐·吉伯蒂以及他的儿子维托里奥·吉伯蒂(Vittorio Ghiberti)一起制作天堂之门。

弗朗切斯科·吉恰尔迪尼（1483—1540）：历史学家、政治家；与好友马基雅维利一起，被认为是文艺复兴时期的最重要的政治思想家之一；在美第奇麾下担任重要职务；退休后撰写政治和历史题材著作，包括意大利历史。

无辜者八世（1432—1492）：1484—1492年任教皇；弱势教皇，一生饱受时事与他人的左右；开始建造美景宫（the Belvedere palace）；将苏丹的兄弟作为客人即人质来控制伊斯坦布尔；许可了一部识别巫术、检验女巫以及怎样对女巫施行酷刑的书——《女巫之槌》的实践。

尤利西斯二世（1453—1513）：1503—1513年任教皇；战士教皇，身着铠甲英勇善战，为罗马教廷征服了大片土地，如博洛尼亚和佩鲁贾（Perugia），迫使中部、威尼斯与佛罗伦萨保持中立；聘请米开朗基罗为西斯廷教堂的穹顶绘制了《创世纪》，聘请拉斐尔为西斯廷塞格纳图拉厅房间绘制壁画，其中包括著名的《雅典学院》；重建圣彼得大教堂。

克里斯托弗罗·兰迪诺（1424—1498）：与佛罗伦萨柏拉图学会紧密联系的人文主义者、教师；洛伦佐和朱利亚诺·德·美第奇的老师；也是马西里奥·菲奇诺的老师和后来的同事；作品包括哲学对话、诗歌、信件和演讲稿等，也对维吉尔的《埃涅阿斯纪》和但丁的《神曲》写过评论；1481年，发表了一篇著名的评论文章，首次在佛罗伦萨出版，波提切利为其绘制了插图，文章中，但丁的《神曲》被赋予了新柏拉图式的解释，即如果一个人想要抵达天堂，或者获得幸福，首先必须要经历地狱和炼狱，要深刻理解自己的恶与错误，因为只有这样，人才可以避免错误摆脱罪恶，洞悉万物才是天堂最大的幸福之所在。

布鲁内托·拉蒂尼（1220—1294）：哲学家、政治家和教师；佛罗伦萨但丁上一代最伟大的学者；也是伟大的修辞学家，散文与诗歌作者；曾流亡巴黎并在那里学习，之后，出版了《珍宝书》，被认为是欧洲第一本百科全书；和但丁同处佛罗伦萨的一个街区，是但丁的精神导师；因但丁的《神曲》而名垂史册，被但丁所敬重，但仍然被置于地狱中，与鸡奸者为伍。

利奥十世（1475—1521）：1513—1521年任教皇；洛伦佐·德·美第奇的次子；以盛大的仪式和聚会而闻名，同时也是米开朗基罗和拉斐尔的赞助人；典当教廷的财宝以应对庞大支出；路德眼中基督的敌人，丢失了北方，欧洲新教开始兴起。

菲利皮诺·利皮（1457—1504）：画家菲利普·利皮的儿子；师从父亲，结识了同为其父学生的波提切利；菲利皮诺后来跟随波提切利；与佩鲁吉诺（Perugino）、吉兰达约和波提切利一起装饰了洛伦佐·德·美第奇在斯达莱托(Spedaletto)的别墅；其祭坛画同样知名。

菲利普·利皮（1406—1469）：加尔默罗（Carmelite）会修士，文艺复兴时期最著名的画家之一；波提切利的老师；因从修道院色诱绑架一名新模特而知名，这段浪漫恋情以结婚以及儿子菲利皮诺·利皮而修成正果，儿子菲利皮诺后来也成了著名的画家；受到科西莫·德·美第奇的支持与照顾；几幅著名的圣母绘画出自其手。

尼科洛·马基雅维利（1469—1527）：作家、官僚和理论家；1512年共和国垮台之前，作为顾问和外交官活跃在佛罗伦萨的政治中心；最重要的作品是《君王论》和《论李维》，也写过诗歌和戏剧；针对人和国家如何获得以及保卫权力，理想的治理理念在很大程度被抛弃，代之以实用的政治手段，对后来的政治学理论产生了重大意义。

科西莫·迪·乔瓦尼·德·美第奇（1389—1464）：富裕的银行家、政治家；为美第奇家族在佛罗伦萨的崛起奠定了基础；从1434年直到去世，是佛罗伦萨共和国的非正式领导人；是如布鲁内莱斯基、多纳泰罗、米开罗佐、菲利普·利皮等许多艺术家的赞助人；委托马西里奥·菲奇诺翻译了柏拉图的作品。

皮耶罗·迪·科西莫·德·美第奇（1416—1469）：科西莫·德·美第奇的儿子，1464—1469年家族的领袖，其父政治传统的继承者，持续对艺术的投入。

皮耶罗·迪·洛伦佐·德·美第奇（1471—1503）：洛伦佐的长子；

被称为"不幸者",其父去世后,不善治理,1494年,在法国国王查理八世的威胁下被驱逐,后来试图夺回政权但未能成功。

洛伦佐·迪·皮耶罗·德·美第奇(1449—1492):也被称为辉煌二世,皮耶罗之子;1469年其父去世后,成为佛罗伦萨的非正式领导人;1478年,与弟弟朱利亚诺一起,是帕齐阴谋刺杀的目标;幸而得以幸存,继而成为意大利半岛知名的政治家,以促进半岛各国之间权力平衡而闻名;继承祖父和父亲的传统,继续大力支持艺术家、哲学家以及学者;被后世视为文艺复兴时期的杰出领袖。

朱利亚诺·迪·皮耶罗·德·美第奇(1453—1478):皮耶罗之子;和兄长洛伦佐一起治理佛罗伦萨,直到1478年在帕齐阴谋中被刺杀身亡。

朱利亚诺·迪·洛伦佐·德·美第奇(1478—1516):洛伦佐的第三个儿子;1512年美第奇家族返回佛罗伦萨后,被任命为佛罗伦萨的负责人;文艺复兴时期的焦点人物,马基雅维利《君王论》最初的呈献对象;晚年支持莱昂纳多·达·芬奇;米开朗基罗为其在家族小纪念堂雕像以示敬意。

米开朗基罗·布纳罗蒂(1475—1564):雕塑家、画家、建筑师和诗人;与莱昂纳多·达·芬奇一起被认为是文艺复兴时期最重要、最多才多艺的艺术家;在洛伦佐·德·美第奇的赞助下,在美第奇宫长大;主要代表作有《哀悼基督》《大卫》以及西斯廷教堂的壁画,也是圣彼得大教堂穹顶的设计建造者。

米开罗佐·迪·巴尔托洛梅奥(1396—1472):建筑师、雕塑家;吉伯蒂的学生;科索莫最爱的艺术家之一,除了美第奇宫之外,还被聘请重建了圣马可修道院以及卡雷吉别墅。

皮科·德拉·米兰多拉(1463—1494):哲学家、人文主义者和新柏拉图主义者；关注哲学与神学之间的关系，寻求神学与哲学各流派的统一，柏拉图与亚里士多德的统一；和导师马西里奥·菲奇诺一样，将中世纪晚期思想与古代理想相结合；最著名的著作是《论人的尊严》(1486)，从根本上解决了人的尊严问题，该著作被视为文艺复兴时期人文主义的"宣言"，是向人类的致敬；撰写了 900 篇关于最重要问题的论文，拟在罗马公开举行的教义辩论大会展示；1487 年，被指控并被逐出教会，随即得到洛伦佐·德·美第奇的保护，成为他最亲密的盟友之一；与诗人波利齐亚诺一起被埋葬在佛罗伦萨圣马可教堂。

乔万·巴蒂斯塔·蒙特塞斯科：蒙特塞斯科公爵。帕齐阴谋的关键人物之一；原计划刺杀洛伦佐·德·美第奇，但在最后一刻退出；在全面交代了阴谋的所有细节后于 1478 年被处决。

弗朗切斯科·德·帕齐（1444—1478）：佛罗伦萨富裕的银行家；帕齐阴谋的领导人之一；与巴伦切利（Baroncelli）一起在教堂刺杀了朱利亚诺·德·美第奇；在暗杀后的骚乱中，被吊死在领主宫的窗外。

弗朗西斯科·佩特拉卡（1304—1374）：诗人、早期人文主义者；西塞罗和古典诗人的伟大崇拜者；多以拉丁文创作散文与诗歌，但最著名的诗集《薄雾集》是以意大利语写就。

佛罗伦萨柏拉图学会：公元前 385 年，柏拉图在雅典创立了一所研修哲学的学校，即柏拉图学院，它被称为欧洲第一所大学。文艺复兴时期，人们对古代的一切，包括柏拉图的哲学思想，产生了极大兴趣。1439 年，在佛罗伦萨议会上，科西莫·德·美第奇告诉大家佛罗伦萨已获得许多柏拉图的著作。1460 年，科西莫创立了佛罗伦萨柏拉图学会，并资助马西里奥·菲奇诺将柏拉图的著作由希腊语翻译为拉丁语。菲奇诺由此成了学会的核心人物，学会也发展成讨论柏拉图哲学、推动人类发展、探索思想解放的中心。学会的活动常常在佛罗伦萨附近的美第奇乡间别墅举行。艾伦·菲尔德（Allan Field）和其他现代学者曾经研究过佛罗伦萨柏拉图学会，它到底是传说还是真实存在过？组织规模又如何？基于菲奇诺与朋友们的往来信件，学者们也探究过学会的触角到底有多广、多深，以及它与佛罗伦萨大学的关系。事实上，佛罗伦萨学会一直存在到大约1520年，当时它既是欧洲著名的社会活动网络，也是高雅的社交场所，更是前卫的学术组织。

安杰洛·波利齐亚诺（1454—1494）：博学的文艺复兴时期人文主义者、诗人；潜心研究古代先哲，如荷马、柏拉图（Plato）、爱比克泰德（Epictetus）、盖伦（Galen）以及古罗马学者普鲁塔克（Plutarch）、奥维德、维吉尔等，将许多古典希腊著作翻译成拉丁文；在佛罗伦萨大学享有盛誉，并教授了许多课程；与洛伦佐·德·美第奇关系密切，是洛伦佐孩子的私人教师；创造诗歌《斯坦兹》颂扬朱利亚诺·德·美第奇的成就，向爱致敬；1494年，洛伦佐离世两年后去世，同年秋天，好友皮科·德拉·米兰多拉去世，两人均被埋葬在圣马可教堂。

拉斐尔·圣齐奥（1483—1520）：文艺复兴时期著名画家，与米开朗基罗、莱昂纳多·达·芬奇并称文艺复兴三杰；教皇尤利西斯二世最爱的画家之一，为梵蒂冈西斯廷塞格纳图拉厅房间绘制壁画，其中的《雅典学院》最为著名；肖像画是其一大特色，代表作有自己的肖像画、教皇尤利西斯二世和利奥十世的肖像画等。

吉罗拉莫·里奥里奥（1443—1488）：教皇西克斯图斯四世的侄子、伊莫拉公爵、弗利公爵；帕齐阴谋的领导人之一；帕齐阴谋失败后得以逃脱，之后又策划过几次针对洛伦佐的谋杀阴谋；最终在弗利被谋杀。

拉斐尔·里拉里奥（1461—1521）：教皇西克斯图斯四世的侄子；

于 1478 年作为年轻的新任命红衣主教访问佛罗伦萨，借此掩盖帕齐阴谋，其本人不太可能参与该阴谋；后来成了一位极具影响力的红衣主教；委托米开朗基罗制作巴克斯雕像；由于参与反对洛伦佐·德·美第奇次子教皇利奥十世的政变而下台。

弗朗切斯科·萨尔维亚蒂：帕齐阴谋的领导人之一；1475 年被任命为比萨大主教，但洛伦佐和朱利亚诺反对这一任命；帕齐阴谋的主谋之一，负责占领领主宫，政变后被吊死在领主宫外。

吉罗拉莫·萨沃纳罗拉（1452—1498）：多明哥修会修士，之前是圣马可修道院修士；反对新兴文艺复兴思潮的代表，劝诫节俭与赎罪，并组织焚烧"不雅"艺术品、书籍，1494—1498 年，控制了佛罗伦萨；后被教皇亚历山大六世逐出教会，最终以异端身份在佛罗伦萨被烧死。

西克斯图斯四世（1414—1484）：1471—1484 年任教皇；傲慢且不可调和的人物；翻修罗马并启动了大量新建筑，包括西斯廷教堂、西斯托桥和梵蒂冈图书馆；开设西班牙宗教裁判所；策动帕齐阴谋，寻求扩大教皇的影响。

皮耶罗·索德里尼（1452—1522）：萨沃纳罗拉之后到 1512 年美第奇家族回归之前佛罗伦萨的政治领袖；1502 年被任命为终身贡法洛涅尔；马基雅维利亲近的上司、支持者。

乌戈利诺·德拉·格拉德斯卡（1220—1289）：伯爵、比萨有影响力的格拉德斯卡家族领袖，吉卜力派；为了权力而改变立场，投靠圭尔夫派，成为比萨的统治者；当比萨被孤立，又背叛圭尔夫重新与吉卜力派合作，放弃部分比萨周边领土，并与大主教鲁吉耶里（Ruggieri）结盟；1288 年，民众及各利益集团饱受叛国与政治交易的折磨，最终，连同两个儿子及两个孙子，被鲁吉耶里囚禁；由于得不到食物，几乎被饿死，据传说，儿子最终被其吃掉；被但丁置于地狱最底层与背叛者为伍；与但丁相见时，告诉但丁，儿子说，如果被他吃了，痛苦反而会减轻，因而不必眼睁睁地看着父亲被饿死："然后，饥饿做了悲伤做不到的事。"这就是但丁得到的遗言，模棱两可；这是否意味着承认吃了自己的孩子？或是因饥饿而死？地狱中，那是一幅令人毛骨悚然的画面，坐在冰上，嘴里嚼着鲁吉耶里的头，那是背叛他的人，就像自己背叛了他人一样；这是《神曲》中最著名的一集，罗丹（Rodin）甚至据此创造过雕像。

乔治·瓦萨里（1511—1574）：画家、建筑师和艺术史学家；绘画作品主要有旧宫以及圣母百花大教堂大穹顶内的壁画；负责设计建造了佛罗伦萨乌菲兹美术馆等；撰写了意大利艺术家的传记，被认为是艺术史的奠基人之一，其《艺苑名人传》收集了大量的文艺复兴时期艺术家传记，广为人知。

阿梅里戈·韦斯普奇（1452—1512）：商人、海员和探险家；曾多次远征南美，最早知晓美洲是一块独立大陆的人，美洲大陆以其名字命名。

西蒙妮塔·韦斯普奇（1453—1476）：被称为佛罗伦萨最美丽的女性之一；数个世纪以来，艺术史家们一直在争论都有哪些画作描绘了她，是波提切利《维纳斯的诞生》中维纳斯模特的候选人；嫁给了阿梅里戈·韦斯普奇的亲戚马可·韦斯普奇（Marco Vespucci），依据波利齐亚诺的作品《斯坦兹》，也是朱利亚诺·德·美第奇的情人。

弗朗切斯科·维托里（1474—1539）：马基雅维利亲密的朋友、同事、联络员，多次代表佛罗伦萨出使半岛各国；后来成了美第奇家族的重要盟友。

安德烈·德尔·韦罗基奥（1435—1488）：画家、金匠和雕塑家；莱昂纳多·达·芬奇的老师；著名作品有威尼斯军事将领巴托洛梅奥·科莱奥尼（Bartolomeo Colleoni）的骑马雕像、大卫铜像（有些人认为是以年轻的莱昂纳多·达·芬奇为模特制作）、画作《基督的洗礼》（达·芬奇为画面左侧绘制了两位小天使，韦罗基奥发现学生已超过了自己，发誓永远不再作画）等。

莱昂纳多·达·芬奇（1452—1519）：被认为是有史以来最多才多艺的人才，被称为画家、雕塑家、建筑师、数学家、工程师和发明家，同时还从事解剖学、生理学、天文学、力学和地质学工作，其绘画作品尤为突出，堪称世界史上最伟大的杰作，如《蒙娜丽莎》《最后的晚餐》。